대학생을 위한 참여와 소통의 말하기

대학생을 위한 참여와 소통의 말하기

가은아·권대광·길호현·송홍규·유리·정형근 지음

(주)박이정

CONTENTS

Ⅰ. 말하기 기초

1. 말하기 본질 — 8
2. 말하기 원리 — 20
3. 말하기 윤리 — 36

Ⅱ. 말하기 실제

1. 발표 — 50
2. 토의 — 87
3. 토론 — 106
4. 대화 — 153
5. 면접 — 163
6. 협상 — 178

머리말

말을 잘하는 것과 잘 말하는 것의 의미는 다르다. 말을 잘하는 사람을 떠올리면 시의적절한 언어로 유창하게 자신의 의사를 분명히 전하는 모습을 연상하게 된다. 좌중을 흔드는 영감과 화제를 꿰뚫는 명석함, 적절한 시기를 놓치지 않는 유머 감각 등은 말을 잘하는 사람의 속성으로 여겨진다. 한편, 잘 말하는 사람을 떠올리면 신중한 태도로 상대와의 관계를 고려하여 필요한 단어를 숙고하여 사용하는 장면을 떠올리게 된다.

하지만 누구나 말을 잘할 수는 없다. 유창한 언어 감각과 적시 적절한 단어의 선택, 매력적인 문장 조직이나 내용 구성은 연습만으로는 얻어지는 능력은 아니다. 다른 사람의 말을 모방해보고, 할 말을 상황에 맞게 수없이 리허설 해봄으로써 어느 정도 확보될 수 있는 능력이기는 하지만, 말을 잘하는 능력은 어느 정도 타고난 능력이기도 하다. 어떤 사람들은 다른 사람들 앞에서 크게 떨거나 동요하지 않으며, 어떤 사람들은 상대방에게 호감을 얻는 말을 손쉽게 머릿속에서 꺼집어내기도 한다. 말을 잘하는 언어 능력은 단순히 말하기 연습만으로 얻어지는 결과는 아니며, 민첩한 상황판단과 높은 언어적 감수성을 통해 실현되는 경우가 많다.

이 책은 단순하게 말을 잘하는 것이 아닌 잘 말하는 전략을 설명하기 위한 글이다. 옛말에도 말을 잘 꾸며하는 사람 중에 의로운 사람이 적다고 한 만큼, 의사소통을 통한 신뢰로운 인간관계의 구축에는 잘 말하는 것은 말 잘하는 것보다 더욱 중요하다. 잘 말함으로써 우리는 상대의 인품을 엿볼 수 있으며, 화제에 대해 상대가 가진 관심과 지식의 수준을 알 수 있다. 이런 점에서 볼 때 잘 말하는 것은 의사소통 과정에서 나의 진정성이 드러나는 일이라고 할 수 있다.

대화 과정에서 자신이 가진 생각과 감정을 효과적으로 전달하고, 상대방의 마음을 움직이는 말하기는 사회인으로서 대학생이 준비해야 할 당연한 책무이다. 강의 중 협동과제를 준비하기 위해서 어떤 전략을 써서 상대방과 이견을 조율할 수 있을지, 친구들이나 사랑하는 사람과 자신의 감정을 어떤 방법으로 나누어야 좋을지, 사회의 구성원으로서 개인이나 조직의 이해를 증진하기 위한 말하기를 어떻게 준비해야 할지에 도움이 되고자 이 책을 기획하였다.

이를 위해 1장에서는 말하기의 이론적인 측면을 중심으로 말하기의 특성과 요소, 원리와 윤리적 실천에 관하여 기술하였다. 이를 통해 상대와 말을 이어나갈 수 있도록 상호작용하는 방법, 공감을 표시하는 방법, 대화를 전략적으로 준비하는 방법에 대해 학습자들이 생각해보도록 하였다. 2장에서는 대학생들의 실제적인 담화상황을 중심으로 구성하였다. 일상생활에서의 대화와 강의 장면에서 많이 이루어지는 발표와 토의, 취창업 과정에서 필수적인 면접과 협상 내용을 고루 담아 강의 과정에서 학습자들이 서로 이야기를 나누어 가며 연습할 수 있도록 하였다.

모쪼록 교정에서 다가올 내일을 준비하며 말하기에 대한 고민이 깊은 대학생들에게 작은 보탬이 되었으면 한다. 아울러 글을 쓰며 빌린 자료의 저자분들의 혜량에 감사와 송구의 말씀을 전한다. 책이 나올 수 있도록 애써주신 박이정 박찬익 사장님과 한병순 선생님께도 감사 말씀을 드린다.

말 잘하는 것보다 잘 말하는 것에 대한 고민이 인색한 요즘, 한마디 말보다 한숨의 침묵이 더 위안이 되는 소란스러운 세상살이 속에 독자들에게 이 책이 작은 울림이 되었으면 한다.

2021. 8. 저자 일동

I

말하기 기초

1. 말하기 본질
2. 말하기 원리
3. 말하기 윤리

1 말하기 본질

우리는 매일 다른 사람과 의사소통을 하면서 살아간다. 인류가 이렇게 사회를 이루고 문화를 형성하며 역사를 이어갈 수 있는 본질적인 이유는 인간만이 할 수 있는 고등 의사소통 능력 때문이라고 할 수 있다. 물론 동물들도 의사소통을 하며, 대부분의 사람들은 의사소통 방법을 배우지 않아도 자연스럽게 다른 사람의 말을 이해하고 자신의 의사를 표현한다. 그러나 그렇다고 해서 이러한 의사소통 능력이 아무런 교육이나 훈련 없이 자연스럽게 발달하는 것은 아니다. 기초적인 단계에서 매우 높은 수준까지 의사소통에도 다양한 층위가 있는데 수준 높은 의사소통 능력은 저절로 획득되지 않는다. 즉 상대방의 말을 정확하게 이해하고 의도를 추론하며 적절성을 판단하고 자신이 하고 싶은 말을 정확하고 효과적으로 표현하는 것은 배우고 연습해서 길러 나가야 하는 역량인 것이다.

한국고용정보원에서 2016년에 실시한 조사[*]에 따르면 대학 재학 시에 배웠다면 현재 일자리에서 업무를 수행하는데 도움이 되었을 것으로 생각하는 능력 1순위가 '의사소통 능력(19.1%)'이라고 한다. 대졸자들이 2위인 '문제 해결 능력(16.2%)'과 3위인 '기술 이해 활용 능력(16.1%)'보다 의사소통 능력을 더 중요한 능력으로 꼽은 것이다. 4위는 '대인 관계 능력(13.8%)'로 나타났는데 대인 관계가 원활한 의사소통을 바탕으로 형성된다는 점을 고려한다면 의사소통 능력의 중요성을 확인할 수 있다.

의사소통은 다양한 방법으로 이루어지지만 가장 기본적인 의사소통 방법은 음성 언어를 이용한 듣기와 말하기라고 할 수 있다. 조문제(1996:7)에 따르면(구현정·전정미, 2007:19에서 재인용) 미국인의 의사소통은 9%의 쓰기, 16%의 읽기, 30%의 말하기, 45%의 듣기로 이루어진다고 한다. 음성 언어를 이용한 의사소통이 무려 75%를 차지한다. 따라서 의사소통 역량을 향상하기 위해서는 음성 언어를 이용한 듣기 말하기 능력을 기르는 것이 중요하다. 이 장에서는 듣기와 말하기의 본질이 무엇이고 어떤 특성이 있으며 우리는 어떻게 듣기 말하기를 해야 하는지 알아본다.

단, 듣기와 말하기는 동시에 이루어지는 경우가 많으며 참여자의 상호 교섭적 성격이 듣기 말하기의 본질적인 특성 가운데 하나이므로, 이 교재에서는 앞으로 듣기와 말하기를 통합하여 '말하기'로 사용하고자 한다. 따라서 맥락 상 음성 언어 표현 행위로서의 말하기를 특정하는 경우가 아니라면 이 교재에서 사용하는 말하기는 듣기·말하기를 통칭한다고 할 수 있다.

---

[*] 신종각 외(2016), 2016 대졸자직업이동경로조사 기초분석보고서, 한국고용정보원.

1 말하기의 특성

의사소통 행위는 행위의 방향에 따라 표현과 이해로 나눌 수 있다. 또한 의사소통의 매체로 무엇을 사용하는가에 따라 음성 언어와 문자 언어로 구분할 수도 있다. 이를 조합하면 음성 언어로 이해를 하는 '듣기', 음성 언어 표현인 '말하기', 문자 언어 이해인 '읽기', 문자 언어 표현인 '쓰기'의 네 가지로 의사소통 행위를 분류할 수 있다. 그리고 이러한 언어적 의사소통 행위는 초·중·고등학교에서는 국어 과목에서 담당을 한다. 그런데 국어 과목의 하위 영역 분류를 보면 '읽기'와 '쓰기'는 그대로 잘 사용이 되는데 '듣기'와 '말하기'는 항상 '듣기·말하기'로 합쳐서 사용되고 있는 것을 확인할 수 있다. 국어 과목의 선택 과목 중 '독서', '작문', '화법'으로 나누어지는 것도 이러한 하위 영역을 반영한 결과이다.

그런데 왜 듣기와 말하기는 항상 함께 사용되는 것일까? 이는 듣기와 말하기의 본질적인 특성 때문에 나타나는 현상이다. 음성 언어로 이루어지는 의사소통은 듣기와 말하기가 동시에 이루어지는 것이 일반적이고 또 자연스럽기 때문이다. 따라서 음성 언어를 사용한다는 것은 듣기를 포함한 말하기의 가장 기본적이면서도 본질적인 특성이라고 할 수 있다. 그런데 음성 언어적 특성은 단지 의사소통의 매체만을 규정하는 것이 아니라 의사소통의 본질적인 특성에 많은 영향을 미친다. 구어적 특성에 의해 상호 교섭적 특성이 나타나며 필연적으로 맥락에 의존하는 특성이 두드러지게 된다. 또한 대면으로 인해 사람을 전인적으로 알게 되는 현상이 나타기도 한다. 말하기의 이러한 특성을 함께 살펴보도록 하자.

1) 음성 언어적 특성

말하기는 음성 언어를 사용하여 이루어지는 의사소통이다. 인간의 말소리인 음성 언어가 가장 주요한 의사소통의 도구이기 때문에 음성의 물리적 특성이 의사소통에 큰 영향을 미치게 된다. 그렇다면 음성 언어는 문자 언어와 다른 어떤 특성을 가지고 있을까?

(1) 공간적 한계로 인한 대면성

발성을 통해서 나오는 인간의 목소리는 명백한 물리적 한계가 있다. 먼저 목소리 도달 거리의 한계가 있다. 사람이 낼 수 있는 목소리의 크기를 무한정 크게 할 수는 없으며 따라서 서로 말의 내용을 알아듣고 원활하게 의사소통을 하기 위해서는 말을 분명하게 인지할 수 있는 거리 내에 참가자들이 위치해야 한다. 즉, 참가자의 물리적 거리를 제한하게 되는 것이다. 따라서 음성 언어를 통한 의사소통 상황은 서로 대면이 가능한 거리 내에서 이루어지는 것이 일반적이다. 물론 정보통신 기술의 발달로 멀리 있는 사람과 통화를 할 수도 있고 마이크와 스피커를 이용하여 대형 경기장에서 수많은 사람들을 대상으로 이야기를 할 수도 있다. 그러나 이러한 경우는 일반적이지 않은 경우이며, 기술적인 보완으로 물리적인 거리가 멀어진 것일 뿐 소리가 도달하는 범위 내에 위치해야 한다는 물리적 한계가 없어진 것은 아니다.

(2) 시간적 한계로 인한 일회성

목소리를 매개로 하기 때문에 물리적 거리의 한계와 동시에 시간적인 제약이 존재한다. 음성 언어는 발화되는 순간 사라지기 때문에 문자 언어가 종이 등에 기록되어 전달되면서 시간에 관계없이 언제 어디서든 읽을 수 있고 몇 번이든 다시 꺼내어 읽을 수 있는 것과는 확연히 구별된다. 기록된 문자 언어는 변하지 않지만 입 밖으로 소리내어 발화된 말은 결코 동일하게 반복할 수 없다. 목소리나 억양 등이 달라지기 때문에 다시 말한 것은 그것대로 새로운 발화가 되는 것이다. 물론 녹음이나 녹화를 통해 음성 언어 의사소통 장면을 기록할 수는 있지만 이 역시 일반적인 경우는 아니다. 발화와 동시에 사라지는 음성 언어의 일회성은 말하기의 중요한 특징 가운데 하나이다.

(3) 기억의 한계로 인한 구체성

문자 언어를 통해 인간이 기억할 수 있는 정보의 양은 비약적으로 늘어났으며 누적적인 지혜의 축적이 가능하게 되었다. 이는 반대로 말하면 음성 언어를 통해서는 지식이 오래 기간, 넓은 범위에서 축적되기 어렵다는 것을 의미한다. 왜냐하면 인간의 기억 능력에는 한계가 있기 때문이다. 발화되고 사라지는 음성 언어의 내용을 인간이 정확하게 오래 기억하는 것은 불가능하다. 또한 몇 번을 다시 읽으면서 깊이 있게 사고를 할 수 있는 문자 언어와는 달리 음성 언어를 통해 정보가 입력되면 인간은 입력된 정보를 즉시 처리해야 하기 때문에 이해하고 판단할 수 있는 정보의 양이 급격하게 줄어들게 된다. 따라서 음성 언어를 이용하여 의사소통을 할 때 방대한 정보를 처리하거나 높은 수준의 판단을 하는 것은 쉽지 않다. 또한 이러한 한계로 인해 음성 언어를 이용한 의사소통 상황에서는 담화의 진행에 대해 언급하는 담화 표지가 사용되는 경우가 많다.

(4) 시공간의 공유를 통한 상호 작용성

이러한 음성 언어 의사소통의 여러 특징으로 인해 필연적으로 음성 언어 의사소통의 상황은 참여자가 물리적인 시간과 공간을 공유하는 대면 장면에서 이루어지게 된다. 따라서 음성 언어 의사소통에 참여하는 사람들은 서로 말을 하고 들으면서 화자와 청자의 역할을 수시로 교체하며 그 과정에서 서로 영향을 미치게 된다. 이는 글을 쓰는 사람과 읽는 사람이 분리되어 서로 독립적으로 표현과 이해 행위가 이루어지는 문자 언어 기반의 의사소통과는 근본적으로 다르다.

즉 참여자들의 상호 작용성이 음성 언어 의사소통의 중요한 특징이 된다.

문자 언어와 대비되는 이러한 음성 언어의 특징을 노명완 외(2017)에서는 다음과 같이 정리하였다.

	말	글
1. 매체	음성언어, 준언어, 비언어적 표현	문자언어, 텍스트 요소(문장 부호 등)
2. 시간	시공간 공유	시공간 공유 없음
3. 기능 양태	언어적 및 비언어적 상호작용	정보 이해가 일방적
4. 정보의 내용	구체적인 내용	추상적 내용
5. 정보의 구조	개방적	폐쇄적
6. 정보의 기능	정보 공유, 감정표현과 감정이입 강함	객관적 정보 교환, 글과 독자의 상호작용
7. 정보의 양	적은 양 주고받음	많은 양 정보 제시, 수용
8. 내용 제시 규범	상호작용의 사회적 규범 전달 매체인 '말'에는 크게 관심 없음	글이라는 산물의 '생산'에 대한 규범. 매체인 '글'에 관심이 큼
9. 인지적 부담	비교적 쉬움, 기억력이 요구됨	정보 처리가 쉽지 않음, 다시 볼 수 있음
10. 정보 처리 양식	자동적으로 처리됨	비자동적으로 처리됨
11. 학습 양식	비공식적(자연 상황)	공식적(인위적 교육 상황)
12. 발달	언어 경험, 사회적 상호 작용 중요	문자의 해독이 이해의 선행 조건

2) 상호 교섭적 특성

음성 언어 의사소통은 참여자들이 대면 접촉을 하는 상황에서 상호작용을 하면서 이루어지기 때문에 상호 교섭성이라는 중요한 특성을 갖게 된다. 대화의 경우 이러한 상호 교섭적 성격이 분명하게 드러나는데, 화자와 청자는 그 역할이 고정되어 있지 않고 끊임없이 역할이 전환되며 대화의 내용 또한 서로 말을 주고 받으면서 점진적으로 구성된다. 어느 한 쪽이 일방적으로 발화를 하고 다른 한 쪽이 일방적으로 수용하는 것이 아니라 서로 상대방의 말에 대해 반응을 하며 의견을 나누면서 대화의 내용이 만들어지는 것이다. 따라서 상대방의 반응에 따라서 대화의 내용이 의도했던 방향과 전혀 다르게 전개되는 경우가 매우 흔하게 발생하기도 한다. 대화뿐만 아니라 연설이나 수업처럼 일방향성이 두드러지는 발화에도 역시 상호 교섭적 특성이 나타난다. 청자의 반응에 따라 준비한 내용을 과감히 생략하거나 새로운 내용을 추가하는 것이 얼마든지 가능하기 때문이다. 또한 발화 중에 자신이 이야기한 내용을 수정하거나 취소하는 등 담화를 조절하는 것도 가능하다.

3) 맥락 의존적 특성

음성 언어 의사소통에 참여하는 참여자들은 시간과 공간을 공유하고 있기 때문에 언어 메시지 외에도 다양한 요소들이 의사소통 요소로 작용하게 된다. 같은 말을 하더라도 어떤 표정과 말투로 하는가에 따라 전혀 다른 의미로 작용하기도 하며 때로는 말을 하지 않는 것도 일종의 의사 표현이 되기도 한다. 뿐만 아니라 어떤 자세와 태도로 이야기를 하는지, 어떤 복장인지, 심지어는 어느 정도의 거리를 유지하는지, 누가 이야기를 하는지가 모두 메시지가 된다. 매러비안이라는 학자에 따르면 메시지를 전달하는 데 언어 메시지가 차지하는 비율은 7%인 반면 억양이나 크기 등의 목소리는 38%, 몸동작 등의 태도는 무려 55%를 차지한다고 한다. 즉 음성 언어 의사소통 상황에서는 언어적 메시지 외에도 다양한 요소들이 종합적으로 작용하기 때문에 의미를 이해하고 표현하는 데 반드시 맥락을 고려해야 한다.

4) 전인 관계적 특성

대면으로 이루어지는 특징 때문에 음성 언어 의사소통을 할 때에는 필연적으로 사람을 만나고 사람과 사람 사이의 관계를 맺게 된다. 누군가가 쓴 글을 읽었다고 해도 그 작가를 아는 사람이라고 칭할 수는 없지만 만나서 인사를 나누는 순간 그 참여자들은 서로 아는 사람이 된다. 대부분의 회사나 학교에서 신입 직원이나 학생을 선발할 때 반드시 대면 면접 과정을 거치는 것도 대면 의사소통의 전인 관계적 특성 때문이라고 할 수 있다.

말이 곧 사람이라는 말이 있다. 음성 언어를 발화할 때에는 많은 경우 철저한 준비에 의해서 정해진 말만 하기보다는 상호작용 속에서 즉흥적으로 사고를 하고 그것을 즉시 표현하는 경우가 많다. 따라서 말은 보다 직접적으로 말하는 이의 가치관과 생각을 드러낸다. 한 번 뱉은 말은 주워 담을 수 없다는 말은 말이 어떻게 말하는 이를 드러내 보여주는지를 알려준다.

확인 문제

다음은 어느 SNS의 일부입니다. 이 자료는 음성 언어에 가까울지 문자 언어에 가까울지 자신의 의견을 말해 봅시다. 왜 그렇게 생각하는지 이유도 함께 말해 봅시다.

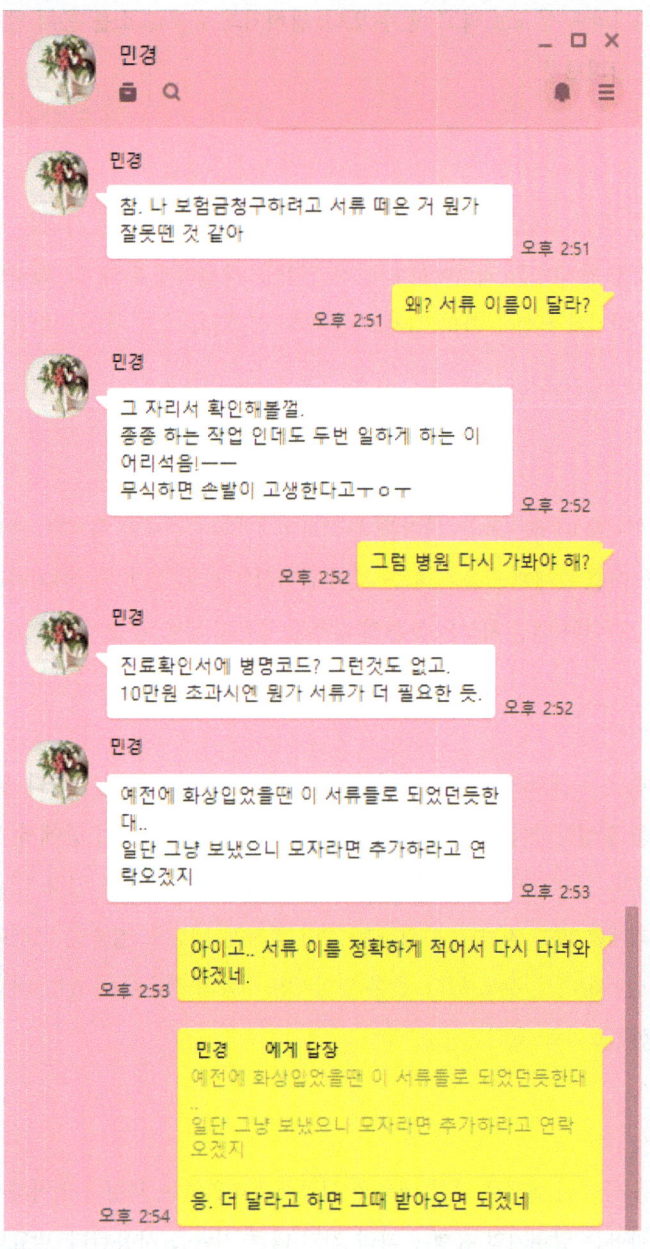

2　말하기의 구성 요소

앞에서도 살펴본 바와 같이 음성 언어 의사소통에는 참여자, 즉 말을 하는 화자와 그 말을 듣는 청자가 반드시 필요하다. 그리고 화자와 청자는 서로 역할을 바꾸어가면서 메시지를 주고받고 의미를 구성한다. 또한 음성 언어 의사소통은 일정한 맥락 내에서 이루어지게 된다. 이러한 요소들을 말하기의 구성 요소라고 할 수 있다. 말하기의 구성 요소를 통해 말하기의 특징을 보다 구체적으로 살펴보자.

1) 화자

화자는 말을 하는 사람, 즉 메시지를 보내는 사람이다. 말을 하는 사람은 실제 발화를 하기 위해 여러 과정을 거치며 그 과정에서 다양한 전략을 사용하게 된다. 단, 화자와 청자는 고정된 것이 아니며 말하기의 유형에 따라 화자와 청자가 고정되지 않고 서로 역할을 바꾸어 진행되기도 한다.

■ 계획하기

말하기를 계획할 때에는 듣는 사람을 분석하여 말하는 주제와 화제를 선정한다. 청자 또는 청중이 화자와 어떤 관계에 있는지, 어떤 주제에 관심을 보일 것인지, 이야기하려는 주제와 어떤 관련이 있는지, 관련된 배경 지식은 충분히 갖추고 있는지 등을 종합적으로 고려하게 된다.

■ 내용 생성하기

말하고자 하는 주제와 화제가 선정되면 이야기할 내용을 만들어야 한다. 말할 내용은 자신의 배경 지식을 활성화하여 생성할 수도 있지만 보거나 들은 이야기 중에서 선택될 수도 있고 때로는 전문적인 자료나 연구 자료에서 탐색을 할 필요가 있을 수도 있다. 내용을 풍성하게 하기 위해서는 최대한 많은 자료를 수집하는 것이 좋지만, 반대로 청중을 고려하여 최대한 내용을 간략하게 선택해야 할 수도 있다. 물론 일상적인 대화의 경우에는 말할 내용을 바탕으로 주제나 화제가 선정될 수도 있다.

■ 내용 조직하기

생성한 내용 중에서 실제로 말할 내용을 선정하고 배열하는 과정이 조직하기에 해당한다. 내용을 조직할 때에는 말하기의 유형에 따라 각기 다른 전략을 사용한다. 발표나 연설의 경우는 전체의 흐름을 잡고 도입부, 전개부, 정리부에 맞게 내용을 배열해야 한다. 토의나 토론의 경우는 여러 견해에 대한 주장과 근거를 체계적으로 정리해야 한다. 시간적 순서에 의한 조직, 공간적 순서에 의한 조직, 문제 해결식 조직, 인과, 비교와 대조, 예시 등의 다양한 내용 조직 및 전개 방법이 목적과 내용에 따라 적용될 수 있다. 내용을 생성하는 단계는 물론 내용 조직의 단계에서도 청자를 고려하는 것은 변하지 않는 큰 원칙이다.

■ 표현하기 및 전달하기

표현하기 단계에서는 조직한 내용을 구체적인 언어 메시지로 생성하게 된다. 문자 언어에서는 이 단계에서 실제 문장으로 글을 쓰게 된다. 그러나 음성 언어에서는 매우 엄격한 공식적 연설 상황을 제외하고는 실제 문장화 된 원고와는 다르게 발화가 이루어지는 경우가 많다. 또한 앞에서 설명한 것처럼 언어 메시지 외의 여러 요소들이 의사소통에 작용하게 된다. 따라서 표현하기 단계로 종료되는 글쓰기와는 달리 말하기에서는 전달하기 단계를 별도로 설정하기도 한다. 그만큼 말하기에서는 메시지를 표현하는 방법이 중요하다.

2) 청자

청자는 말을 듣는 사람, 즉 메시지를 받고 수용하며 이해하는 사람이다. 화자와 청자의 상호 작용에 의해서 의미가 상호 교섭적으로 생성된다는 점을 고려한다면 청자의 역할이 단순히 의미를 수용하는 수동적인 수준에만 그치는 것이 아니라는 것을 알 수 있다. 일반적으로 듣기의 중요성이 간과되는 경우가 많은데 이는 듣기에도 다양한 수준이 있다는 점을 잘 모르기 때문에 나타나는 현상이다. 이에 다양한 듣기의 층위를 살펴보고자 한다. 물론 화자와 청자의 역할이 수시로 바뀔 수 있다는 점도 다시 상기해 보도록 하자.

■ 공감적 듣기

공감적 듣기는 화자의 말에 적극적으로 호응하면서 듣는 단계를 말한다. 공감적 듣기에도 층위를 나눌 수 있지만 중요한 것은 청자가 화자의 말에 충분히 집중하고 있으며 공감적인 태도로 듣고 있음을 청자와 화자가 공감하는 것이다. 음성 언어 의사소통은 상호작용에 의해 이루어지기 때문에 이러한 공감적 듣기와 적절한 피드백은 성공적 의사소통의 전제가 된다.

■ 사실적 듣기

사실적 듣기는 화자의 언어 메시지에 명시적으로 제시된 정보를 정확하게 이해하는 단계를 말한다. 청자는 화자가 어떤 화제에 대해 말하고 있는지, 말하고자 하는 주제는 무엇인지, 강조하고 있는 정보는 무엇인지 등을 정확하게 파악하면서 들을 필요가 있다. 사실적 듣기는 듣기의 가장 기초적인 단계라고 할 수 있지만 사실적 듣기가 잘 이루어지지 않으면 이후의 추론적 듣기나 비판적 듣기를 성공적으로 수행할 수 없기 때문에 매우 중요하다고 할 수 있다.

■ 추론적 듣기

　추론적 듣기 단계에서 청자는 화자의 언어 메시지에 명시적으로 제시되지 않은 것들을 파악하며 듣는다. 맥락을 고려하여 발화의 목적이나 의도를 이해하거나 명시적으로 말을 하지는 않았지만 말과 말 사이에 내재되어 있는 의미를 찾아내는 것이 추론적 듣기에 해당한다. 또한 발화가 성립하기 위해 전제로 하고 있는 것들을 파악하는 것도 추론적 듣기이다. 이러한 추론적 듣기는 읽기에서의 추론적 이해와 크게 다르지 않다고 할 수 있다. 그런데 청자는 이러한 언어 메시지의 외에도 어조나 표정, 태도 등을 통해서 화자의 의도나 함축적 의미를 추론할 수도 있다. 따라서 말하기에서의 추론적 듣기는 언어 메시지와 비언어 메시지를 종합적으로 고려하여 이루어지며 청자의 역할이 매우 능동적이다.

■ 비판적 듣기

　비판적 듣기는 화자의 메시지의 타당성과 적절성을 판단하면서 듣는 단계를 말한다. 청자는 화자의 말을 단순하게 수용하는 것이 아니라 자기 나름대로 판단하고 평가하면서 듣는다. 일반적으로 비판적 듣기는 신뢰성, 타당성, 공정성을 평가하면서 듣는 것을 의미하는데 이 외에도 수사적 맥락을 고려할 때 해당 발화가 적절한지, 효과적인지, 흥미로운지, 말할 가치가 있는 내용인지, 불필요한 내용은 없는지, 새로운지 등을 판단하면서 듣는 것을 모두 포함할 수 있다. 따라서 비판적 듣기를 위해서는 높은 수준의 사고력과 판단력이 필요하다. 또한 이러한 비판적 듣기를 하기 위해서는 판단의 기준을 설정하게 되는데 그 기준은 배경지식 등 청자의 내부에 있는 것이기 때문에 청자의 능동적인 참여가 중요해 진다. 비판적 듣기는 다음 단계인 창의적 듣기의 바탕이 된다.

■ 창의적 듣기

　창의적 듣기 단계에서 청자는 들은 내용을 바탕으로 자신의 생각을 정립해 나간다. 창의적으로 사고하기 위해서는 들은 내용을 청자의 기존 배경 지식과 결합하거나 다양한 정보를 듣거나 읽고 비판적으로 이해할 필요가 있다. 특히 듣기 상황에서는 말소리로 입력되는 정보보다 사고의 속도가 빨라서 잉여 사고가 발생하고 이에 따라 발산적인 사고가 촉발되기도 한다.

3) 메시지

메시지는 화자와 청자가 주고받는 내용을 의미한다. 앞에서도 여러 번 강조한 바와 같이 음성 언어 의사소통 장면에서는 발화된 언어 외에도 다양한 요소들이 메시지를 구성한다. 또한 발화된 언어 메시지에도 다층적인 의미가 담겨 있을 수 있다.

(1) 언어 메시지와 비언어 메시지

언어 메시지에는 화자가 말하고자 하는 내용이 직접적으로 담겨 있다. 그러나 언어 메시지를 발화할 때 반드시 작용하게 되는 목소리의 크기나 억양, 어조, 강세, 속도, 휴지 등의 요소들 역시 언어 메시지와 함께 의미 구성에 영향을 미친다. 이러한 요소들을 준언어적 요소 또는 반언어적 요소라고 한다. 또한 표정이나 시선, 동작, 자세 등도 메시지의 의미 형성에 큰 영향을 미친다. 이러한 요소들을 비언어적 요소 또는 신체 언어적 요소라고 한다. 이 외에도 시간, 공간, 거리, 좌석 배치 등 여러 상황 요소들도 때로는 의미 형성의 기능을 하기도 한다. 이처럼 언어가 아님에도 불구하고 의미 형성에 영향을 미치는 요소들에 의해 구성되는 메시지를 통칭하여 비언어 메시지라고 한다. 이를 소통의 관점에서 정리하면 다음과 같다(이창덕 외, 2017).

(2) 직접 메시지와 간접 메시지

언어로 발화된 메시지라 하더라도 사용된 언어의 의미 그대로 메시지가 형성되는 것은 아니다. 실제로 작용하는 언어의 의미를 연구하는 화용론에 따르면 언어로 표현된 메시지에는 언어 그 자체의 의미뿐만 아니라 그 말을 통해 화자가 의도한 의미와 실제 발화의 결과로 일어나는 의미가 있을 수 있다고 한다. 즉 누군가 방에 들어와서 '방이 무척 덥구나'라는 말을 했을 때 그 말에는 방이 덥다는 의미뿐만 아니라 에어컨을 켜 주면 좋겠다는 의도가 담겨 있으며 실제로 그 말을 들은 누군가가 에어컨을 가동하는 결과가 나타날 수 있다는 것이다. 이렇게 실제 발화된 형식과 그 말에 담겨 있는 의미의 형식이 다른 경우 이를 간접 화법이라고 부르기도 한다. 따라서 말하기의 의미를 이해할 때에는 언어 메시지 외에도 화자의 의도나 목적, 상황에 따른 의미를 종합적으로 고려할 필요가 있다.

4) 맥락

화자와 청자가 메시지를 주고받는 의사소통 행위는 결코 진공의 상황에서 이루어지지 않는다. 모든 의사소통 행위는 특정한 맥락 속에서 이루어지며 따라서 말하기의 의미 또한 맥락 안에서 해석되어야 한다. 비언어적 메시지나 간접 메시지의 의미도 반드시 맥락을 고려해야 비로소 적절하게 해석할 수 있다. 이러한 맥락은 상황 맥락과 사회문화적 맥락으로 구분할 수 있다.

■ 상황 맥락

상황 맥락은 화자와 청자가 의사소통을 하는 구체적인 시간과 공간을 의미한다. 언제, 어디에서뿐만 아니라 의사소통에 참여하고 있는 사람들은 누구인지, 어떤 특성을 가지고 있는지, 발화의 목적은 무엇인지, 발화 전후의 이야기 흐름은 어떻게 되는지 등 메시지의 의미 구성 및 해석에 영향을 미치는 구체적인 장면을 의미한다. 특히 공식적인 상황인지 사적인 상황인지는 의사소통의 형식을 결정하는 데 큰 영향을 미친다. 맥락에 따라 같은 언어 메시지라도 전혀 다르게 해석될 수 있기 때문에 맥락을 파악하는 것은 성공적인 의사소통을 위해 필수적이라고 할 수 있다.

■ 사회 문화적인 맥락

상황 맥락이 미시적이고 구체적인 맥락이라면 사회 문화적인 맥락은 거시적 개념의 장면이라고 할 수 있다. 즉 참여자들이 속해 있는 사회에서 보편적으로 형성되어 있는 문화는 의사소통이 가능한 기반이 되며 의미 해석의 틀을 제공하게 된다. 사회 문화적인 맥락에 따라 일반적으로 통용될 수 있는 발화의 내용 범위가 규정되기도 하며 특정한 발화 방식이나 표현 방법 또는 규칙이 권장되거나 금지되기도 한다.

확인 문제

1. 다음 대화에서 나타나는 문제점은 무엇일지 생각하고, 바람직한 방향으로 대화를 나누어 봅시다.

   후배: "역시 선배님께서 만들어 주신 커피는 맛있네요!"
   선배: "슈퍼에서 파는 티백이야, 그거. 옛날에는 집에서 우려내고 그랬는데."

2. 사회자가 발표자의 호칭을 다르게 변경하여 사용한 이유를 말해 봅시다.

   사회자: (발표자에게) 언니, 이제 언니가 발표하실 차례예요. 제 소개가 끝나면 마이크 앞으로 걸어 나오시면 돼요.
   (청중을 향해) 자, 그럼 이번에는 공주대학교 OOO 교수의 발표가 이어지겠습니다. 교수님, 이쪽으로 나오시겠습니까?

3. 의도와 다르게 말이 나와서 곤란했던 경험을 말해 봅시다. 어떤 일이 있었는지, 또 그때 어려움을 어떻게 극복했는지 발표해 봅시다.

2 말하기 원리

의사소통은 '가지고 있는 생각이나 뜻이 서로 통함'을 의미한다. '서로 통함'이라는 표현을 고려하면 의사소통에는 생각이나 뜻을 표현하는 사람과 그것을 인식하여 이해하는 사람이 있음을 알 수 있다. 의사소통 행위는 크게 음성언어(구어)를 통한 의사소통과 문자언어(문어)를 통한 의사소통으로 구분할 수 있는데, 말하기와 듣기는 음성언어를 통한 의사소통 방법이고 쓰기와 읽기는 문자언어를 통한 의사소통 방법이다. 말하기와 듣기의 의사소통 활동에 참여하는 사람은 화자와 청자이고, 쓰기와 읽기의 의사소통 활동에 참여하는 사람은 저자와 독자이다.

음성언어를 통한 의사소통과 문자언어를 통한 의사소통은 그 표현 매체에 따라 구분한 것인데 이들은 그 특성에서도 차이가 있다. 지금은 다양한 전자 매체가 발달하여 음성언어를 통한 의사소통 행위와 문자언어를 통한 의사소통 행위를 명확하게 구분하기가 쉽지 않은 경우도 있다. 하지만 일반적으로 음성언어를 통한 의사소통은 그 내용의 조직성에 있어서 문자언어를 통한 의사소통보다는 수준이 떨어지는 것으로 여겨진다. 글을 쓸 때는 글의 주제를 정하고 그와 관련하여 제시할 내용을 구상하고 이를 체계적으로 나타낼 수 있는 글의 구성 방법에 맞추어 표현한다. 아울러 쓴 글을 수정하고 보완할 수 있는 단계를 갖기 때문에 글의 조직성과 정확성을 높일 수 있다. 그러나 화자와 청자가 끊임없이 말을 주고받는 과정 속에서 이루어지는, 일상에서의 음성언어를 통한 의사소통은 화자와 청자가 말할 내용에 대해 미리 정한 것도 아니고, 상대의 반응에 즉각적으로 대응해야 하기 때문에 그 내용이 일관되게 전개되지 않고 조직적인 체계를 구성하지 못하는 것처럼 인식되는 경우가 많다.

음성언어를 통한 의사소통은 우리의 일상생활에서 매우 자연스럽게 이루어지는 익숙한 행위이기 때문에 우리가 말을 할 때 어떤 원리에 따라 조직적으로 말을 하고 있다는 것을 인식하기 쉽지 않다. 그러나 음성언어를 통한 의사소통에서도 언어 사용을 통해 화자와 청자 사이에 생각이나 뜻이 서로 통하는 단계에 이르도록 하기 위해 적용되는 원리들이 있다. 이러한 원리들은 우리가 인식하지 못할 수도 있지만, 일상의 의사소통 행위를 통한 다양한 경험을 통해 몸에 배어 실제로 의사소통에 적용되고 있는 것들이다. 이 절에서 음성언어를 통한 의사소통 행위, 즉 말하기에 적용되는 원리들에는 어떤 것이 있는지 살펴보자.

1 상호성의 원리

말하기를 통한 의사소통이 적절하게 이루어지기 위해서는 의사소통에 참여하는 화자들의 상호 관계와 역할이 중요하다. 일상생활에서의 말하기는 화자는 자신이 전달하고자 하는 내용을 일방적으로 표현하고, 청자는 수동적으로 전달되는 내용을 듣고 이해하는 데 그치는 역할을 하는 단선적인 차원의 과정이 아니다. 말하기는 화자가 표현하는 내용을 듣고 이해한 청자가 화자가 되어 자신의 반응을 표현하는 상호 작용으로 이루어진다. 따라서 말하기를 통한 의사소통이 성공적으로 이루어지기 위해서는 '화자A→청자B/화자B→청자A/화자A→청자B…'의 상호 작용이 적절하게 이루어져야 한다. 그리고 한 화자와 다른 화자 사이에 주고받는 내용이 전체적인 의사소통의 주제에 맞는 적절한 것이어야 한다. 이처럼 말하기에서 이루어지는 화자와 청자 사이의 역할 교대와 주제에 맞는 내용의 표현과 관련된 상호성의 원리에 대해 살펴볼 것이다.

앞에서 간략하게 언급한 바와 같이 말하기를 통한 의사소통에서 화자와 청자의 역할은 고정된 것이 아니라 서로 순환되는 것이다. 따라서 화자가 전달하는 내용을 수용한 청자는 자신의 반응을 화자가 되어 표현하고 화자였던 사람은 청자의 입장에 서게 된다. 이런 의사소통 행위에서 나타나는 화자와 청자의 역할 교대 현상을 '순서 교대'라고 한다. 이런 순서 교대의 적정 시기는 일정한 규칙에 의해 정해지는데 이와 관련된 내용을 다음과 같이 간략하게 제시할 수 있다.

(1) 순서 교대의 규칙

- 현재의 화자가 다음에 말할 화자를 선택하면 지정된 다음 화자는 말을 해야 한다.

- 현재의 화자가 다음에 말할 화자를 선택하지 않고 말을 끝내면 참여자들 중의 누구라도 다음 화자가 될 수 있는 기회를 갖는다. 일반적으로 제일 먼저 말을 시작한 참여자가 다음 화자가 된다.

- 현재의 화자가 다음에 말할 화자를 선택하지 않고 말을 끝냈는데 아무도 다음 화자로 나서지 않는다면 현재의 화자는 원하는 경우 계속 말을 이어 갈 수 있다.

위에 제시된 바와 같이 순서 교대가 적절하게 이루어지도록 하는 규칙이 있음에도 불구하고 둘 이상의 화자가 동시에 말을 하게 되는 '말하기의 중복'이 일어나는 경우가 있다. 이처럼 두 화자가 동시에 말을 하게 되면 청자는 두 화자가 말한 내용을 모두 수용하기 어렵기 때문에 의사소통에 문제가 생기게 된다. 이러한 말하기의 중복은 현재의 화자가 말을 끝내는 것으로 잘못 판단하고 다른 화자가 말을 시작하는 경우, 말하기의 기회를 다음 화자에게 넘겼지만 그의 응답이 늦어져서 원래 화자가 말을 다시 시작하는 경우, 현재 화자가 말한 내용에 대해 다른 화자가 부연 설명을 하거나 다른 견해를 제시하려고 나서는 경우 등에서 나타난다. 말하기의 중복은 우연한 중복과 고의적인 방해로 구분할 수 있는데, 우연한 중복은 특별한 의도 없이 나타난 것으로 의사소통 과정에서 큰 문제가 되지 않지만, 고의적인 방해는 적절하게 대처하는 방법을 찾아 다시 발생하지 않도록 해야 한다.

말하기를 통한 의사소통에서 화자와 청자의 상호 작용이 중요하다는 것을 화자와 청자 사이의 순서 교대 방식을 통해 알아보았다. 흥미로운 점은 말하기의 과정에서 화자와 청자의 순서 교대가 '대응쌍'으로 이루어지는 경우가 많다는 것이다. 대응쌍은 화자가 한 말에 대해 청자가 그에 대한 적절한 반응으로 생각되는 말을 하는 것을 이른다. 예를 들면 화자가 질문을 하면 청자는 그에 대한 답변을 인접한 표현으로 나타내게 되는데 이 경우 질문과 답변이 대응쌍을 이루게 되는 것이다. 말하기에서 나타나는 대응쌍의 유형에는 인사말과 인사말, 요청과 수락/거절, 제안과 찬성/반대, 비난과 인정/부인, 사과와 용서 등이 있다. 이러한 대응쌍을 통해 이루어지는 말하기의 과정을 통해 사람들은 화자와 청자의 역할을 교대로 수행하며 상호 작용을 한다.

앞에서 화자와 청자는 대응쌍의 사용과 적절한 순서 교대를 통해 조직적인 상호 작용을 하며 의사소통을 해 나간다고 설명하였다. 하지만 화자와 청자의 의사소통이 항상 적절한 대응쌍을 통해 이루어지는 것은 아니다. 다음의 예를 살펴보자.

(2) A: 저기요. 혹시 시청 가는 길 아시나요?
　　B: 네. 압니다.

(3) A: 저기요. 혹시 시청 가는 길 아시나요?
　　B: 이 길을 따라 5분 정도 곧장 가시면 시청이 보일 겁니다.

(2)에서 화자A는 B에게 시청 가는 길을 아는지 모르는지의 여부를 묻는 질문을 했고, B는 그에 대해 알고 있음을 인정하는 답을 하였다. 따라서 질문과 대답의 대응쌍을 이루는 적절한 의사소통이 이루어진 것으로 생각할 수 있으나 현실의 언어 사용은 이와 다르게 나타난다. 대부분의 사람은 A의 질문에 대해 (3)의 B와 같이 대답을 할 것이다. 그는 A의 질문을 단순한 질문으로 받아들인 것이 아니라 '시청 가는 길을 알려 주세요.'와 같은 의미를 지니는 요청으로 받아들이고 그에 맞추어 대응한 것이라고 볼 수 있다. 이러한 의사소통의 행위를 살펴보면 말하기에서 화자와 청자의 상호 작용이 단순히 대응쌍과 그를 통한 순서 교대를 통해서만 이루어지는 것이 아님을 알 수 있다. 여기에서 살펴볼 의문점 중 하나는 (3)의 B는 어떻게 A의 질문을 요청으로 해석하게 되었는가 하는 것이고, 다른 하나는 (2)의 A는 왜 요청의 문장을 쓰지 않고 질문의 문장을 사용하였는가 하는 것이다. 이와 같이 말하기를 통한 의사소통에서 제기될 수 있는 의문점들은 말하기와 관련된 또 다른 원리들이 적용되고 있음을 잘 보여준다. 다음 절에서

는 먼저 (3)의 B는 어떻게 A의 질문을 요청으로 해석하게 되었는가와 관련된 언어 사용의 원리에 대해 알아볼 것이다.

연습 문제

1. 본문에 제시된 '순서 교대의 규칙'과 관련하여 말하기를 통한 의사소통에 참여하는 사람들이 주의해야 할 점에 대해 생각해 보자.

   가. (예) 청자들이 혼동되지 않도록 현재의 화자는 말을 끝내는 시기에 다음의 화자가 될 청자에게 호칭, 시선 등과 같은 방법으로 명시적인 신호를 보내야 한다.

   나.

   다.

   라.

   마.

2. 본문에서 제시한 바와 같이 '말하기의 중복'이 일어날 수 있는 상황을 생각해 보고, 그런 상황에서 중복 현상을 해소할 수 있는 방안에 대해 설명해 보자.

   가. (예) 현재의 화자가 말을 끝내는 것으로 잘못 판단하고 다른 화자가 말을 시작하는 경우
      → 말을 시작한 화자는 즉시 자신의 말을 멈추고 현재의 화자에게 사과의 표현을 한다.

   나.

   다.

   라.

3. 다음에 제시된 의사소통 행위를 살펴보고, 일상생활에서 '대응쌍'을 통한 말하기가 갖는 특성에 대해 생각해 보자.

◆ 편의점에서 생긴 일

A: 이 술 얼마인가요?
B: 왜? 사려고?
A: 네.
B: 신분증 있어? 나이가 몇 살인데?
A: 22살인데요.
B: 만 원이다.

2 협력의 원리

    그라이스는 말하기를 통한 의사소통에 참여하는 사람들이 서로가 그 의사소통 행위를 통해 이루고자 하는 목적을 달성하기 위해서 의사소통의 내용이나 흐름에 맞는 말을 해야 한다고 말하고, 그러기 위해서는 먼저 화자와 청자 간에 의사소통의 의도와 목적을 같이 수용해 가는 협력의 과정이 필요하다고 주장하였다. 이것을 '협력의 원리'라고 부르는데, 이 원리에 따르면 화자는 의사소통의 목적에 부합하는 말을 하고 청자는 화자가 하는 말을 의사소통의 목적을 이루기 위해 필요한 표현으로 해석하여 받아들이게 된다는 것이다. 협력의 원리는 기본적으로 화자와 청자가 성공적인 의사소통을 위해서 서로 긴밀한 관계를 유지해야 하는 것을 강조한다는 점에서 의사소통의 가장 기본적인 전제가 되는 '상호성'에 바탕을 두고 제안된 것으로 볼 수 있다.

    그라이스는 협력의 원리에 바탕을 두고, 화자와 청자가 서로 간에 협력이 이루어지고 있음을 알아 의사소통의 목적이 성공적으로 달성될 수 있도록 해주는, 효율적인 말하기를 위한 '격률'을 제시하였다. 그가 제시한 4가지 격률은 아래와 같다.

(1) 대화의 격률

가. 양의 격률
나. 질의 격률
다. 관련성의 격률
라. 방법의 격률

'양의 격률'은 필요한 만큼의 정보를 제공하라는 것으로, 너무 많지도 적지도 않은 정도로 상대방이 필요로 하는 만큼의 정보를 주라는 것이다. 너무 많은 정보는 의사소통 과정에서 장애가 될 수 있으며, 최소한의 정보도 제공하지 않는 경우는 의사소통의 단절을 불러오는 요인이 될 수 있다.

'질의 격률'은 스스로 거짓이라 생각하는 것은 말하지 말고, 진실한 정보만을 상대에게 제공하라는 것이다. 거짓된 정보의 제공은 화자와 청자 간의 협력에 바탕을 두고 이루어지는 의사소통 행위를 중단시키는 주요한 원인이 될 수 있다. 화자가 진실하지 않은 정보를 제공하는 경우 청자는 화자가 의사소통 행위의 진정한 협력자가 아님을 판단하고 의사소통 과정을 계속 유지할 필요가 없다고 생각하게 되기 때문이다.

'관련성의 격률'은 당시에 이루어지는 의사소통 행위의 목적과 관련된 적절한 내용만을 말하라는 것으로, 화자가 주어진 주제와 관련이 없거나 대화의 목적을 달성하는 데 필요가 없는 내용을 계속적으로 말하는 경우 청자는 의사소통의 목적을 달성하기 어렵다고 판단하고 더 이상 의사소통 행위를 이어갈 필요가 없다고 생각할 가능성이 높다.

'방법의 격률'은 말할 때 화자의 의도가 분명히 드러나도록 간단명료한 표현을 사용하라는 것이다. 이를 위해 다음과 같은 방법이 제시되었다. 첫째는 '모호성을 피하라'는 것으로 자신의 의도가 무엇인지 모르도록 말하지 말라는 것이다. 둘째는 '중의성을 피하라'는 것으로 여러 뜻으로 해석될 수 있는 동일한 형태의 표현은 사용하지 말라는 것이다. 셋째는 '간결하게 말하라'는 것으로 비슷한 의미를 나타내는 표현을 중복하여 사용하지 말고 간략하고 절제된 표현을 사용하라는 것이다. 넷째는 '조리 있게 순서대로 말하라'는 것으로 정보를 제공할 때 시간적 순서나 논리적 순서에 따라 표현하라는 것이다. 방법의 격률을 어기는 표현을 사용하면 청자는 화자가 말하는 내용의 진의를 파악하기 어려워지고 따라서 의사소통의 과정이 적절하게 이루어지기 힘들게 된다.

(2)에 제시된 예와 관련하여 앞에서 제기된 질문들에 대해 다시 살펴보자.

(2) A: 저기요. 혹시 시청 가는 길 아시나요?
　B1: 네. 압니다.
　B2: 이 길을 따라 5분 정도 곧장 가시면 시청이 보일 겁니다.

　여기서 먼저 살펴볼 내용은 A는 시청으로 가는 길을 아는지 모르는지의 여부를 묻는 질문을 했는데 B2는 어떻게 그것을 시청으로 가는 길을 알려달라는 요청으로 해석하고 그에 대해 적절하게 답하고 있는가 하는 것이다. 일반적으로 A의 질문에 대해 B1과 같이 답하는 사람은 없을 것이다.

　A의 질문에 대해 B2의 대답이 나온 것은 협력의 원리와 관련이 깊다. 협력의 원리에 따르면, 의사소통에 참여하는 사람들 서로가 그 의사소통 행위를 통해 이루기를 원하는 목표를 달성하기 위해서는 먼저 화자와 청자 간에 의사소통의 의도와 목적을 같이 수용해 가는 과정이 필요하다. A의 질문을 들은 B2는 먼저 A가 이 의사소통 행위를 통해 달성하고자 하는 목표가 무엇인지를 파악하기 위해 그의 경험과 지식 등에 바탕을 두고 A가 말한 질문의 진의를 파악하기 위해 추론을 하게 된다. 상식적으로 A는 B2가 시청으로 가는 길을 아는지 모르는지에 관심을 둘 이유가 없다. A의 질문의 본의는 시청으로 가는 길을 알면 자기에게 가르쳐 주기를 바란다는 요청을 하는 것이고 이 의사소통 행위의 목적은 시청으로 가는 방법에 대한 정보를 얻기 위함이라는 것을 알게 된다. 이런 면에서 보면 A의 말은 자신의 의도가 무엇인지 모르도록 말하지 말라는 방법의 격률을 어긴 것으로 볼 수 있다. 따라서 협력의 원리가 아니었다면 이 의사소통 행위는 그 목적을 이루지 못하고 중단되었을 수도 있는 것이다. 이처럼 말하기를 통한 의사소통에서 협력의 원리는 화자와 청자의 상호 작용에 큰 영향을 미친다.

　(2)의 예와 관련하여 살펴볼 또 하나의 의문점은 (2)의 A는 왜 요청의 문장을 쓰지 않고 질문의 문장을 사용하였는지의 문제이다. '시청 가는 길을 알려주세요.'라는 문장을 사용했으면 청자를 혼란스럽게 하지 않았을 텐데 A가 굳이 질문의 문장을 사용한 이유는 무엇인지에 생각해 볼 필요가 있다. 요청의 문장으로 의도한 의미를 직접적으로 표현하는 것이 의사소통에서의 효율성을 높이는데, 효율성이 떨어지는 질문의 문장으로 요청을 표현하려고 한 이유는 무엇인지에 대해 다음 절에서 살펴보자.

> **연습 문제**

1. 다음의 제시된 의사소통의 예들 중에서 대화의 격률을 어기는 말을 찾아보고 어떤 격률을 어기고 있는지 생각해 보자.

    가. A: 아버님이 책을 많이 읽으시는구나.
       B: 네. 아버지는 저보다 책을 더 좋아하세요.
       A: 너도 책을 좋아하는가 보네.
       B: 아니요. 아버지는 저에게 관심이 없으세요.

    나. A: 너는 어디에서 태어났니?
       B: 제가 태어난 곳은 원래 경기도에 속해 있었는데 제가 태어나기 직전에 서울에 속하게 되었대요. 그래서 경기도 사람이 될 뻔했는데 겨우겨우 서울 사람이 된 거죠.
       A: 그러니까 서울에서 태어났다는 거지?

    다. A: 무슨 일로 나를 찾았니?
       B: 방금 집에서 연락이 왔는데, 어머니께서 일이 있다고 하셔서 집에 가 봐야 할 것 같습니다.
       A: 무슨 소리야? 네 어머님께서 전화하셨는데, 휴대전화를 집에 놓고 가서 연락이 안 된다고.

2. 다음의 의사소통의 예에서 대화의 격률을 어기는 말을 찾아보고, 격률을 위반했음에도 불구하고 의사소통의 과정이 계속 진행될 수 있는 이유에 대해 설명해 보자.

    A: 야, 오랜만이다. 잘 지냈지?
    B: 너 휴대전화 잃어버렸지?
    A: 아니, 휴대전화는 왜?
    B: 그럼 손가락을 다쳤나 보네. 어디 손가락 좀 보자.
    A: 어? 아, 미안해. 그동안 좀 바빴어.
    B: 그렇구나. 나는 좀 아팠어, 지금은 괜찮지만. 아무튼, 반갑다.

3 공손성의 원리

'공손성'이란 '말이나 행동이 겸손하고 예의 바름'을 나타내는데, 공손성이 중요하게 생각되는 것은 말하기를 통한 의사소통이 화자와 청자 간에 정보를 주고받는 목적으로만 이루어지는 것이 아니라 둘 사이의 관계를 형성하고 발전시키는 데에도 큰 영향을 미치기 때문이다. 따라서 말하기를 통한 의사소통에 관여하는 참여자들은 서로에게 공손하고 예의 바르게 말하는 것의 중요성을 알아야 하는데, 이는 단순히 높임을 나타내는 언어 표현의 사용을 가리키는 것이 아니라 의사소통의 행위에서 화자가 청자를 고려하여 나타내는 말하기의 태도와 관련이 깊다.

앞에서 설명한 공손성의 원리를 지키기 위하여 어떻게 말해야 하는가에 대한 지침으로 리치는 '정중어법의 격률'을 다음과 같이 제시하였는데, 정중어법의 격률에 담긴 핵심 내용은 상대방에게 정중하지 않은 표현은 최소화하고 정중한 표현은 최대화하라는 것이다.

(1) 정중어법의 격률

가. 요령의 격률 - 관용의 격률
나. 칭찬의 격률 - 겸양의 격률
다. 동의의 격률 - 공감의 격률

'요령의 격률'은 청자에게 부담이 되는 표현은 최소화하고 청자에게 이익이 되는 표현은 최대화하라는 것이다. '관용의 격률'은 요령의 격률을 화자의 관점에서 표현한 것으로 화자 자신에게 이익을 주는 표현은 최소화하고 자신에게 부담이 되는 표현은 최대화하라는 것이다.

'칭찬의 격률'은 청자를 비난하거나 트집을 잡는 표현은 최소화하고 청자를 칭찬하는 표현은 최대화하라는 것이다. '겸양의 격률'은 칭찬의 격률을 화자의 관점에서 표현한 것으로 화자 자신을 칭찬하는 말을 최소화하고 자신을 비난하는 말을 최대화하라는 것이다.

'동의의 격률'은 청자와 동의하지 않는 불일치하는 표현은 최소화하고 청자와 동의하는 표현은 최대화하라는 것이다. '공감의 격률'은 동의의 격률을 화자의 관점에서 표현한 것으로 청자에 대한 화자 자신의 반감을 최소화하고 공감을 최대화하는 표현을 사용하라는 것이다.

위에서 제시된 격률이 실제 의사소통에서 어떻게 사용되는지에 대해 간략히 살펴보자.

(2) A1: 오늘 이사하려고 하는데 시간 좀 내주세요.
　　A2: 오늘 이사하려고 하는데 혹시 지금 시간적 여유가 있으신가요

A1의 표현은 청자에게 직접적으로 요청하는 것이기에 청자가 그 요청을 거절하기 위해서는 상당한 심리적 부담을 느낄 것이다. 시간적 여유가 없다면 왜 그런지에 대한 상황을 설명하여야 할 테고, 시간적 여유가 있을 시에는 왜 도와주지 못하는지에 대한 변명을 찾기 위해 애를 써야 하기 때문이다. 하지만 A2의 경우에는 청자를 배려하여 부담을 줄여주는 표현을 많이 사용하고 있다. '혹시'라는 표현은 청자가 시간적 여유가 없을 수도 있다는 가능성을 감안해서 청자가 거절할 수 있는 틈을 열어주고 있다. 또한 '지금'이라는 표현은 시간적 여유를 제한시키는 것으로 '오늘' 전체의 시간에 대해 묻고 있지 않아 청자가 느끼는 부담을 줄여준다. 그리고 '시간적 여유'는 청자에게 다른 일이 있으면 거절해도 된다는 명분을 마련해 주고 있다. 이러한 표현들의 사용으로 화자는 청자가 느낄 수 있는 부담을 최소화시키려는 노력을 하고 있어 '요령의 격률'을 잘 지키는 말을 하고 있는 것으로 판단할 수 있다.

위에서 언급한 정중어법의 격률은 (3)의 예에서 화자가 사용하는 문장에 대한 의문에 답을 제공해 준다.

(3) A1: 저기요. 혹시 시청 가는 길 아시나요?
　　A2: 저기요. 시청 가는 길을 알려주세요.

A2는 요청의 의도를 직접적으로 표현하는 문장을 사용하여 길을 묻고 있다. 하지만 A1은 요청의 의도를 간접적으로 표현하는 질문의 문장을 사용하였다. 의도한 의미를 직접적으로 표현하는 것이 의사소통에 있어서 오해를 방지하고 소통의 효율성을 높이는데, 간접적 표현으로 길을 묻는 이유는 무엇일까? 이는 정중어법의 격률과 관련이 있다. 처음 보는 사람에게 직접적으로 무엇을 요청하는 것은 청자에게 부담을 주는 행위로 정중하지 않은 의사소통의 행위라고 할 수 있다. 청자가 길을 모르는 경우를 생각하면 A2의 요청은 청자에게 큰 심리적 부담을 주게 되며 청자를 당황하게 만드는 요인이 될 수 있다. 청자가 길을 아는 경우라고 하더라도 처음 만난 사람에게서 무엇인가를 직접적으로 요구하는 말을 들은 청자는 화자를 예의가 없다고 생각할 가능성이 높다.

하지만 A1의 질문은 먼저 청자가 길을 아는지의 여부를 묻고 있기에 길을 모르는 경우라도 심리적 부담감을 덜 느끼고 대답을 할 수 있고, 길을 아는 경우에는 긍정의 대답을 하고 길을 알려주는 식으로 의사소통의 행위가 진행될 수 있을 것이다. 이런 면들을 고려하면 화자가 직접적으로 의도를 나타내는 직접적 의사소통 행위보다는 간접적으로 의도를 표현하는 간접적 의사소통 행위가 청자에게는 더 정중한 표현으로 인식되고 그에 따라 의사소통의 상황을 좀 더 부드럽게 만드는 말하기의 방식이 됨을 알 수 있다.

공손성의 원리와 관련된 정중어법의 격률은 의사소통 행위가 화자와 청자 간의 적절한 인간관계가 형성되고 발전될 수 있도록 하는 데 중요한 요소가 된다는 것에 바탕을 두고 의사소통의 참여자들이 서로 상대방을 대할 때 취해야 하는 언어 사용의 태도와 방법을 제시한 것으로 볼 수 있다. 이와 유사하게 의사소통을 통한 인간관계의 형성과 유지를 위해 언어 사용에서 유의해야 할 원리의 하나로 레이코프가 제시한 '적절한 거리 유지의 원리'가 있다, 이에 따르면 인간관계에 대해 사람들이 일반적으로 갖는 생각은 두 가지 상반된 욕구로 표현될 수 있는데 하나는 연관성의 욕구이고 다른 하나는 독립성의 욕구이다. 연관성의 욕구는 다른 사람과 관계를 맺고 유지하고 싶어 하는 마음을 이르고, 독립성의 욕구는 다른 사람들로부터 떨어져 개인적이고 독자적인 삶의 영역을 지키고자 하는 마음을 이른다. 따라서 사람들은 의사소통 행위를 하는 과정에서 연관성의 욕구와 독립성의 욕구를 적절하게 조화시키려고 하는데, 이런 사람들의 욕구를 조화시키기 위한 방법으로 제안된 것이 적절한 거리 유지의 원리이다. 이 원리를 지키기 위한 방법으로 제시된 내용은 아래와 같이 정리할 수 있다.

(4) 적절한 거리 유지의 원리

가. 상대방과의 거리를 유지하라.
나. 상대방에게 선택권을 주어라.
다. 상대방에게 항상 우호적인 태도를 유지하라.

　(4가)에 제시된 방법은 상대방에게 어떤 것을 강요하지 않음으로써 상대방의 개인적인 영역을 침범하지 않고 적절한 거리를 유지할 수 있도록 하여 독립성의 욕구를 만족시키는 것이다. 연관성의 욕구는 (4다)에 제시된 바와 같이 상a대방에게 항상 우호적인 태도를 취하는 것으로써 충족될 수 있다. (4나)에 제시된 방법은 상대방에게 선택권을 주고, 상대로 하여금 자신의 의견을 말할 수 있는 상황을 조성하라는 것이다. 이것은 적절한 거리를 유지하는 방법 중에서 가장 중요한 것으로 독립성의 욕구와 연관성의 욕구 사이에서 균형을 잡고 의사소통의 참여자들 사이에서 적절한 거리를 유지할 수 있도록 해 준다. 둘째로 제시된 방법에 따르면 의사소통의 참여자들이 적절한 거리를 유지하며 소통을 하기 위해서 간접적인 표현을 사용하는 것이 더 유리하다는 것을 알 수 있다. (3)의 예에서 살핀 바와 같이 A2의 직접적인 요청은 청자의 선택권을 무시하는 것이고 따라서 독립성의 욕구를 침해하는 말하기가 된다. 하지만 A1의 질문을 통한 간접적인 요청은 청자가 무엇인가를 강요받지 않는 것으로 판단하기 때문에 독립성을 만족시키는 말하기로 볼 수 있다.

연습 문제

1. 다음의 의사소통의 예를 살펴보고, 정중어법의 격률을 어기는 말을 찾아보고 어떤 격률을 어기고 있는지 생각해 보자.

    가. A: 너 이번에 시험 잘 봤다면서. 공부 많이 했구나.
       B: 아니. 내가 머리가 좋잖아. 한 번 보면 다 알아.

    나. A: 제가 제시한 방법으로 일을 처리하면 효율성을 높일 수 있을 것 같아요.
       B: 제가 생각하기에는 지금의 상황을 고려하면 그 방법에 문제가 많습니다.

    다. A: 이 옷 새로 샀는데 어떠니? 입으면 예쁘겠지.
       B: 옷은 예쁜데 너보다는 나에게 더 잘 어울릴 것 같은데.

    라. A: 제가 한 말의 의미를 잘 이해하시겠지요.
       B: 뒤에서는 무슨 말인지 하나도 안 들립니다. 다시 한 번 크게 말씀해 주세요.

2. 위에서 찾은 정중어법의 격률을 어기는 말을 격률에 맞도록 바꾸어 써 보자.

3. 적절한 거리 유지의 원리와 정중어법의 격률 사이의 상관성을 고려하여, 정중어법의 어떤 격률이 적절한 거리 유지의 어떤 방법과 관련이 있는지에 대해 설명해 보자.

4 체면 세워주기의 원리

앞에서 살펴본 바와 같이 공손성의 원리나 적절한 거리 유지의 원리는 모두 말하기를 통한 의사소통이 화자와 청자 사이의 관계를 형성하고 발전시키는 데에도 큰 영향을 미친다고 보고, 의사소통에 관여하는 참여자들이 서로를 공손하게 대하는 예의 바른 말하기 방법의 중요성을 알려주고 있다. 따라서 이들 원리들은 의사소통의 행위에서 화자가 청자를 고려하여 나타내는 말하기의 태도와 깊은 관련을 지닌다.

이처럼 청자를 배려하는 관점에서 의사소통의 행위가 이루어지면 청자는 화자에 대해 좋은 인상을 갖게 되고 친밀한 인간관계를 형성하게 될 가능성이 높아진다. 하지만 청자 중심적인 배려의 말하기는 단순히 청자가 화자에 대해 좋은 인상을 갖게 해 주는 것에 국한되는 것이 아니라, 청자의 '체면'을 세워주는 효과를 갖는다는 점에서도 중요하다. '체면'은 '모든 사람들이 자신에 대해 갖고 있는 공적인 자존심', 다시 말하면 '자신의 가치 평가에 대한 기대치'로 정의될 수 있는데, 의사소통에 참여하는 사람들은 의사소통의 과정에서 체면이 손상되지 않고 최소한 자신이 생각하는 수준에서 유지되기를 바란다. 따라서 브라운과 레빈슨에 의하면 '체면 세워주기의 원리'는 의사소통의 과정에서 화자는 청자의 체면을 위협하는 말을 되도록 하지 말아야 한다는 것을 알려 준다.

체면은 적극적인 것과 소극적인 것으로 구분할 수 있는데, '적극적 체면'은 인정받고자 하는 자신의 가치와 관련이 있다면, '소극적 체면'은 방해받고 싶지 않은 자신의 욕구와 관련이 있다. 따라서 체면 세워주기의 원리에 따르면 적극적 체면은 세워주는 방향으로 말을 해야 하고, 소극적 체면은 지켜주는 쪽으로 말을 해야 한다는 것을 알 수 있다.

(1) 가. 이런 시험에서 100점도 못 맞고, 너 바보니?
    나. 책 좀 그만 읽고, 내가 하는 일 좀 도와라.

(1가)의 예는 청자를 바보 취급한다는 점에서 그의 적극적인 체면을 위협하는 의사소통 행위라고 볼 수 있고, (1나)의 예는 청자가 하고 있는 행위를 방해한다는 점에서 소극적 체면을 위협하는 의사소통 행위라고 볼 수 있다. 체면 세워주기의 원리에 따른다면 (1)의 예들은 (2가)와 (2나)와 같이 표현하는 것이 더 적절하다고 할 수 있다.

(2) 가. 몸 상태가 안 좋았나 보네, 이런 시험에서 100점을 못 맞은 것을 보니.
    나. 공부하는 것 방해해서 미안하지만, 내가 하는 일 좀 도와라.

(2가)는 청자가 머리가 나쁜 사람이 아니고 당시의 몸 상태가 안 좋아서 시험 결과가 좋지 않았음을 표현하고 있어 적극적 체면을 위협하고 있지는 않다. 또한 (2나)는 청자가 하고 있는 일을 방해해서 미안하다는 감정을 표현하고 있어 소극적 체면을 어느 정도 지켜주는 말이라고 볼 수 있다. 적절한 거리 유지의 원리와 관련해서 살펴보면 적극적 체면은 연관성의 욕구와 관련이 있고, 소극적 체면은 독립성의 욕구와 관련이 있다고 볼 수 있다. 연관성의 욕구와 관련이 있는 적극적 체면을 세워주는 방법은 상대와의 유대 관계를 강조하면서 칭찬과 존경을 표현하는 말을 하는 것이고, 독립성의 욕구와 관련이 있는 소극적 체면을 지켜주는 방법은 상대를 독립적인 개체로 인정하여 강요나 명령을 하지 않고 개인적인 권리를 침해한 경우 미안함을 표현하는 말을 하는 것이다.

의사소통의 상황에서 상대방의 체면을 위협하는 행위는 체면 위협의 정도에 따라 (3)과 같이 구분될 수 있다. 위에 있을수록 체면 위협의 정도가 강하고, 아래로 내려갈수록 그 정도가 약해진다.

(3) 체면 위협의 정도에 따른 행위의 구분

가. 보상 표현이 없는 명시적이고 노골적인 체면 위협 행위
나. 적극적 보상 표현을 사용한 체면 위협 행위
다. 소극적 보상 표현을 사용한 체면 위협 행위
라. 보상 표현이 없는 암시적 체면 위협 행위
마. 체면 위협 행위를 하지 않음

(3)에서 논의된 체면 위협 행위의 구분을 일상의 의사소통 행위와 관련지어 예를 들면 (4)와 같이 제시할 수 있다.

(4) (친구에게 밥을 사 달라고 요청하는 경우)

가. 야, 나 밥 좀 사줘.
나. 너는 돈도 많고 친절한 사람이어서 하는 말인데, 나 밥 좀 사줘.
다. 이런 말 하기 참 염치없고 미안한데, 나 밥 좀 사줄 수 있니?
라. 배는 고픈데, 밥 사 먹을 돈이 없네.
마. 아, 배고파. (또는 침묵)

(4가)는 체면 위협의 정도가 가장 강한 표현이고 (4마)는 체면 위협의 정도가 가장 약한 예이다. 이와 관련지어 생각해 볼 것은 (4가)는 어떤 친구에게 사용할 수 있는 표현이며 (4다)는 어

떤 친구에게 사용할 수 있는 표현인지를 구분할 수 있는가 하는 것이다.

(3)에 제시된 체면 위협 정도에 따른 행위의 구분은 절대적인 단계를 갖고 있는 것으로 볼 수 있지만, 화자가 어떤 표현을 사용할 것인가를 결정하는 데에는 상대적인 요소들이 관여하게 된다. 이에 관여하는 요소에는 '화자와 청자 사이의 사회적 거리', '화자와 청자 사이의 영향력 관계' 그리고 '요구되는 행위가 갖는 부담의 크기'가 있다. 예를 들어 화자와 청자 사이의 사회적 거리가 가까울수록 체면 위협의 정도가 높은 표현을 사용할 가능성이 높고, 화자가 청자에게 미치는 영향력이 청자가 화자에게 미치는 영향력보다 클수록 체면 위협의 정도가 높은 표현을 사용할 가능성이 높아진다. 또한 요구되는 행위가 갖는 부담의 크기가 작을수록 체면 위협의 정도가 높은 표현을 사용할 가능성이 높다.

이와 반대로 화자와 청자 사이의 사회적 거리가 멀수록 체면 위협의 정도가 낮은 표현을 사용할 가능성이 높고, 화자가 청자에게 미치는 영향력이 청자가 화자에게 미치는 영향력보다 작을수록 체면 위협의 정도가 낮은 표현을 사용할 가능성이 높아진다. 또한 요구되는 행위가 갖는 부담의 크기가 클수록 위협의 정도가 낮은 표현을 사용할 가능성이 높다. 따라서 말하기에서 청자의 체면을 위협하지 않는 의사소통 행위를 하기 위해서는 위에서 제시된 요소들을 고려하여 적절한 수준의 표현을 사용할 줄 아는 능력을 갖는 것이 중요하다.

말하기를 통한 의사소통에서 지금까지 논의했던 '상호성의 원리', '협력의 원리', '공손성의 원리' 그리고 '체면 세워주기의 원리' 등을 고려하여 누구에게 어떤 표현을 어떻게 사용할 것인지를 적절하게 선택하여 사용할 수 있다면, 화자와 청자 사이에 생각이나 뜻이 서로 잘 통하는 단계에 이를 수 있을 뿐만 아니라 좋은 인간관계를 형성하는 데에도 큰 도움이 될 것이다.

연습 문제

1. 같은 강의를 듣는 누군가에게 강의 노트를 빌리려고 하는 상황을 가정하고, (3)에 제시된 체면 위협의 정도에 따른 행위의 구분과 관련하여 어떻게 말할지를 써 보자.

    가.

    나.

    다.

    라.

    마.

2. 체면 위협의 정도를 판단하는데 관여하는 '화자와 청자 사이의 사회적 거리', '화자와 청자 사이의 영향력 관계', '요구되는 행위가 갖는 부담의 크기' 중에서 자신이 말을 할 때 중요하게 고려하는 요인의 순서를 정해 보고, 왜 그렇게 정했는지에 대해 설명해 보자.

3 말하기 윤리

우리는 표현하지 않고는 살 수 없다. 가족들과 하루의 일에 대해 말하고, 친구와 다양한 목적으로 대화하기도 하며, 사랑하는 사람들 간에도 말을 통해서 자신의 마음을 전달하기도 한다. 아무리 많은 생각과 정보를 가지고 있다고 하더라도 말을 하지 않으면 그것이 다른 사람에게 전달될 수 없다. 그렇기 때문에 말하기 능력은 사람들과 소통하기 위해 필수적인 능력이다.

다른 사람들과의 협업과 소통이 점차 중요해지고 있는 현대 사회에서 이러한 표현 능력은 가장 중요한 경쟁력 중 하나이다. 그래서 우리는 누구나 훌륭하게 말하고 싶어 한다. 그렇다면 훌륭하게 말하는 것은 어떤 것이고, 어떻게 해야 말을 잘 할 수 있을까? 우리는 말을 잘하기 위해서 다양한 말하기 전략에 따라 말하기를 계획하고 준비한다. 그러나 말하기의 원리나 말하기 전략을 알고 계획한다고만 해서 말을 잘 할 수 있는 것은 아니다.

말을 한다는 것은 다른 사람에게 나의 생각을 효과적으로 표현하는 것이기도 하지만 윤리적인 책임이 따르는 행위이기도 하다. 따라서 말을 잘 하기 위해서는 효과적으로 말하기 위한 다양한 이론을 아는 것과 더불어 자신의 말하기에 책임 의식을 갖고, 윤리적으로 말하려는 태도를 지녀야 한다. 이 장에서는 의사소통에서 윤리를 지키는 것이 왜 중요한지, 그리고 말하기와 듣기의 윤리가 무엇인지를 알아보자. 그리고 실제 우리의 의사소통에서 이러한 윤리를 지켜 말하는 방법을 배워보도록 하자.

1 의사소통에서 윤리의 중요성

더불어 살아가는 것이 중요해지고 있는 현대 사회에서 소통의 중요성이 점차 강조되고 있다. 우리는 공동체의 일원으로 살아감에 있어 자신의 생각을 오해가 없이 잘 통하게 하는 능력을 가지고 있는 사람을 '의사소통을 잘한다'고 평가한다. 의사소통의 뜻은 사람들 간에 자신이 가지고 있는 생각이나 감정을 교환하는 행위이다. 의사소통의 의미를 가진 영어 'communication'의 어원은 라틴어의 '나누다, 함께 하다, 분배하다'의 의미를 가진 'communicare'에서 유래되었다. 따라서 의사소통은 최소한 두 사람 이상이 서로 관계를 맺으며 언어적 행위를 '함께 나누는 과정'이다.

의사소통은 일부 동물에게서도 나타나기는 하지만, 동물들 간의 의미 전달은 생존과 관련된 본능적인 성질에 해당한다. 가령 포유류는 서로 냄새를 맡거나 비비며 친근함을 표시하기도 하고, 발을 구르며 위험을 알리기도 한다. 꿀벌 역시 꿀을 발견하면 동료들에게 알려주기 위해 엉덩이를 흔들며 춤을 추기도 한다. 그러나 인간이 의사소통을 한다는 것은 이러한 본성을 뛰어넘어 개인이 외부 세계와 정보와 생각을 나누며 의미를 조정해가는 과정이다. 사람들은 의사소통 과정을 통해 공동체의 가치와 공동체 구성원의 다양성을 존중하고, 상호 협력하여 발전된 문화를 형성해 나갈 수 있다.

문화의 형성 과정에 있어서도 의사소통은 중요하지만, 문화가 일정 정도 발전된 현대 사회에서도 의사소통의 중요성은 더욱 커지고 있다. 고도로 발달된 현대 사회의 문제들은 매우 복잡한 성격을 지니고 있다. 그렇기 때문에 개인이 문제를 해결하기 어려운 경우가 많다. 복잡계의 문제를 해결하기 위해서는 상대방과 생각을 주고받는 의사소통 능력을 갖추고 있어야 한다. 이는 현대의 과학자들이 의사소통을 통해 협업하여 난해한 문제를 해결하는 다양한 예를 통해 그 중요성이 부각되고 있다. 이렇듯 의사소통 능력은 현대사회를 살아가는 데에 필요한 중요한 능력에 해당한다. 의사소통 능력은 구체적인 의사소통 상황에서 적절하게 행동하면서 언어를 사용하여 언어 활동의 목적을 효율적으로 달성할 수 있는 능력을 의미한다. 의사소통 능력은 공동체의 일원으로 살아가는 데에 반드시 필요하고, 공동체를 이끌어가는 리더에게도 필수적이다. 미국의 저명한 경제전문지 <포춘>이 선별한 500대 기업의 CEO들은 리더로서 필요한 능력을 묻는 질문에 커뮤니케이션 능력이 가장 중요하다고 답했다. 조직의 리더는 적절한 의사소통을 통해 구성원 개개인의 가슴 속에 조직의 목표와 비전을 옮겨 심을 수 있어야 한다는 것이다.

의사소통 능력을 발휘하기 위해서는 언어 활동의 목적을 잘 달성해야 한다. 여기에서 언어 활동의 목적은 크게 두 가지로 나누어 살펴 볼 수 있다. 먼저, 화행 목적이다. 화행 목적은 정보를 전달하는 것, 요청하는 것, 설득하는 것 등과 같이 상대방에게 직접적인 영향을 미치기 위한 것이다. 다음으로 관계 목적을 들 수 있다. 관계 목적은 상대와의 유대 관계를 형성하고 유지하기 위한 것이다. 경우에 따라 의사소통의 목적은 화행 목적이 우선될 수도 있고, 관계 목적이 우선

될 수도 있다. 그러나 진정한 의미에서 의사소통의 목적을 이루는 것은 화행 목적과 관계 목적을 동시에 효율적으로 달성할 때 가능해진다.

이러한 언어 활동의 목적을 잘 달성했다고만 해서 의사소통 능력이 뛰어난 것은 아니다. 의사소통을 잘하기 위해서는 다양한 자료를 수집하고, 수집된 자료를 재구성할 수 있어야 한다. 그리고 재구성된 내용은 다시 효과적인 표현전략을 적절하게 사용하여 표현해야 한다. 그러나 이것 말고도 의사소통을 잘하기 위해 반드시 기억해야 할 것이 있다. 의사소통은 일방적인 표현과 이해의 과정이 아니라 상대방과 함께 협력적으로 의미를 구성해야 하는 행위이기 때문에 의사소통에 참여하는 사람 사이에서 의사소통의 윤리를 지켜야 한다.

의사소통의 윤리는 의사소통을 할 때 마땅히 지켜야 할 것들을 의미한다. 의사소통에서 마땅히 지켜야 할 것들에는 무엇이 있을까? 의사소통이 언어만의 문제라면 의사소통의 과정에서 언어만 잘 사용하면 된다. 하지만 의사소통은 단순히 언어만의 문제가 아니라 상호공존하며 의미를 나누는 과정이기 때문에 상대방을 배려하는 태도가 필요하다. 만약 의사소통의 과정에서 이 기본적인 윤리를 지키지 않으면 소통을 하기 위해 한 행위가 오히려 갈등의 요인이 되기도 하고, 소통에 실패하는 원인이 되기도 한다. 따라서 소통을 통해 진정한 관계를 맺기 위해서는 유창하게 말하는 것도 중요하지만, 의사소통의 윤리를 지켜 말하는 것이 더욱 중요하다. 다음은 미국 커뮤니케이션학회(NCA)에서 정한 윤리 원칙들이다.

1. 우리는 진실, 정확, 정직 그리고 이성을 옹호한다.
2. 우리는 시민 사회의 본질적 요소인 정보를 바탕으로 한 책임감 있는 의사결정을 위해 표현의 자유, 관점의 다양성, 그리고 반대에 대한 관용을 승인한다.
3. 우리는 다른 의사소통 참여자들을 평가하고 그들의 메시지에 반응하기 전에 그들을 이해하고 존중하기 위해 노력한다.
4. 우리는 인간 잠재력을 실행시키기 위해 필요한 의사소통의 자원과 기회로의 접근을 보장하고, 가족, 커뮤니티, 사회의 복지에 기여한다.
5. 우리는 의사소통 참여자 개인의 고유한 요구와 특성을 존중하는 배려와 상호이해적인 의사소통 분위기를 조성한다.
6. 우리는 왜곡, 위협, 강요, 폭력, 그리고 무관용과 증오를 통해 개인과 인간성을 훼손하는 일체의 의사소통 행위를 비판한다.
7. 우리는 공정성과 정의를 추구하는 개인적인 신념을 장려할 것을 서약한다.
8. 우리는 특정 선택에 직면했을 때 개인의 사생활과 기밀 보안을 존중하면서 정보, 의견, 감정을 공유하는 것을 옹호한다.
9. 우리는 우리가 한 말과 글로 인한 결과에 대한 책임을 이행하며, 다른 사람들도 그렇게 할 것으로 기대한다.

— 임칠성 외, 공공화법 중에서 재인용

이상의 윤리 원칙에서 핵심이 되는 단어들은 이해, 존중, 배려, 책임이다. 사람들과 의사소통할 때에는 무엇보다 이러한 윤리적인 원칙들이 지켜져야 한다.

> **연습 문제**
>
> 의사소통에서 윤리를 지키는 것이 왜 중요하다고 생각하는지 말해 보자.

2 말하기와 듣기의 윤리

1) 말하기의 윤리

다양한 가치와 이해관계가 공존하는 사회에서는 자신의 생각을 뚜렷하게 표현하고, 다양한 의견을 제시하는 것이 합리적인 의사소통의 방법이다. 합리적 의사소통이 가능한 사회일수록 공공의 장에서 여러 사람이 자신의 목소리를 낼 수 있는 방법 역시 많다. 이때 자신의 목소리를 내기 위해 수단과 방법을 가리지 않고, 자신의 생각을 관철하려고 하기 보다는 말이 가지는 힘을 인식하고 윤리적인 책임을 보여주는 말하기를 하는 것이 중요하다. 사람들에게 말을 할 때 내가 말하려고 하는 목적을 달성했다고 하더라도 윤리적으로 말하지 못했다면 성공한 말하기라고 할 수 없다.

일찍이 로마 시대의 웅변가이자 수사학자인 퀸틸리니아누스는 이상적인 연설가를 말하며, '훌륭한 사람이 말을 잘하는 것(vir bonus, dicendi peritus)'이라고 하였다. 이것은 말을 잘하는 것이 훌륭한 것이 아니라 훌륭한 인격을 갖춘 사람이 말을 잘 한다는 의미이며, 말하는 사람은 도덕성과 윤리 의식을 갖추고 있어야 한다는 것을 의미한다. 훌륭한 사람은 말하기를 통해서 듣는 사람을 변화시키고, 듣는 사람에게 영향을 미칠 수 있다. 아무리 좋은 말을 하더라도 비윤리적인 말을 하거나, 권위를 남용하는 사람의 말을 따를 수는 없는 것이다.

그렇기 때문에 말하기의 목적을 달성하기 위해 내용을 치밀하게 구성하는 것과 전달력을 갖추어 말하는 것, 다양한 표현 기법을 사용하는 것 외에도 진실성과 정중함을 갖추고 윤리적으로 말해야 한다. 그리고 상대를 배려하는 말하기를 할 수 있어야 한다. 그렇다면 말하기의 윤리는 무엇이고, 말하기의 윤리를 갖추어 말하기 위해서는 어떻게 해야 할까?

윤리의 사전적 의미는 '사람으로서 마땅히 행하거나 지켜야할 도리'이다. 이는 인간이 살아가는 데 있어 어떤 것이 옳고 그른지, 어떤 것을 해야 하고, 하지 말아야 하는지의 원칙과 관련된 문제이다. 윤리(ethics)의 어원은 희랍어 에토스(ethos)이다. 아리스토텔레스는 「수사학」에서 설득의 수단으로 로고스, 파토스, 에토스를 구분하였는데 이 중 에토스가 가장 중요하다고 생각하였다. 에토스는 화자가 전하는 메시지의 신뢰성과 더불어 화자의 인격과 관련된 화자 자체에 대한 신뢰감을 의미한다. 아무리 논리적으로 부족함이 없는 말이라도 화자의 고유한 성품에 문제가 있다고 판단될 경우 우리는 그 사람의 말을 신뢰하지 않는다. 따라서 말하기에서의 윤리는 윤리적인 내용으로 말하는 것과 더불어 화자가 윤리의 문제들과 직면했을 때 윤리적 선택을 하며 인격을 갖추는 노력을 통해서도 달성될 수 있다.

다음은 훌륭한 대화인의 주요 요건들이다.

◆ 훌륭한 대화인은 여러 가지 화제에 관해 많은 지식을 소유한 사람이며, 다양한 지식과 경험을 대화에서 활용할 줄 안다.
◆ 훌륭한 대화인은 말하기의 상황과 듣는 이에게 적합한 화제에 관하여 이야기를 하며, 다른 사람에 의해 제공된 화제의 줄기를 따를 줄 알며, 다른 사람에게 말할 기회를 양보할 줄 안다.
◆ 훌륭한 대화인은 자기의 감정을 억제할 줄 알며, 재치 있고 예의 바르며, 다른 사람의 말을 가로막지 않으며, 다른 사람과 이야기 몫을 공정하게 나누며, 상대방이 이야기를 잘 할 수 있도록 도울 줄 안다.
◆ 훌륭한 대화인은 대화나 대담 등의 목적과 중요성을 알고, 그에 적극적으로 참여하나, 반박적이고 대립적인 논쟁은 피할 줄 안다.
◆ 훌륭한 대화인은 듣기 좋은 음성으로 상대방에게 겸손하게 이야기하며, 또한 다른 사람의 이야기를 귀담아 듣고 이해하려고 한다.
◆ 훌륭한 대화인은 자기 중심적이 아니라, 상대방에게 깊은 관심을 보이면서 그의 이야기를 주의 깊게 듣는다.
◆ 훌륭한 대화인은 다른 사람의 이야기에 우의적인 관심을 보이면서, 다른 사람들로부터 그 무엇인가를 배우려고 항상 노력한다.

- 이창덕 외, 삶과 화법 중에서

지금까지 말하기의 윤리에 대해 생각해 보았다면, 이제부터는 실제로 말하기의 윤리를 갖추어 말하기 위해서는 어떻게 해야 하는지 알아보도록 하자.

(1) 말하기의 목표와 주제, 말하는 내용이 윤리적이어야 한다.

우리는 말을 할 때에 자신이 왜 이 말을 하는지, 말하기의 주제가 무엇인지 결정하게 된다. 그리고 말하기의 목표와 주제에 따라 말할 내용을 생성하는데 이러한 과정에 있어 내가 할 말의 내용이 윤리적인지, 그렇지 않은지 생각해 보아야 한다. 윤리는 사람마다 판단의 기준이나 해석이 다양하고 차이가 있기는 하지만 도덕이나 정직, 공정과 같은 우리가 살아가는 데 지켜야 하는 보편적인 윤리는 존재한다. 윤리에 어긋나는 내용으로 말하는 경우를 두고 우리는 윤리적 말하기라고 할 수 없다. 특히 공식적인 상황에서 여러 사람을 대상으로 하는 공적 말하기의 경우 이것은 더욱 지켜져야 한다.

제2차 세계 대전 당시 독일 국민을 선동했던 아돌프 히틀러는 매우 설득력 있는 연설가였지만 그의 연설로 인해 벌어진 대학살과 같은 사건은 인류에게 지울 수 없는 비극적인 역사가 되었다. 이는 윤리 의식이 결여된 말하기의 위험성을 보여준다고 할 수 있다. 히틀러가 사용한 다양한 말하기 전략과 목표들을 통해 히틀러 개인의 목적은 달성되었다고 볼 수 있지만 참혹하고 끔찍한 비극 속에서 우리는 말하기가 왜 윤리적이어야 하는지를 확인할 수 있다. 따라서 우리는 말을 할 때에 자신의 말하기의 목표, 주제, 내용이 인간 본성의 보편성에 근거하여 윤리적인지 점검해 보아야 한다.

(2) 진실하고 정직하게 말해야 한다.

진실하고 정직하게 말해야 하는 것은 화자가 가져야 할 중요한 말하기의 윤리 의식이다. 의사소통은 말하는 사람과 듣는 사람의 신뢰에 기초해서 이루어진다. 듣는 사람은 말하는 사람이 진실하고 정직하게 말할 것이라고 믿거나, 그렇게 기대한다. 만약 이러한 믿음이 전제되지 않는다면 말하는 사람과 듣는 사람 사이에는 의사소통이 이루어질 수 없다. 우리는 그럴 듯하게 거짓말을 하는 사람을 주변에 두고 싶어 하지 않는다. 이렇듯 진실하고 정직하지 않은 말하기는 인간관계에도 악영향을 미칠 수 있다.

진실을 알고 있으면서도 거짓으로 말하거나 상황마다 말을 바꾸어 한다거나 자신에게 유리한 쪽으로 조작하여 말하는 것은 비윤리적인 말하기에 해당한다. 자신이 말하는 내용이 진실한 내용인지 아닌지 판단할 수 없는 경우에는 그 내용은 말하지 않아야 하고, 그것을 확인하는 과정이 먼저 이루어져야 한다. 또한 말할 내용에 맞는 근거와 자료를 제시할 때에도 자신의 주장을 돋보이게 하기 위해 과장하거나 꾸며서 정보를 왜곡하지 말고, 정직하게 제시해야 한다.

(3) 욕설이나 인신공격을 하지 말아야 한다.

욕설은 다른 사람의 인격을 무시하거나 다른 사람을 저주하는 말이다. 다른 사람에게 모욕을 주기 위해 욕설을 하는 경우가 대부분이지만, 욕은 점잖지 않은 말이라는 인식이 강하기 때문에 욕을 하는 사람 역시 비도덕적인 사람으로 여겨진다. 따라서 욕설을 하는 행위는 결국 말하는 사람 스스로 인격을 깎아내리는 행위가 된다.

또한 말로서 다른 사람의 인신공격을 하는 행위 역시 마찬가지이다. 다른 사람의 신상에 대한 일들을 비난하는 행위는 지나친 경우 법적 처벌을 받을 수 있는 심각한 잘못이다. 상대의 성격이나 외모, 출신지, 소속 등에 대한 것들을 비난하는 것에서부터 시작하여 크고 작은 사건들이 발생하는 경우를 미디어를 통해 많이 접할 수 있을 것이다. 특정한 계층이나 집단, 개인에 편견을 갖고 상대의 감정을 자극하는 행위는 용납될 수 없는 언어 행위이다. 감정을 분출하는 말하기는 결코 자신의 주장을 강하게 할 수 없고, 정당화시킬 수도 없다. 자신의 언어 행위를 뒤돌아보고 습관적으로 반복하는 욕설을 자제하고, 자신도 모르게 인신공격에 해당하는 말을 하고 있지는 않은지 점검해 보아야 한다.

(4) 말하는 내용에 담긴 정보의 출처를 밝혀야 한다.

인터넷이 발달하고 정보를 얻을 수 있는 통로가 다양해지면서 우리는 다른 사람의 말이나 글을 접할 수 있는 기회가 많아지고 있다. 정보를 다양한 방법으로 획득할 수 있는 것은 표현 행위에 도움이 되는 경우가 많지만, 이때 다른 사람의 말이나 생각을 출처를 밝히지 않고 자기가 한 말로 사용하는 것은 비윤리적인 행위이다. 따라서 말을 할 때에는 자신의 생각인지, 다른 사람의 생각을 인용한 것인지를 밝혀야 한다. 만약 자신이 말한 내용 중 인용한 것이 있다면 그에 대한 출처를 명확하게 밝혀야 한다.

말할 내용의 출처를 밝히기 위해서는 듣거나 읽은 내용을 노트하는 습관을 들이는 것이 좋다. 노트에 멋진 문구를 적어 두었다면 인용하고 싶을 때에 명확한 출처를 밝혀 말할 수 있다. 출처를 밝혀 말하는 것은 자신의 말하기가 책임감 있는 의사소통이 되도록 한다. 또한 말하기의 내용에 신뢰성을 부여하는 것이기도 하다.

(5) 예의를 갖추어 정중하게 말해야 한다.

말을 할 때에는 예의를 갖추어 정중하게 해야 한다. 여기에서 예의를 갖춘다는 것은 대상과 상황에 맞게 말을 하는 것을 의미한다. 말을 할 때에는 말하는 상황에 참여하는 사람과의 관계를 고려하는 것이 필요하다. 자신보다 나이가 많거나 사회적 지위가 높은 경우, 또는 친밀하지 않은 상대에게는 정중한 태도로 공손하게 말해야 한다. 여기에서 정중한 태도는 자신의 관점에서가 아니라 상대방의 관점에서의 언어 예절이다. 상대방의 입장이나 처지를 고려하여 말할 때

원만한 의사소통이 가능해진다. 특히 우리나라처럼 높임법이 발달한 언어의 경우에는 상대에 맞는 적절한 높임 표현을 사용하지 않으면 소통이 어려워질 뿐만 아니라 사회적인 관계도 어려워지게 된다. 따라서 윤리를 지켜 말하기 위해서는 대상에 맞는 예의를 갖추어야 한다.

예의를 갖추는 것에는 상황을 고려하는 것도 포함된다. 실제로 의사소통이 이루어지는 시간과 장소에 따라 말하기의 의미가 달라질 수 있다. 따라서 의사소통의 상황이 어떠한지를 고려하면서 말을 해야 한다. 말을 삼가야 하는 상황인지, 사적인 자리인지, 격식을 갖추어 말해야 하는 상황인지, 처음 만나는 자리인지, 위로가 필요한 상황인지, 축하를 해야 하는 상황인지 등을 고려하여 말하는 것은 말하는 상황의 외적인 적절성을 중심으로 상대방을 배려하는 것이다.

(6) 자신의 의견만 맞다고 우기지 않아야 한다.

누군가와 말을 할 때 가끔 억지를 부리면서 자신의 의견을 내세우는 경우를 본 적이 있을 것이다. 이런 경우 대부분은 상대방의 말을 끊으며 자신의 말만 하는 경우가 많다. 타당한 근거를 들어 자신의 의견을 주장하는 것은 의사소통에 있어 반드시 필요한 과정이지만 감정적으로 억지를 부린다거나 근거 없는 일방적인 주장을 하는 것은 말하기의 윤리에서 벗어난 행위이다. 상대방의 인격을 무시하는 말을 서슴지 않고, 감정을 다치게 하면서까지 자신의 의견이 맞다고 말하는 것은 결코 올바른 말하기의 태도로 볼 수 없다. 따라서 말을 할 때에는 자신의 생각만 옳다는 생각으로 무조건 우기는 태도를 버리고, 겸손한 태도로 상대방의 의견과 조율하며 말하는 습관을 길러야 한다.

우리가 잘 아는 속담에는 '가는 말이 고와야 오는 말이 곱다', '가루는 칠수록 고와지고 말은 할수록 거칠어진다', '낮말은 새가 듣고 밤말은 쥐가 듣는다', '말 한 마디에 천 냥 빚도 갚는다', '혀 아래 도끼 들었다' 등과 같은 속담이 있다. 이것들은 말의 중요성을 강조하며, 말을 조심히 해야 한다는 의미를 지니고 있다. 우리 조상들은 이러한 속담을 통해 말에 대한 지혜와 삶의 교훈을 전달하고자 했을 것이다.

말은 잘하는 것도 중요하지만 어떻게 하는가가 더 중요하다. 우리 조상들은 말을 인격 수양의 방안으로 삼았다. 말하기는 한 사람의 정체성과 그 사람의 신분과 계층을 드러내 주는 역할을 하기도 한다. 이제부터 화려한 언변, 꾸며내는 솜씨로 말하기보다는 우리가 배운 말하기의 윤리를 준수하며 말할 수 있도록 꾸준히 노력해 보자.

> **연습 문제**
>
> 윤리적으로 말하지 못한 경험이 있는가? 있다면 왜 윤리적으로 말하지 못했는지 친구와 이야기해 보자.

2) 듣기의 윤리

의사소통에서 중요한 요소 중 하나는 듣기이다. 우리는 일차적으로 청각기를 통해서 지각된 음성적 정보를 머릿속에서 의미로 변형하는 인지적 과정을 거쳐 언어를 이해한다. 이것이 바로 '듣기'이다. 의사소통에서의 듣기는 주의를 기울여 소리를 지각하고, 자신이 알고 있는 배경지식과 관련하여 들은 정보를 조직화하고 해석하고 평가하는 일련의 인지적인 과정으로 매우 능동적이면서도 적극적인 활동이다. 듣기는 정보 처리나 업무 처리에서만 중요한 것이 아니라 인간관계적인 측면에서도 중요하다. 내가 어떤 자세와 태도로 상대방의 이야기를 들어주는가는 바로 상대방과 어떤 인간적 유대 관계를 맺는가의 문제와 직결된다.

대부분의 말하기는 일방향성을 지니지 않는다. 이 말은 말하는 사람이 있으면 듣는 사람도 있다는 것이다. 그렇기 때문에 의사소통의 윤리에는 말하기의 윤리뿐 아니라 듣기 윤리가 있다. 듣는 사람은 상대방이 무슨 말을 하는지 정확히 파악하고, 그 내용의 타당성을 따질 수 있어야 한다. 그러나 이것만이 전부는 아니다. 말하는 사람의 말을 어떻게 듣는지 듣기의 과정 자체도 중요하다. 상대방의 말을 들을 때 우리는 상대방에게 관심을 표명하면서 말을 계속 이어갈 수 있도록 조절해 줄 수도 있고, 말하는 사람의 말을 요약하고, 정리하는 역할을 하며 들을 수도 있다. 이것들의 핵심은 상대방이 하는 말을 집중해서 들어주려는 태도와 관련이 있다. 의사소통은 말하는 사람과 듣는 사람이 함께 의미를 구성해 나가는 과정이기 때문에 말하는 사람의 역할만큼 듣는 사람의 역할도 중요하다.

의사소통에 있어 듣기는 중요한 요소임에도 불구하고 다른 사람의 말을 잘 듣지 못하는 경우가 있다. 다른 사람의 말을 경청하지 못하는 원인으로는 말하는 내용에 집중하지 않기, 자신의 경험에 비추어 자기 위주로 생각하기, 상대방이 말할 때 다음에 내가 할 말을 마음속으로 연습하기, 말하는 상대방을 헐뜯으려 하기 등이 있다. 지금부터는 다른 사람의 말을 잘 듣기 위해서는 어떻게 들어야 하는지 알아보도록 하자.

(1) 화자의 말을 경청해야 한다.

듣기에서 가장 중요한 윤리는 말하는 사람의 말을 귀 기울여 들어야 한다는 것이다. 듣는 사람이 말하는 사람의 말을 경청하지 않는다면 화자는 말하는 동안 자신감과 집중력이 떨어지게 된다. 자신의 말을 듣지 않는 청자를 앞에 두고 말한 경험이 있다면, 자신의 말을 빨리 끝내 버리고 싶다는 조급함이나 좌절감을 느꼈을 것이다. 말하는 사람이 최선을 다해 말하기의 내용을 준비해야 하는 것처럼 듣는 사람도 예의 바르게 화자의 말을 들어주어야 할 책임이 있는 것이다.

청자는 말하는 사람이 안정감 있게 말할 수 있도록 배려하면서 집중해서 들어야 한다. 이것은 의사소통에 있어 가장 기본적인 화자에 대한 청자의 인격적인 대우이다. 상대의 말을 열심히 들어준다는 것 자체가 "당신의 생각과 의견은 나에게 아주 중요합니다.", "나는 당신을 존중합니다."라는 강력한 메시지를 전달하는 것이다. 화자의 말을 경청하는 것은 듣는 자신에게 영향을 미치는 것뿐만 아니라 말을 하는 상대방에게도 큰 영향을 미치는 태도이다.

(2) 생각이 다르더라도 끝까지 화자의 말을 듣는다.

윤리적인 청자는 자신의 주관적인 견해나 편견을 가지고 듣지 않도록 주의한다. 말하는 사람이 하는 말의 내용을 평가하거나 판단하려고 하지 말고, 먼저 끝까지 화자의 말을 들어야 한다. 자신이 가지고 있는 생각과 견해가 말하는 사람의 그것과 다르다고 하더라도 화자에 대하여 관용을 보여주어야 한다. 화자의 말을 다 듣기 전에 성급하게 판단을 하는 것은 좋은 듣기 태도가 아니며, 윤리적으로도 바람직하지 않다. 이것은 화자의 말에 무조건적으로 동의하라는 의미가 아니다. 화자의 말을 끝까지 들으면서 화자가 왜 그런 말을 하고 있는가를 차분하게 들어주는 태도와 관련 있다.

만약 자신과 견해가 다르다고 해서 끝까지 화자의 말을 듣지 않고, 자신의 부정적인 감정을 드러낸다면 화자가 자유롭게 말할 수 있는 권한을 침해 받게 된다. 또한 화자가 가지고 있는 더욱 다양한 관점의 이야기나 풍부한 아이디어를 들을 수 없게 된다.

(3) 핵심 내용을 정확하게 파악하며, 도움이 될 만한 내용을 찾는다.

청자는 화자의 말을 듣는 동안 긴장을 풀지 않고, 내용을 정확하게 들을 필요가 있다. 아무리 공감하면서 화자의 말을 듣는다고 하더라도 화자의 말의 핵심적인 내용이 무엇인지 파악하지 못하고, 단편적인 공감만 이루어진다면 올바른 의사소통이 진행되었다고 볼 수 없다.

대부분 화자가 말을 하는 속도보다 청자가 생각하는 속도가 빠르게 진행되기 때문에 '잔류 사고 여유'가 발생한다. 그래서 즉흥적인 추론이나 잘못된 일반화를 함으로써 내용을 왜곡하기 쉽다. 청자의 사고의 속도를 반박을 준비하거나 말하는 내용과 다른 생각을 하는 데에 사용하지 말고, 요점을 정리하거나 다음 발화를 예측하는 등 말하는 핵심 내용이 무엇인지, 화자의 말을 잘 이해하고 있는지 파악하는 데에 사용해야 한다. 더불어 화자의 말하기 내용에서 자신에게 도움이 될 만한 내용을 찾으며 듣는다면 보다 적극적으로 들을 수 있다.

(4) 중간에 말을 끊지 않되, 의미 있는 피드백을 제공해야 한다.

윤리적인 청자는 화자가 말을 할 때 중간에 말을 끊지 않고, 자신에게 말할 기회나 순서가 주어질 때까지 기다린다. 이것은 듣는 사람이 화자를 존중하는 태도와 밀접한 관련이 있다. 말을 끝까지 듣지 않고, 중간에 넘겨 짚으면서 반박을 준비하는 태도는 윤리적인 듣기의 자세가 아니다. 화자가 말하는 동안 자기 위주로 화자의 말을 받아들이며, 중간에 말을 끊고 자신의 생각을 말한다면 화자는 더 이상 자신의 말을 하고 싶지 않을 것이다.

설령 화자의 말하기에 도움이 되는 내용이라도 화자가 말을 하는 중간에는 말을 끊지 않아야 한다. 만약 화자의 말을 잘 이해할 수 없거나, 말의 내용에 타당성을 확인해야 하거나, 화자의 말에 오류라고 판단되는 경우가 있을 때에는 화자의 말이 끝난 후에 명료화하는 질문을 하거나 타당성을 분석하거나 확인할 수 있는 질문을 해야 한다. 청자는 화자의 잘못된 말을 바로잡아야 하는 윤리적 의무를 지니기도 한다. 이때에도 화자를 충분히 존중하는 태도로 건설적이고 의미 있는 피드백을 제공할 필요가 있다.

(5) 말을 들으면서 적절한 반응을 보여야 한다.

화자의 말을 들으며 적절한 반응을 보이는 것 역시 윤리적인 듣기 태도이다. 화자의 말에 집중하고 있고, 화자의 말을 이해하고 있다는 것을 전달하기 위하여 청자는 상대방에게 관심을 표명하며 '들어주기' 행위를 할 수 있다. 이때에는 언어적으로 맞장구를 치는 것을 포함하여 비언어적인 표현으로 의미를 드러낼 수 있다. 듣는 자세, 눈 맞춤, 얼굴 표정 등을 적절하게 하는 것은 화자가 전하는 메시지를 귀와 함께 눈으로도 읽는 것이 된다. 화자의 말에 대한 청자의 반응은 화자에게 수많은 의미를 전달하게 된다. 듣는 자세는 상대와 나의 관계를 규정해 주기도 하고, 화자에 대한 청자의 인격적인 대우와 화자의 메시지에 대한 나의 태도를 드러내 준다. 따라서 듣는다는 것은 수동적인 행위가 아니라 화자와 함께 의미를 구성하는 능동적인 행위이다.

> 어느 대학의 심리학 교수가 그 학교에서 강의를 재미없게 하기로 정평이 나 있는 한 인류학 교수의 수업 시간을 대상으로 〈적극적 듣기의 효과〉에 관한 실험을 하기로 결정했다. 그 심리학 교수는 인류학 교수에게는 이 사실을 철저히 비밀로 하고 그 강의를 수강하는 학생들에게만 사전에 다음의 몇 가지 주의 사항을 전달했다.
>
> 첫째, 교수의 말 한 마디 한 마디에 주의를 집중하면서 열심히 들을 것.
>
> 둘째, 얼굴에는 약간의 미소를 띠우면서 눈을 반짝이며 고개를 끄덕이기도 하고 간간이 질문도 하면서 강의가 매우 재미있다는 반응을 겉으로 드러나게 할 것.
>
> 한 학기 동안 계속된 이 실험의 결과는 매우 흥미로운 것이었다. 우선 그 재미없던 인류학 교수는 줄줄 읽어나가던 강의 노트에서 드디어 눈을 떼고 학생들과 시선을 마주치기 시작했고, 가끔씩은 한두 마디 유머 섞인 농담을 던지기도 하더니, 그 학기가 끝나갈 즈음엔 가장 열의있게 강의하는 교수로 면모를 일신하게 되었다.
>
> 더더욱 놀라운 것은 학생들의 변화였다. 처음에는 단순히 실험 차원에서 재미삼아 강의를 열심히 듣는 척하던 학생들은 이 과정을 통해서 정말로 강의를 흥미롭게 듣게 되었고, 그 가운데는 소수이긴 하지만 아예 전공을 인류학으로 바꾸기로 결심하게 된 사람도 나오게 되었다.
>
> – 박경현, 듣기 교육에 관한 이론적 고찰 중에서

이 짧은 이야기는 의사소통에 있어 듣는 것이 얼마나 중요한지를 잘 보여준다. 실험 전, 강의에서의 말하기와 듣기는 효과적인 의사소통이라고 할 수 없다. 하지만 실험을 통해 듣기를 적절하게 함으로써 적극적인 의사소통이 이루어질 수 있도록 한 것을 보여준 것이다. 이것은 듣기가 단순히 말하는 사람이 전달하는 메시지의 이해 차원에서 벗어나 있음을 말해 준다. 이 실험의 결과는 어떻게 듣는지가 의사소통의 성공과 실패를 좌우할 수 있음을 보여주는 것이다. 우리가 듣는 행위는 단순히 외부에서 들려오는 물리적인 소리만을 지각하는 활동이 아니다. 앞으로는 우리의 의사소통의 과정에서 듣는 사람의 역할이 말하는 사람의 역할만큼이나 중요함을 인식하고 윤리적으로 듣는 자세를 갖도록 노력해보자.

연습 문제

앞에서 배운 듣기의 윤리 중 가장 중요하다고 생각하는 것을 생각해 보고, 왜 그것이 가장 중요하다고 생각하는지 말해 보자.

II

말하기 실제

1. 발표
2. 토의
3. 토론
4. 대화
5. 면접
6. 협상

발표

대학생이라면 누구나 발표를 해 본 경험이 있을 것이다. 중고등학생 시절 친구들 앞에서 자신을 소개하거나 기억에 남는 책이나 영화를 추천한 경험, 과학 탐구 보고서나 역사 신문과 같이 교과 수업에서 과제를 수행한 후 결과물을 발표한 경험도 있을 것이다. 대학생이 되고 나서는 학업을 위해 발표를 해야 하는 일이 더 많아진다. 강의 내용을 정리해서 발표해야 하는 것은 물론이고 소논문을 써서 자신의 연구 과정과 결과를 알리거나 자신과 다른 생각을 가진 사람들을 설득하기 위해서도 발표를 해야 한다. 대학을 졸업하고 직업을 선택하여 사회생활을 하면서도 동료나 상사, 혹은 고객 앞에서 무언가를 발표해야 하는 일은 계속된다. 다른 공식적인 말하기에 비해 발표를 수행하는 일이 더 흔하다.

그런데 말하기를 즐기는 사람일지라도 대중 앞에서 발표와 같은 공식적인 말하기를 수행해 내는 일이 쉽지는 않다. 주제와 청중을 분석해서 내용을 마련하는 일, 적절한 언어와 태도를 갖추어서 말하는 일, 그리고 효과적인 자료를 활용하여 청중을 이해시키고 설득하는 일이 지난하기 때문이다. 그렇다면 어떻게 하면 청중의 마음을 사로잡는 멋진 발표를 할 수 있을까? 정답은 철저한 준비와 연습이다. 발표를 잘하는 사람들 대부분은 좋은 발표의 요건들을 알고 철저하게 준비하고 수없이 연습한다.

이 장에서는 발표가 어떠한 절차로 이루어지며 각 단계에서 무엇을 해야 하는지, 발표의 도입부, 전개부, 정리부에서 내용 구성을 어떻게 해야 하는지, 개요서를 어떻게 작성하고 활용해야 하는지, 보조 자료를 개발하고 활용할 때 주의해야 하는 점은 무엇인지, 실전에서 발표할 때 언어 표현, 준언어 및 비언어 표현, 질의에 대한 답변은 어떻게 해야 하는지, 발표 불안의 원인이 무엇이고 이를 극복할 수 있는 방안은 무엇인지를 살펴본다. 발표의 절차와 특성을 이해하고 다양한 청중을 대상으로 실제 발표를 해 봄으로써, 대학생에게 요구되는 의사소통 역량과 문제해결 역량을 길러 보자.

1 발표 계획

성공적인 발표를 위해서는 발표 맥락을 분석하고 그에 맞게 발표 계획을 세워야 한다. 발표 계획하기 단계에서는 화제 선정하기, 발표 목적 설정하기, 청중 분석하기, 발표 환경 분석하기 등이 이루어진다.

1) 화제 선정하기

발표 계획을 세울 때 우선순위는 화제, 즉 무엇에 대해 발표할 것인지를 정하는 것이다. 발표 상황에 따라 화제가 정해져 있는 경우도 있고 그렇지 않은 경우도 있는데, 화제가 정해져 있지 않다면 어떤 화제를 다룰 것인지 검토하고 확정하는 일이 필요하다. 발표할 화제를 정한 후에는 발표 목적과 청중의 특성을 고려하여 화제의 범위를 구체화하는 일을 해야 한다. 화제를 구체화할 때에는 청중의 흥미와 기대가 반영된 화제인지, 발표자가 관심 있고 발표자의 능력으로 다룰 만한 화제인지, 시의적절하고 보편적인 화제인지 등을 살펴보아야 한다.

(1) 청중의 흥미와 기대가 반영된 화제

화제를 선정하고 구체화할 때 중요하게 고려되어야 하는 첫 번째 기준은 바로 청중의 흥미와 기대가 반영된 화제인지 여부이다. 일반적으로 중학교 2학년 학생들에게 미국 부동산 정책의 변화에 대한 이야기로는 큰 흥미를 끌기 어려운 것처럼 어떤 화제가 발표자에게는 흥미로운 화제일지라도 그것을 듣는 청중에게는 지루하거나 관심이 없는 화제일 수 있다. 또한 청중이 발표에서 듣고 싶거나 알고 싶은 것이 무엇이고, 기대하는 바가 무엇인지를 고려하여 화제를 선정해야 발표를 하는 동안 청중과 함께 의미 구성을 해 나가는 것이 가능하다. 청중의 기대를 고려하지 않은 화제로 이야기를 한다면 일방적이고 수동적인 말하기에 지나지 않기 때문이다.

(2) 발표자가 관심 있고 발표자의 능력으로 다룰 수 있는 화제

화제를 선정하고 구체화할 때 중요하게 고려되어야 하는 두 번째 기준은 발표자가 관심을 갖고 있는 화제이고 발표자의 능력으로 다룰 수 있는 화제인지 여부이다. 청중의 관심과 흥미가 높은 화제일지라도 발표자가 그것에 대해 관심이 없고 흥미를 느끼지 못한다면 발표를 계획하고 준비하고 실행하는 모든 과정이 힘겨울 수 있고 성공적인 발표로 이어지기도 어렵다. 또 아무리 발표자가 관심 있어 하는 화제라도 관련 경험이나 전문 지식이 부족하여 발표자의 능력으로 다루기 어렵다면 피하는 것이 좋다. 발표자가 가장 잘 알고 있고 자신 있게 말할 수 있는 내용을 화제로 삼아야 한다. 발표자가 잘 알지 못하는 분야를 말하고 있다는 것을 청중들은 금방 알아차리게 되고 그 순간 발표는 힘을 잃게 된다.

(3) 보편적이고 시의적절한 화제

화제를 선정하고 구체화할 때 중요하게 고려되어야 하는 세 번째 기준은 발표자가 다루고자 하는 화제가 보편적이면서도 시의적절한 화제인지 여부이다. 보편적 화제란 개인의 자유와 권리, 인간의 존엄과 행복, 종교의 가치와 역할 등과 같이 인류가 지속적으로 관심을 갖고 다루어 온 화제라고 할 수 있다. 특정 개인이나 집단에만 적용될 수 있거나 지나치게 사소하고 지엽적이라면 보편적 화제라고 하기 어렵다. 시의적절한 화제란 이 시대, 지금 발표를 듣는 청중의 삶과 밀접하게 관련이 있는 화제라고 할 수 있다. 공적인 자리에서 발표할 만한 가치를 지닌 화제인지, 많은 사람들이 관심을 갖고 있는 화제인지, 지금 논의하기에 적절하고 꼭 필요한 화제인지를 살펴보아야 한다.

2) 발표 목적 설정하기

발표 화제가 정해졌으면 발표 목적을 설정한다. 대부분의 발표에는 여러 목적이 혼재되어 있는데 그중에서 지배적이고 주요한 목적이 무엇인지 분석할 필요가 있다. 발표의 목적은 크게 정보전달, 설득, 친교나 정서표현으로 구분할 수 있다. 무언가를 설명하고, 지식을 전달하며, 낯선 것을 소개한다면 정보전달의 목적이 강하다고 할 수 있고, 생각의 변화를 강조하고 어떤 영향을 미치고자 하며 어떻게 행동하도록 촉구한다면 설득의 목적이 강한 발표가 된다. 또한 축하나 위로, 감사의 말을 전하고 즐거움, 슬픔 등의 기억이나 경험을 공유하고자 한다면 발표의 주된 목적은 친교나 정서 표현이라고 할 수 있다.

발표의 주된 목적에 따라 화제 즉 발표 내용이 달라질 뿐만 아니라 동일한 화제라 하더라도 내용 구성 방식이나 전달 및 표현 방식이 달라질 수 있다. '공적 연금제도의 역할'에 대해 강의를 한다면 정보전달의 목적을 달성하기 위해 연금제도에 대한 청중의 배경지식을 활성화하는 것이 필요하며 청중의 이해를 높일 수 있도록 연금제도에 쓰이는 용어에 대해 정의하거나 예시, 비교나 대조 등의 진술 방식을 활용할 수 있다. 동일한 화제로 독자를 설득하려는 목적이라면 공적 연금제도의 필요성에 대해 청중의 입장을 확인하고 공감대를 형성하는 것이 필요하고 청중의 생각이나 행동 변화를 이끌 수 있도록 연금제도의 성공 혹은 실패 사례를 들거나 원인과 결과 또는 문제와 해결 구조 방식으로 내용을 전개할 수 있다.

발표의 목적은 구체적인 목적을 설정함으로써 보다 명료해진다. 정보전달, 설득, 친교나 정서 표현의 일반적 목적을 바탕으로 화제를 초점화하여 구체적인 목적을 설정한다. 예를 들면 '청중에게 재즈의 역사와 특징에 관해 설명하는 것', '플라스틱 쓰레기를 줄이기 위해 휴대용 텀블러를 사용하자고 청중을 설득하는 것', '청중에게 졸업을 축하하고 새로운 생활을 응원하는 마음을 표현하는 것' 등이 구체적 목적이라고 할 수 있다.

> 발표 상황에 따라 발표 화제를 먼저 정한 후 발표 목적을 설정하기도 하고, 발표 목적을 설정한 후 목적에 맞는 화제를 선정하기도 한다.

3) 청중 분석하기

발표를 준비하는 과정에서 가장 중요하게 고려되어야 할 것은 바로 청중 분석이다. 청중의 주의를 끌고, 청중의 관심을 유지하면서 발표 내용에 끝까지 경청하고 참여하게 하려면 청중의 특성을 충분히 알고 발표에 반영해야 할 것이다. 발표는 내용을 일방적으로 전달하는 말하기가 아니다. 발표에서 말하기의 주도권이 발표자에게 있다고 하더라도 청중과 지속적으로 상호작용하면서 의미를 구성하고 조율해 나감으로써 발표자와 청중의 공동 목적에 도달할 수 있다.

청중을 분석할 때에는 청중의 나이, 성, 인종, 종교 등의 일반적인 특성을 고려해야 함은 물론이고 발표를 듣는 구체적인 맥락에서 청중의 관심이나 요구, 배경지식이나 지적 수준, 주제에 대한 청중의 태도 등을 꼼꼼하게 분석해야 한다. 4차 산업혁명에 대한 이해가 전혀 없는 초등학생, 원자력 발전소를 폐기하는 것에 대해 부정적인 태도를 지니고 있는 직장인들, 르네상스 시대의 예술 경향에 대해 궁금해 하는 대학생들은 구체적인 맥락에 있는 청중이라고 할 수 있는데, 이들의 특성을 제대로 분석해 내야 발표 내용을 적절하게 구성하고 효과적인 전달 방식이나 표현 방식을 결정할 수 있다.

Sprague & Stuart(2005, 이창덕 외 역)는 청중 분석을 바탕으로 발표자가 청중을 이해한 정도를 세 단계로 구분하여 소개하고 있다.

이해 수준	분석
청중을 알아차리지 못함 (이해 수준 낮음)	제가 논의되고 있는 것을 말씀드리겠습니다. 저와 같은 방식으로 이해하시기 바랍니다.
청중의 특징을 수용함 (이해 수준 좋음)	여러분은 남자이기 때문에 아마도 승자에 대한 저의 언급에 반응할 것이고 관심 있어 할 것입니다. 여러분이 나이든 사람이기 때문에 보수적이고 갑작스러운 변화에 회의적일 것입니다.
청중이 주제를 어떻게 해석할지 이해하고 청중을 존중함 (이해 수준 높음)	여러분은 경험으로 여러분을 규정하는 이와 같은 방식에 관심을 둘 것입니다. 여러분의 세계관이 여러분에게 영향을 미치고 나의 위치가 여러분에게 얼마나 의미 있는지 그리고 얼마나 공유되는지를 말하겠습니다.

(1) 청중의 관심 파악하기

발표 화제 혹은 주제에 대해 관심이 있는 청중이 있을 수도 있고 전혀 관심이 없는 청중이 있을 수도 있다. 화제를 선정할 때 청중이 관심 가질 만한 것을 고려해야 하지만 청중의 개인적 관심사를 모두 고려하기는 어렵다. 따라서 발표 화제나 주제에 대한 청중의 관심도를 파악하고 청중의 관심이 낮다면 관심을 높일 수 있는 방안을 마련해야 한다. 청중의 관심도를 높일 수 있는 방법으로는 발표자와 청중이 공유하고 있는 경험 제시하기, 드라마나 영화 등에서 청중에게 친밀한 내용 인용하기, 발표 내용이 청중과 깊은 관련이 있고 쓸모 있다는 확신을 주기 등이 있다.

(2) 청중의 요구 파악하기

청중의 요구를 파악할 때에는 청중이 발표를 통해 얻고자 하는 것이 무엇인지를 정확히 아는 것이 중요하다. 학업이나 업무를 위해 억지로 발표를 들어야 하는 청중도 있을 테고, 발표 내용에 흥미가 있거나 평소 관심 있는 발표자이어서 자발적으로 찾아온 청중도 있을 것이다. 어찌 됐건 시간을 내서 발표를 들으려고 모여 있는 사람들은 발표에 기대하는 것이 분명히 있기 마련인데, 이를 예측해서 발표 준비를 할 필요가 있다. 예를 들면 대학교 4학년 학생들은 취업 면접과 관련한 발표를 들으면서 면접을 할 때 지켜야 할 점, 면접에서 해야 하는 행동과 하지 말아야 하는 행동, 질문에 따른 면접 대답에 대한 구체적 예시, 취업하고자 하는 곳의 특성을 반영한 면접 요령 등을 알기 원할 것이며 이를 다룬다면 발표가 끝날 때까지 청중을 놓치지 않을 것이다.

(3) 청중의 배경지식과 지적 수준 파악하기

발표 내용에 대해 청중이 얼마나 알고 있는지, 발표 내용을 이해할 수 있는 지적 수준은 어느 정도인지를 파악하는 일도 중요하다. 청중의 배경지식이나 지적 수준에 따라 발표 내용의 범위와 수준이 달라질 수 있고, 내용 조직이나 표현 방식도 달라질 수 있다. 예를 들면 '인공지능의 역사와 미래 전망'이라는 화제로 발표할 경우 이에 대한 배경지식이 낮은 청중에게는 인공지능에 대해 정의해 주거나 인공지능이 활용되는 구체적인 사례를 들어 주면 도움이 된다. 배경지식이 풍부하다면 기본적인 용어나 개념에 대한 설명은 생략하고 본격적인 설명에 집중하는 것이 좋다. 또 장황한 설명 대신 말하고자 하는 주제를 직접 언급하거나 결론부터 제시한 후 차근차근 근거를 들어주는 것도 효과적이다. 지적 수준이 낮은 청중이라면 어려운 용어나 복잡한 설명을 피하고 주요 내용을 요약하거나 반복적으로 강조함으로써 이해를 높일 수 있다.

(4) 주제에 대한 청중의 태도 파악하기

설득적인 목적의 발표에서는 청중이 주제에 대해 어떤 태도를 취하고 있는지를 분석하는 것이 필요하다. 청중이 발표자의 주장이나 견해에 긍정적이고 동의하고 있는지 혹은 부정적이고 반대하고 있는지에 따라 발표의 내용이 달라질 수밖에 없다. 전자의 경우라면 발표가 수월할 수 있는데 자신의 주장이 타당하다는 것을 입증하는 데 힘을 쏟는 대신 주장이 관철되었을 때 얻을 수 있는 구체적인 이익이나 기대효과를 제시하거나 청중의 생각이나 행동 변화를 가시화하는 게 좋다. 후자의 경우라면 좀 더 치밀하게 설득 전략을 세우는 것이 필요하다. 논리적인 근거를 들어 발표자의 주장이 타당하다는 것을 입증하는 한편, 발표자와 청중이 적대적인 관계가 아니라는 확신을 주면서 정서적인 공감대를 형성하도록 노력해야 한다. 발표의 목적도 청중의 태도 변화 혹은 행동 촉구에 두기보다는 공통 가치를 확장시켜 청중의 신념을 변화시키는 것에 만족해야 한다(김상희 외, 2013).

4) 발표 환경 분석하기

발표 환경으로 시간과 공간에 대한 분석도 필요하다. 발표 시간이 얼마나 주어지느냐에 따라 동일한 화제로 말한다 하더라도 10분 말하기와 30분 발표 내용이 같을 수 없고 30분 발표할 때와 1시간 발표할 때 준비해야 하는 것a이 다를 수밖에 없다. 발표 시간을 고려해서 도입부와 정리부에 몇 분을 쓸 것인지, 전개부에는 몇 개의 하위 화제를 포함할 것인지 등을 결정해야 한다. 발표에 주어진 시간이 짧다면 핵심적인 내용을 간추려 말해야 하고, 시간이 넉넉하다면 하위 화제를 좀 더 늘릴 수 있고 청중의 이해를 돕기 위해 구체적인 사례 들거나 다양한 매체를 보조 자료로 활용할 수도 있다.

발표하기 전 발표 장소를 점검하는 것도 필요하다. 발표 장소를 점검함으로써 발표의 효과를 높이고 청중이 집중해서 들을 수 있는 환경을 조성하기 위함이다. 발표 장소에 가서 발표자의 위치와 동선을 파악하고 청중과의 거리, 신체적인 움직임의 가능 범위 등을 확인하는 것이 필요하다. 또 발표 공간의 크기와 좌석 배치는 어떠한지, 컴퓨터와 인터넷, 빔 프로젝터 등의 장비는 갖추어져 있고 제대로 작동하는지, 마이크와 스피커 상태는 괜찮은지, 난방이나 냉방은 이상이 없는지 등을 확인해야 한다.

2 발표 내용 구성

발표 내용을 구성할 때에는 도입부, 전개부, 정리부에 따라 적절한 내용을 마련하고 구성하는 일이 요구된다. 도입부에서는 발표의 목적, 화제, 배경 등을 이야기하고 전개부에서는 발표하고자 하는 내용을 구체적으로 다루며 정리부에서는 핵심 내용을 요약, 정리하고 강조하며 마무리한다.

1) 도입부

도입부는 발표자와 청중의 만남이 시작되는 단계이다. 화제나 주제에 대해 관심이 없는 청중이라도 발표자를 보는 순간 발표에 대한 관심이 생기는데 도입부가 어떻게 전개되느냐에 따라 끝까지 함께 할 것인지 중도에서 포기할 것인지가 결정된다. 도입부에서 발표자에게 부과되는 가장 큰 미션은 청중의 신뢰를 얻는 일이다. 이때의 신뢰는 발표자가 믿을 만하다, 괜찮은 사람 같다, 원하는 것을 말해 줄 것 같다, 발표 내용이 재미있을 것 같다, 유익할 것 같다 등등 발표자와 발표 내용에 대한 기대를 포함한다. 도입부에서 청중은 발표자의 표정, 목소리, 신체 움직임, 청중을 대하는 태도 등을 통해 발표자를 신뢰할 것인지 말 것인지를 빠르게 결정한다. 따라서 청중에게 자신감 있고 전문성이 있으며 청중과 함께 발표를 완수하겠다는 의지가 느껴지도록 하는 것이 중요하다.

도입부의 내용을 구성할 때에는 청중이 발표 주제에 대해 얼마나 관심이 있고, 어떤 태도를 취하고 있는지를 고려해야 한다. 발표 주제에 대한 관심이 높고 발표 내용에 대해서도 긍정적인 태도를 지니고 있는 청중이라면 도입부에서 청중의 관심이나 흥미를 끌기 위한 노력보다는 발표의 목적과 의의를 밝히고 전체적인 내용을 간략하게 개관하는 것이 좋다. 들을 준비가 되어 있는 청중들은 핵심적인 내용이 깊이 있게 다루어지기를 원하기 때문에 도입부에서 줄인 시간을 전개부에서 넉넉하게 사용하는 편이 효과적이다.

반면에 발표 주제에 대한 관심이 낮거나 발표 내용에 대해서 부정적인 태도를 취하고 있는 청중이라면 도입부에서 청중의 관심과 흥미를 높이고 발표를 끝까지 들어야겠다는 마음이 들 수 있게 내용을 구성해야 한다. 이때 활용할 수 있는 대표적인 전략으로는 칭찬으로 시작하기, 질문하기, 호기심 유발하기, 공감대 형성하기, 인용구 활용하기 등이 있다.

■ 칭찬으로 시작하기

발표에서 청중에 대해 직접 언급을 하면 발표에 대한 청중의 관심이 높아진다. 특히 청중을 칭찬하는 말은 발표자에 대한 호감을 높이고 발표에 집중하게 한다. 다만 칭찬을 할 때에는 과도하지 않도록 주의해야 하며 청중이 가식적으로 느끼지 않도록 진심을 전달하는 것이 중요하다.

> 여러분, 지난 환경의 날에 함께 '북극곰의 눈물' 영상을 봤던 것을 기억하시나요? 3분 남짓한 영상을 모두가 진지하게 감상하고, 가슴 아파하며 공감하는 태도를 보고 뿌듯했습니다. 정말 우리 학교 학생들은 사회 문제에 올바르게 귀 기울일 줄 알고, 또 이를 바꿀 수 있는 힘이 있다는 걸 느꼈거든요. 여러분이 정말 자랑스러웠습니다. 그래서 꼭 여러분과 다른 주제로도 이야기를 나누어보고 싶은 마음이 저절로 들었답니다.

■ 질문하기

질문하기는 질문을 통해 청중의 관심을 집중시킬 수 있고 청중을 발표에 끌어들일 수 있는 전략이다. 주제를 환기할 수 있는 가벼운 질문을 하되, 청중이 대답을 하면서 발표 과정에 참여하게 하면 좋다. 대답을 직접 듣지 않더라도 질문에 대해 생각해 보게 함으로써 청중의 주의를 환기시킬 수 있다.

> 여러분, GMO에 대해 들어본 적이 있으신가요? 혹시 옥수수나 콩을 원료로 하는 식품을 구입할 때 GMO 표시가 있는지 확인하시나요? GMO는 Genetically Modified Organism의 머리글자로 유전자 변형을 가한 농수산물을 가리키는데요, GMO가 일반에 알려지기 시작한 것은 미국 몬산토사가 1995년 유전자 변형 콩을 상품화하면서입니다.

■ 호기심 유발하기

호기심 유발하기는 언어적 장치를 비롯한 여러 장치를 사용하여 청중의 궁금증을 유발하고 발표에 집중하게 하는 전략이다. 말하고자 하는 것을 미리 밝히지 않고 수수께끼처럼 풀어 나가거나 주제와의 관련성을 쉽게 발견하기 어려운 시각 자료나 청각 자료를 제시하여 궁금증을 유발할 수도 있다.

> 이것 때문에 미국은 매년 116조 원을 지출하고 있습니다. 그리고 경제 불황으로 인한 것보다 더 많은 사람이 이것 때문에 직장을 잃고 있습니다. 또 매년 거의 10만 명이 이것 때문에 목숨을 잃습니다. 제가 지금 여러분께 말씀드리려는 이것은 마약 중독이 아닙니다. 바로 알코올 중독입니다. (하영목, 최은석, 2008)

■ 공감대 형성하기

　공감대 형성하기는 발표자와의 유대감이나 동질감을 느끼게 하여 청중을 발표에 끌어들이는 전략이다. 공감대 형성을 위해 발표자와 청중의 공통 경험을 끌어내거나 공통점을 언급할 수도 있고, 이슈가 되었던 사건을 공유함으로써 발표자와 청중이 비슷한 관점과 정서를 지니고 있음을 강조하기도 한다.

> 얼마 전에 아끼던 만년필을 잃어버리고 한동안 속상해 한 적이 있습니다. 여러분도 소중한 물건을 잃어버리고 속상했던 경험이 있으신가요? 예, 많은 분들이 저와 비슷한 경험을 하셨군요. 물건을 잃어버려도 이렇게 속상한데 그 대상이 사랑하는 가족이라면 어떨까요? 저는 오늘 아동 실종 문제에 대해 여러분과 이야기를 나누려고 합니다.

> 안녕하세요? 지난 주 '공공디자인 정책의 과제'라는 주제로 한 강연을 들었는데요, 도시 경관이 시민들의 삶에 큰 영향을 끼치고 있다는 것을 알게 되었고 진로 선택에도 도움이 된 유익한 시간이었습니다. 여러분도 강연을 들어 잘 알고 있듯이 공공디자인의 가치는 점차 확대되어 가고 있는데요, 그래서 오늘은 간이역이나 폐산업시설을 새로운 문화 공간으로 만들어가는 공공디자인 프로젝트에 대해 말씀 드리겠습니다.

■ 인용구 활용하기

　인용구 활용하기는 주제와 관련된 명언이나 명구, 유명인사의 말을 인용하여 청중의 관심을 높이는 전략이다. 청중에게 인지도가 높으면서도 사회적으로 존경받는 인물의 말을 인용하거나 신뢰할 만한 서적이나 연구 자료 등을 인용하면 발표자의 공신력을 높이는 데 도움이 된다.

> 여러분은 혹시 "사자들이 자신들의 역사학자를 갖기 전까지, 사냥의 역사에서는 항상 사냥꾼을 미화할 것이다"라는 말을 들어본 적이 있으신가요? 다소 생소하시겠지만 이 말은 아프리카에서는 유명한 격언입니다. 저는 오늘 이 격언에 등장하는 사자와 사냥꾼을 각각 환경과 기업가들에 빗대어 환경 저널리스트의 역할에 대해 발표하고자 합니다.

2) 전개부

전개부에서는 발표에서 말하고자 하는 핵심적인 내용을 다룬다. 발표의 주요 내용을 선정하고 이를 뒷받침할 수 있는 세부 내용을 마련하여 내용을 구성한다. 내용을 마련하기 위해 브레인스토밍으로 떠오르는 생각을 자유롭게 발산하여 아이디어를 얻기도 하고, 마인드맵이나 다발짓기 등을 통해 아이디어를 생성하고 범주화하기도 한다. 또 다양한 매체에서 자료를 찾거나 인터뷰를 진행하여 세부 내용을 확보할 수 있다.

무엇에 대해 어느 정도까지 발표할 것인지 대략적으로 정하였다면 먼저 발표하고자 하는 주제와 관련된 주요 내용을 화제별로 배치하여 발표 내용으로서의 적절성을 검토한다. 이때 처음에는 완전한 문장보다는 여러 생각이나 아이디어를 손쉽게 수정하거나 보완할 수 있도록 화제 수준에서 작성하는 것이 좋다. 그렇게 하면 불필요한 내용을 빼거나 더 긴요한 내용을 추가하는 과정을 통해 발표 내용을 보다 긴밀하게 구조화할 수 있다.

내용을 마련한 후 발표 내용을 구성해야 하는데, 발표의 목적이 정보전달인지 설득인지, 친교나 정서 표현인지에 따라 내용 구성이 달라진다. 정보전달이 목적이라면 설명하고자 하는 대상의 특성을 고려하여 시간이나 공간에 따른 구성, 원인과 결과에 따른 구성, 화제를 나열하는 수집 구성을 주로 사용한다. 설득이 목적이라면 발표자의 주장과 그것을 뒷받침하는 근거들이 전개부에 오게 되는데 주로 문제 해결에 따른 구성을 취한다. 주제에 따라서는 여러 개의 내용 구성 방식이 활용될 수 있다. 하위 범주를 효과적으로 나타내기 위해 가장 적절한 내용 구성 방식을 선택할 필요가 있다.

■ 시간에 따른 구성

시간에 따른 구성은 역사적인 전개 과정이나 단계가 드러나는 내용, 시간에 따른 사건 변화나 행동 변화 등을 기술할 때 주로 사용되는 구성 방식이다.

> 주제: 서양 철학의 변천사와 니체의 철학이 예술에 미친 영향
> Ⅰ. 존재에 대한 플라톤의 입장
> Ⅱ. 플라톤의 입장에 대한 니체의 비판
> Ⅲ. 니체의 비판 이후 서양 철학의 흐름과 예술의 변화

■ 공간에 따른 구성

　　공간에 따른 구성은 지리적 특성을 제시하거나 장소의 이동 경로를 보여줄 때 또는 건물이나 사물의 배치를 보여줄 때 주로 사용되는 구성 방식이다.

> 주제: 우리나라 전통 건축 양식의 아름다움
> Ⅰ. 전통 건축 양식의 우아함과 멋
> Ⅱ. 경복궁 자경전의 꽃담과 외벽
> Ⅲ. 창덕궁 대조전과 낙선재 꽃담
> Ⅳ. 덕수궁 유현문의 전축꽃담

■ 원인과 결과에 따른 구성

　　원인과 결과에 따른 구성은 일련의 사건이나 현상이 인과 관계로 이루어져 있음을 보여주고자 할 때 주로 사용되는 구성 방식이다. 원인과 결과 혹은 결과와 원인의 순서로 제시한다.

> 목적: 녹조현상의 발생 원인과 피해에 대한 정보 제공
> 1. 녹조현상의 정의
> 2. 녹조의 원인
> 　가. 수리학적 인자: 유속, 물 체류시간, 강우량
> 　나. 화학적 인자: 수온, 태양광량, 영양염류
> 　다. 생물학적 인자: 포식자, 경쟁자들의 관계
> 3. 녹조로 인한 영향 및 피해
> 　가. 수돗물에 대한 영향: 음용 불쾌감, 정수 처리 기능 장애 초래
> 　나. 생태계 영향: 물고기 등의 수중 생물 폐사, 가축 및 야생동물 폐사
> 　다. 심미적 영향: 시각적, 후각적 불쾌감 유발

■ 수집 구성

    수집 구성은 발표 주제와 관련된 요소들을 나열하는 방식으로, 주요 내용들 간의 관계가 뚜렷하게 나타나지 않을 때 주로 사용하는 구성 방식이다.

> 목적: 원예치료에 대한 정보 제공
> 1. 원예치료의 정의와 역사
> 2. 원예치료 프로그램 구성
> 3. 대상자별 원예치료 사례
> 4. 원예치료 효과와 전망

■ 문제와 해결에 따른 구성

    문제와 해결에 따른 구성은 특정 사안에 대해 문제점을 발견하여 규명하고 그에 따른 해결 방안을 제시할 때 주로 사용되는 구성 방식이다. 해결 방안은 실행 가능한 것이어야 하며 공공의 가치를 훼손하지 않아야 한다.

> 주제: 학교 주변 환경 변화에 따른 교통 안전시설 개선의 필요성
> Ⅰ. 문제점
>   1. 학교 주변에 고속도로 진입로와 왕복 4차로가 신설되면서 차량 정체 발생, 고속도로 진입로로 우회전하려는 차량이 보행 신호가 켜졌을 때 보행자를 잘 살피지 않음.
>   2. 맞은편 차선에서 과속하는 차량이 많아 사고 발생 위험 높아짐.
> Ⅱ. 해결 방안
>   1. 학교 앞 교차로에 대각선 횡단보도 설치
>   2. 차량의 과속을 방지하기 위해 새 도로에 과속방지턱을 설치

3) 정리부

정리부에서는 전개부에서 발표한 내용을 요약하고 핵심적인 내용을 강조한다. 발표의 성격에 따라 주제와 관련하여 전망을 제시하거나 청중의 행동을 촉구하면서 마무리할 수도 있다. 일반적으로 정리부가 길어지면 청중은 끝나는 시간을 수시로 확인하고 지루해하므로 정리부의 내용은 될 수 있으면 간결한 것이 좋다. 발표의 내용을 상세하게 다시 설명하는 것을 피하고 전개부에서 언급하지 않은 새로운 내용을 추가하지 않는다.

정리부에서는 청중이 끝까지 발표에 집중하고 발표 내용을 오래 기억할 수 있도록 내용을 구성할 필요가 있다. 발표의 핵심 내용을 집약적으로 보여주는 사진이나 그림을 제시하여 강한 인상을 남길 수도 있고, 주제와 관련하여 감동적인 문구를 활용하여 여운을 줄 수도 있다. 또 질문을 하여 발표 내용에 대해 다시 한 번 생각해 보게 할 수도 있으며, 속담이나 비유적인 표현을 활용하여 청중의 감성을 자극할 수도 있다.

■ 그림이나 사진 제시하여 강한 인상 남기기

출처: https://news.naver.com/main/read.nhn?oid=022&aid=0000262556

■ 감동적인 문구 활용하여 여운 주기

> 만약 여러분이 엄마나 아빠가 있다면 집에 가서 사랑한다고 말하세요. 제 인생의 목적은 오직 돈을 많이 벌고 유명해지는 것이었어요. 저는 경쟁에서 이겨야 했죠. 제 결혼 생활과 가정, 제 친구들을 희생하면서요. 도대체 무엇을 위해서 그랬던 걸까요? 세상에 혼자 남겨지기 위해서? 진짜 중요한 게 무엇인지 알아야 해요. 그건 바로 얼마나 이 인생이라는 선물이 소중한지 말이에요. 그리고 우리 가족이 얼마나 소중한지, 그리고 얼마나 빨리 이런 소중한 것이 없어질 수도 있는지 알아야 해요. 저는 현재 이 순간을 삽니다. 여러분 주머니에 무엇이 들어있는지가 중요한 게 아니죠. 여러분 마음에 무엇이 있느냐가 정말 중요한 거죠. 사랑이라고 하는 건 누군가가 다가와서 의미를 줄 때에서야 비로소 의미가 있습니다. 여러분, 여러분들이 그 의미입니다.
>
> 출처 : https://www.youtube.com/watch?v=Li7vp...
> 〈The Story That Moved This Entire Middle School to Tears〉
> 연설자 : Marc Mero

■ 질문을 하여 발표 내용 상기시키기

> 지금까지 제가 어떤 것에 대해서 말씀드렸나요? 예, 맞아요. 청색경제는 자연의 원리를 차용하거나 자연에서 영감을 받는 청색기술(blue technology)을 경제 전반으로 확대한 것이라고 말씀드렸습니다. 자연을 보존하면서도 에너지와 자원을 끊임없이 순환하여 지속가능한 발전을 달성하는 청색경제, 우리의 미래를 위해 꼭 필요하겠지요?

■ 속담이나 비유적 표현 활용하여 감성 자극하기

> 양성 평등 사회로 나아가기 위하여 남녀 모두 양성 평등에 대하여 인식하고 이를 실천할 수 있어야 합니다. '늦었다고 생각할 때가 가장 빠른 때이다'라는 말이 있습니다. 다른 학교에 비해 시작은 다소 늦었지만, 양성 평등을 실천하려는 우리 학교 학생들의 노력과 의지는 늦지 않았습니다. 작고 평범한 행동이 모이면 반드시 좋은 사회를 만들 수 있습니다.

3 개요서 작성

발표에서 다룰 주요 내용을 구성하였다면 이를 개요서로 전환한다. 개요서는 진술 형태에 따라 화제 개요서와 문장 개요서로 나눌 수 있고 쓰임에 따라 준비 개요서와 실행 개요서로 나눌 수 있다. 상세한 대본을 작성하는 것보다 개요서를 작성하는 것이 발표에 도움이 된다.

1) 화제 개요서와 문장 개요서

화제 개요서는 주제 개요서라고도 하는데, 화제 중심으로 개요를 작성한 것이며 문장 개요서는 완전한 문장으로 개요를 작성한 것을 말한다. 화제 개요가 발표 내용을 구성할 때 아이디어를 바로 반영할 수 있고 수정이 용이한 반면 내용 간의 긴밀성을 판단하기 어렵고 말하고자 하는 바를 명확하게 드러내는 데 한계가 있다. 문장 개요는 작성하는 데 시간이 많이 걸리지만 말하고자 하는 요점을 정확하게 파악할 수 있고 내용 간의 긴밀성을 따지기가 수월하여 불필요한 내용을 구성하는 것을 막아준다.

[화제 개요서]

서론
1. 약의 제형의 개념
2. 약의 제형이 다양한 이유

본론
1. 내복약의 제형에 따른 종류
　1. 산제, 액제
　2. 캡슐제, 정제
2. 내복약의 제형에 따른 특징
　가. 산제와 액제
　　1) 복용량 미세하게 조절 가능
　　2) 약을 삼키기 쉽고 약효가 빠르게 나타남
　나. 캡슐제
　　1) 자극이 강한 약물을 복용할 때 생기는 불편을 줄일 수 있음
　　2) 정제로 만들면 약효가 떨어지는 경우에 약효 유지 가능함
　다. 정제
　　1) 보관이 간편하고 정량을 복용하기 쉬움
　　2) 속방정과 서방정으로 구분 가능

3. 내복약의 제형에 따른 복용 시 주의점
　가. 산제, 액제: 보관에 주의, 변질 여부 확인
　나. 캡슐제: 충분한 양의 물과 함께 복용
　다. 정제: 함부로 쪼개거나 씹어서 먹지 않도록 주의

결론
1. 올바른 복약 기대
2. '온라인 의약 도서관' 홍보
3. 의사나 약사에게 복약 정보 확인

[문장 개요서]

서론
1. 약의 형태를 제형이라고 합니다.
2. 약의 제형이 다양한 이유는 각각의 제형에 따라 특성이 다르기 때문입니다.

본론
1. 내복약의 제형에 따른 종류
　가. 내복약에는 분말이나 작은 알갱이 형태의 가루로 된 산제와 액체 형태의 액제가 있습니다.
　나. 내복약에는 캡슐에 약물을 넣은 형태의 캡슐제와 약물을 압축해서 일정한 형태로 만든 정제가 있습니다.
2. 내복약의 제형에 따른 특징
　가. 산제나 액제
　　1) 복용해야 하는 용량에 맞게 미세하게 조절이 가능합니다.
　　2) 정제나 캡슐제에 비해 노인이나 소아가 약을 삼키기 쉽고 약효도 빠르게 나타납니다.
　나. 캡슐제
　　1) 캡슐로 약물을 감싸 자극이 강한 약물을 복용할 때 생기는 불편을 줄일 수 있습니다.
　　2) 정제로 만들면 약효가 떨어지는 경우에 사용되어 약효를 유지할 수 있습니다.
　다. 정제
　　1) 일정한 형태로 압축되어 있어 산제나 액제에 비해 보관이 간편하고 정량을 복용하기 쉽습니다.
　　2) 약물의 성분이 빠르게 방출되는 속방정과 서서히 지속적으로 방출되는 서방정으로 구분할 수 있습니다.

> 3. 내복약의 제형에 따른 복용 시 주의점
> 가. 산제와 액제는 정제에 비해 변질되기 쉬워 보관에 주의해야 하고 변질 여부를 잘 확인해야 합니다.
> 나. 캡슐제는 캡슐이 목구멍이나 식도에 달라붙을 수 있어 충분한 양의 물과 함께 복용해야 합니다.
> 다. 정제는 약물의 방출 속도가 달라져 부작용의 위험이 커질 수 있기에 함부로 쪼개거나 씹어서 먹으면 안 됩니다.
>
> 결론
> 1. 제형에 따른 약의 특성을 이해함으로써 올바르게 약을 복용할 수 있길 바랍니다.
> 2. 약과 관련해 더 궁금한 내용이 있다면 '온라인 의약 도서관'을 통해 찾아볼 수 있습니다.
> 3. 상세한 복약 정보는 꼭 의사나 약사에게 확인하시기 바랍니다.

2) 준비 개요서와 실행 개요서

준비 개요서는 발표하고자 하는 전체 내용을 비교적 상세하게 작성한 개요서이며, 실행 개요서는 핵심적인 단어나 어구를 중심으로 간단하게 작성한 개요서이다. 준비 개요서는 주로 발표 전에 발표 내용을 숙지하는 데 유용한데, 대본처럼 모든 내용을 일일이 적는 것보다는 기억하기 쉽게 체계적으로 작성하는 것이 좋다. 이때 주제, 목적, 청중, 의의 등을 첫 부분에 포함하고 도입부, 전개부, 정리부의 내용을 간결한 문장으로 작성한다.

실제 발표 상황에서는 준비 개요서보다 실행 개요서가 유용하다. 문장으로 작성된 준비 개요서를 발표자가 그대로 읽어갈 경우 생동감 없는 발표가 될 우려가 있기 때문에 준비 개요서를 실행 개요서로 전환하는 일이 필요하다. 실행 개요서는 실제 발표를 진행하는 과정에서 발표 내용을 기억하는 데 도움을 줄 수 있어야 한다. 따라서 간략하게 작성하되 실행 개요서를 얼핏 보고도 발표 내용이 기억날 수 있도록 핵심 단어나 핵심 어구를 활용하여 작성하는 것이 좋다. 실행 개요서에는 실제 발표에서 사용할 제스처나 동선, 실전에서 주의할 점 등도 포함한다.

[준비 개요서]

- 주제: ㅁㅁ시의 여름철 가로수 고사를 막는 데 가로수 지킴이 자원봉사의 역할이 중요함.
- 개괄적 목적: 여름철 가로수 고사의 원인과 대책을 알고 인식할 기회를 제공하고, 나아가 가로수 지킴이 자원봉사의 역할이 중요함을 알리는 발표.
- 구체적 목적
  - 열악한 토양 환경으로 인해 도시의 가로수가 가뭄과 폭염으로 인한 건조에 취약함을 인식시킴.
  - 기후 변화로 가뭄과 폭염이 심해지자 살수차와 같은 방안으로 가로수에 수분을 공급하는 데 한계가 있음을 인식시킴.
  - 직접 나무마다 물주머니를 매달고 토양 보습제를 투입하는 가로수 지킴이 자원봉사의 역할이 도시의 가로수를 지키는 데 중요함을 인식시킴.
- 핵심 메시지: 기후 변화로 더욱 심해지는 가뭄과 폭염에 ㅁㅁ시 가로수의 고사를 막기 위해서는 가로수 지킴이 자원봉사자의 역할이 매우 중요하다.

서론

1. 강연 시작에 앞서 사진을 보시겠습니다.

    (사진: 지난 겨울방학 가로수 지킴이 활동을 하는 청중의 모습)

    가. 가로수 지킴이는 ㅁㅁ시의 여름철 가로수의 고사(나무나 풀 따위가 말라 죽음.)를 막기 위한 활동을 합니다.

    나. 가로수 지킴이는 직접 나무마다 물주머니를 매달고 토양 보습제를 투입하는 역할을 합니다.

      (논의전환사)

본론

1. 여름철 가로수 고사의 실태

    (사진1: 가로수가 말라 죽은 ㅁㅁ시의 2년 전 8월의 모습)

    가로수가 말라 죽은 모습이 언뜻 보면 11월, 12월을 연상하게 하지만, 8월의 모습입니다.

2. 여름철 가로수 고사의 원인

    가. 도시의 가로수는 가뭄과 폭염으로 인한 건조에 매우 취약합니다.

    나. 도시의 토양은 물이 스며들기 어려워 토양 내 수분 함유량이 매우 낮습니다.

      (그림: 차도와 보도의 압력으로 토양 입자 사이의 틈이 줄어든 모습) (논의전환사)

3. 여름철 가로수 고사의 대책

    가. 뿌리에 충분한 수분이 전달되지 않아 건조에 강한 수종(잔뿌리가 땅 표면 가까이에 분포해 적은 강우량에도 수분을 잘 흡수하는 수종)을 가로수로 선정합니다.

나. 가로수의 기존 보호 틀을 확대해 물이 스며드는 면적을 넓히고 최대한 생육 공간을 확보합니다.
　　　　(논의전환사)
4. 최근 기후 변화로 인한 가뭄과 폭염이 심화로 기존의 대책만으로 도시의 가로수에 수분을 공급하기에 한계가 있습니다.
　　가. 가로수가 말라 죽지 않도록 땅 표면 아래 20cm까지 적셔주기 위해서는 2시간 이상 비가 내려야 하는데 폭염에 잠시 쏟아지는 소나기로는 턱없이 부족합니다.
　　나. 살수차를 동원해 물을 뿌리는 데에도 한계가 있습니다.
　　다. 사람이 직접 나무마다 물주머니를 매달고 토양 보습제를 투입하는 수작업이 필요합니다.

결론
1. ㅁㅁ시의 가로수가 올 여름에 말라 죽지 않도록 하기 위해서 가로수 지킴이의 역할이 중요합니다.
2. 가로수를 지키는 것은 여러분이 살아갈 도시를 더욱 건강하게 가꾸는 일입니다.

• 참고문헌
〔저서〕
　- 이윤희 외 2명, 『세종시 시민참여형 가로수 관리방안』, 대전세종연구원, 2020.
　- 산림청, 『가로수 조성.관리 매뉴얼』, 진한엠앤비(진한M&B), 2020.
〔논문〕
　- 김민경, 「가로수 선정 평가기준과 세부지표의 중요도 분석」, 『한국조경학회지』 49권 1호, 2021.
　- 이홍석 외 1명, 「대구광역시 동구 가로수 조성 현황 및 관리 개선방안」, 『휴양및경관연구』 14권 4호, 2020.
　 [이하 생략]

[실행 개요서]

〈카드1〉

- 청중을 둘러본다 -

- 천천히 시작한다 -

- 인사하기: 이름, 주제 -

서론

1. 자료 제시

  - 사진 자료를 화면에 띄운다. -

    가. 가로수 지킴이 활동 목적

    나. 가로수 지킴이 활동 역할

〈카드2〉

- 잠시 짬을 둔다. -

(본론으로 들어가서 이번 여름 방학에도 가로수 지킴이로 활동할 여러분에게 도움을 드리고자 여름철 가로수 고사의 원인과 대책을 주제로 말씀드리겠습니다. 우선…)

본론

1. 여름철 가로수 고사의 실태

  - 사진 자료를 화면에 띄운다. -

    가로수가 말라 죽은 모습이 11월, 12월을 연상하게 하지만, 8월의 모습임

2. 여름철 가로수 고사의 원인

  가. 도시의 가로수는 가뭄과 폭염으로 인한 건조에 매우 취약

  나. 도시의 토양은 물이 스며들기 어려워 토양 내 수분 함유량이 매우 낮음.

    - 그림 자료를 화면에 띄운다. -

〈카드3〉

- 잠시 짬을 둔다. -

(지금까지는 여름철 가로수 고사의 원인에 대해 알아보았고 이제는…)

1. 여름철 가로수 고사의 대책

  가. 건조에 강한 수종(잔뿌리가 땅 표면 가까이에 분포해 적은 강우량에도 수분을 잘 흡수하는 수종)을 가로수로 선정

  나. 가로수의 기존 보호 틀을 확대해 물이 스며드는 면적을 넓히고 최대한 생육 공간을 확보

2. 최근 기후 변화로 인한 가뭄과 폭염 심화로 기존 대책 역부족

  가. 폭염에 잠시 쏟아지는 소나기로 가로수가 말라 죽지 않기 위한 조건 만족할 수 없음

  나. 살수차를 동원해 물을 뿌리는 것도 한계가 있음

  다. 인간의 수작업 필요

> \<카드4\>
> - 말하는 속도를 한 박자 늦춘다. -
> - 청중을 쳐다본다. -
> (지금까지의 강연 내용을 요약해 보면…)
>
> 결론
> 1. ㅁㅁ시 여름철 가로수 고사 해결의 핵심은 가로수 지킴이의 역할
> 2. 가로수를 지키는 것은 여러분이 살아갈 도시를 더욱 건강하게 가꾸는 일 (감사의 인사)

4 보조 자료 개발

발표 내용을 구성하고 개요서를 준비했다면 보조 자료를 개발한다. 보조 자료를 적절히 활용하면 발표의 효과성을 높일 수 있는데, 보조 자료를 개발하고 활용할 때에는 발표 목적과 내용, 청중, 발표 환경 등 발표 맥락을 고려해야 한다.

1) 보조 자료의 활용

보조 자료는 발표의 목적을 효과적으로 달성하기 위해 사용하는 시청각 자료를 말한다. 어렵고 복잡한 내용을 말로만 전달하는 것보다 표나 그래프, 그림이나 영상과 같은 보조 자료를 활용하면 청중의 이해를 돕고 집중도를 높일 수 있다. 그뿐만 아니라 숱한 말을 하는 것보다 한 장의 사진이나 그림으로 혹은 몇 초의 음악으로 강렬한 인상을 남길 수도 있다. 보통은 파워포인트나 프레지, 키노트와 같은 프레젠테이션 소프트웨어를 사용하여 여러 유형의 자료를 담은 슬라이드를 만들어 발표에 활용한다. 그렇지 않고 발표자에 따라서는 슬라이드를 활용하는 대신 원본 자료를 따로 준비하여 발표 중간 중간에 활용하기도 한다.

보조 자료를 제작할 때에는 발표에 꼭 필요한 자료인지, 발표 내용에 부합하는지, 발표 맥락에 적절한지, 청중이 이해할 만한지 등을 꼼꼼히 따져 보아야 한다. 전달력이 좋은 보조 자료를 제작하려고 애써야겠지만, 아이디어를 생성하거나 청중을 분석하고 내용을 구성하는 데 힘을 쏟는 대신 보조 자료를 만드는 데 과도한 시간과 노력을 들이게 되면 주객이 전도되는 상황이 발생할 수도 있다. 현란하고 볼거리는 많지만 알맹이가 없고 남는 게 없는 발표가 될 우려가 있다.

또한 실제 발표에서도 발표자가 슬라이드만 쳐다보고 읽는다든지, 별다른 설명 없이 표나 그림 자료를 그대로 띄워 놓는다든지, 너무 많은 보조 자료를 활용할 경우 그 효과를 반감시킬 수

있으므로 주의해야 한다.

2) 보조 자료 구성

보조 자료는 시각 자료와 청각 자료, 시청각 자료로 구분할 수 있다. 발표에서는 주로 시각 자료를 활용한다고 알고 있는데, 보조 자료의 효과를 고려하여 음악이나 노래 등을 들려주거나, 영화나 인터뷰 영상을 보여주는 등 청각 자료와 시청각 자료를 활용할 수도 있다. 시각 자료는 뒤에 앉아 있는 청중도 잘 볼 수 있도록 자료 크기와 선명도 등을 고려해야 하며, 청각 자료는 명확하게 들릴 수 있도록 음량과 음질 상태를 점검해야 한다. 잘 만들어진 보조 자료를 적절히 사용한다면 발표 효과를 높일 수 있음은 물론이다.

발표 내용을 슬라이드로 만들 때에는 어떤 내용을 텍스트로 제시할 것인지, 어떤 내용을 보조 자료로 보완할 것인지 혹은 보조 자료로 대체할 것인지 등을 결정해야 한다. 예를 들어 지구의 에너지 평형에 대한 내용을 보충하기 위해서 태양 복사 에너지와 지구 복사 에너지가 그려진 선 그래프를 활용할 수 있다. 아동 노동의 실태를 강조하기 위해 노동 착취를 당하는 아동의 사진을 쓸 수도 있고, 식용 곤충 산업의 전망을 밝히는 내용을 전문가 인터뷰 영상 자료로 대체할 수도 있다.

파워포인트 슬라이드를 만들 때 주의해야 할 점을 정리하면 다음과 같다.

■ **한 장의 슬라이드에 너무 많은 정보를 담지 않는다.**

한 장의 슬라이드에 지나치게 많은 단어와 개념을 담을 경우 청자가 정보를 이해하고 처리하는 데 부담을 느끼게 된다. 너무 많은 텍스트를 한꺼번에 봐야 하기 때문에 집중도가 떨어지고 자칫 발표 내용의 흐름을 놓칠 수도 있다. 가능하면 한 장의 슬라이드에 7개 이하의 요점만 제시하는 것이 효과적이다(이창덕 외, 2013).

■ 한 장의 슬라이드에 여러 시각 자료를 과도하게 넣지 않는다.

　비교를 해서 보여줘야 할 필요가 있지 않다면 한 장의 슬라이드에는 한 두 개의 시각 자료만 넣는 것이 좋다. 서로 관련성도 없는 여러 시각 자료를 빽빽하게 넣으면 청중의 시선이 흩어져서 발표자가 말하고자 하는 시각 자료에 청중을 온전히 집중시키기 어렵기 때문이다.

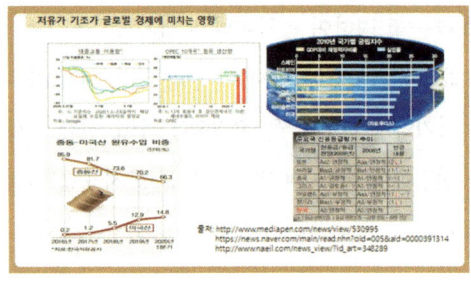
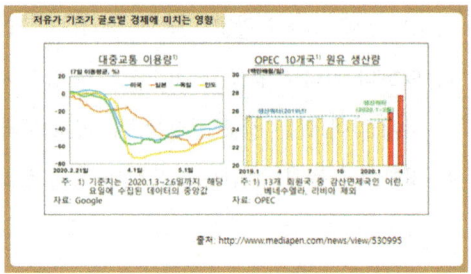

■ 슬라이드의 글자 및 자료의 크기를 적절하게 조절한다.

　맨 뒷자리에서도 슬라이드의 내용이 잘 보일 수 있도록 글자와 자료 크기를 조절한다. 발표를 듣다 보면 앞자리에 앉은 사람만 겨우 보일 정도로 글자와 자료의 크기가 너무 작은 슬라이드를 보게 되는데, 이럴 경우 청중을 집중시키기에는 무리가 있다. 글자와 자료의 크기를 결정할 때에는 청중의 특성이나 발표 환경을 고려하되, 슬라이드 샘플을 만든 후 실제 발표장에서 잘 보이는지 미리 확인을 하는 것도 좋다.

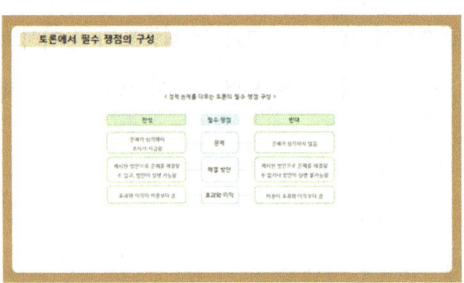
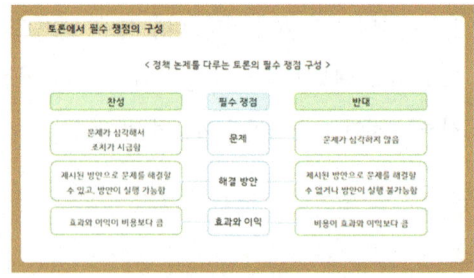

■ 전체 슬라이드의 배경과 글자꼴을 통일한다.

　슬라이드 배경은 복잡하지 않고 안정감을 줄 수 있도록 만든다. 바탕 화면의 색과 글자꼴 또한 슬라이드 첫 장부터 마지막 장까지 통일감을 주는 것이 좋다. 제목이나 특별히 강조해야 하는 곳이 아니라면 일관된 글자꼴을 사용하도록 한다. 장마다 글자꼴을 달리 한다든지 한 장에 지나치게 여러 글자꼴을 사용할 경우 산만한 슬라이드가 될 우려가 있다.

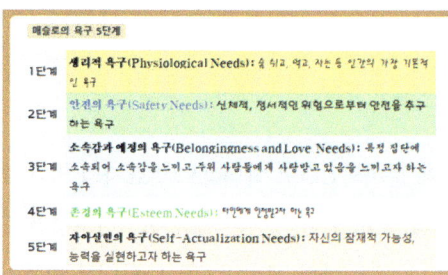
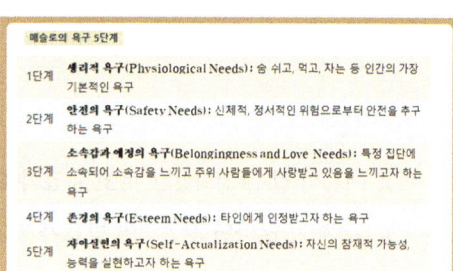

■ 발표 내용과 관련이 없는 장식을 최소화한다.

　슬라이드 화면 구성은 될 수 있으면 간결하고 단순한 것이 좋다. 그래야 청중의 이해와 기억을 돕는다는 슬라이드 활용 목적을 효과적으로 달성할 수 있다. 슬라이드에 발표 내용과는 상관없는 연예인 사진이나 만화 캐릭터를 넣는다든지, 하트나 최고를 표현하는 엄지손가락과 같은 이모티콘을 무분별하게 사용하지 않도록 한다.

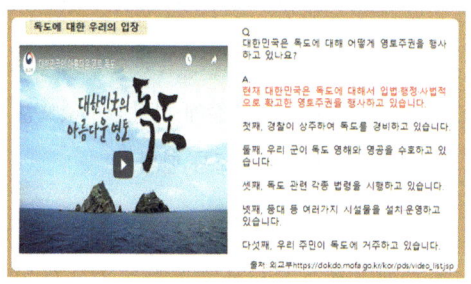

5 발표

발표는 대본이나 슬라이드에 적힌 내용을 그대로 읽어주는 말하기가 아니다. 좋은 발표는 발표자 혼자가 아닌 청중과 긴밀히 소통해 가는 발표이기 때문이다. 실제 발표에서 언어, 준언어 및 비언어 표현을 사용할 때 현란한 표현 기법보다는 청중과 상호작용하는 데 중점을 두어야 한다.

1) 언어 표현

발표 내용이 잘 구성되었고 보조 자료가 완벽하게 준비되었다고 하더라도 발표자의 언어 표현이 효과적이지 않다면 성공적인 발표가 되기 어렵다. 특히 언어 표현은 발표자의 전문성과 도덕성, 열정 등을 드러내 주기 때문에 발표자가 얼마나 믿을 만한 사람인지를 나타내는 발표자의 공신력을 좌우한다.

발표를 할 때 지켜야 할 언어 표현을 정리하면 다음과 같다. 첫째 구체적이고 명확한 언어 표현을 사용하는 것이 중요하다. 물론 구체적이고 명확한 언어를 사용하기 위해서는 발표자가 발표 내용을 장악하고 있어야 한다. 발표자가 발표 내용을 설명하거나 의견을 제시할 때 추상적이고 모호한 표현을 사용하면 청중이 명확한 의미를 파악하기 어렵다. 또 발표자의 의도와는 달리 개인적 경험이나 배경지식에 의해 전혀 다른 뜻으로 오해될 수도 있다. 발표에서는 용어나 개념을 정확하게 사용해야 하며 두루뭉술한 표현보다는 구체적인 표현을 쓰는 것이 좋다.

둘째 간결하고 유기적인 언어 표현을 사용한다. 군더더기가 많은 표현 즉 장황한 표현을 사용하면 발표자는 열심히 말했다고 생각하지만 이를 듣는 청중은 도대체 발표자가 무슨 말을 하고 있는지 제대로 파악하기 어렵고 지루함을 느끼게 된다. 안은문장이나 이어진 문장과 같은 길고 복잡한 겹문장보다는 홑문장을 사용하여 간명하게 이야기하는 게 좋다. 또 문장이 간결하더라도 문장과 문장 간에 긴밀성이 없으면 청중의 이해를 방해하게 되므로 문장과 문장이 유기적으로 연결될 수 있도록 한다.

셋째, 공식적이고 품위 있는 언어 표현을 사용한다. 대학에서 수업 시간에 발표를 하는 학생들 중에는 종종 반말을 사용하는 경우가 있다. 청중이 친구나 동료이기 때문에 괜찮지 않느냐고 반문하기도 하는데 발표는 공적인 말하기이므로 청중의 나이와 상관없이 기본적으로 높임말을 사용해야 한다. 또 발표 중에 은어나 비속어를 사용하거나 줄임말을 사용하는 것도 바람직하지 않다. 그러한 말들을 사용할 경우 특정 청중들에게 친밀감을 느끼게 하거나 잠시 관심을 끌 수는 있어도 품위 없는 말을 사용할 경우 청중에게 불쾌감을 줄 수 있고 발표자의 공신력을 훼손할 수 있다.

넷째, 참신하고 인상적인 언어 표현을 사용한다. 아무리 발표 내용이 유익하다고 할지라도 진부하고 상투적인 표현이 가득한 발표를 듣고 싶어 하는 청중은 드물다. 따라서 발표 내용에 따라 수사적 기법을 적절하게 활용하여 참신하고 인상적인 표현을 만들 필요가 있다. 은유와 직유, 의인과 같은 비유적 표현은 참신함을 느끼게 하고 생동감을 주므로 적절히 활용하면 효과적이다. 하지만 지나칠 경우 내용 이해에 방해가 되거나 식상하다는 느낌을 줄 수 있으므로 주의한다. 내용을 강조하는 데 도움이 되는 과장법, 반복법, 점층법, 열거법, 연쇄법, 영탄법, 대조법 등을 사용하거나 반어법, 역설법, 대구법, 설의법, 문답법, 도치법, 돈호법 등을 통해 문장에 변화를 주어 생동감을 느끼게 할 수 있다.

다섯째, 내용 연결 표현을 적절히 사용한다. 글을 읽을 때와는 달리 발표를 들을 때는 내용 전개 과정을 시각적으로 알기 어렵다. 그렇기 때문에 청중이 어디쯤 가고 있는지 다음에 나올 내용은 무엇인지 등을 수시로 알려 주어 길을 잃지 않게 도울 필요가 있는데, 이럴 때 필요한 것이 '내용 연결 표현'이다(박재현, 2018). 내용 연결 표현은 '요약하면', '다시 말하면', '마지막으로' 등과 같은 담화 표지를 비롯하여 "지금까지 난민이 발생하는 원인에 대해 살펴보았습니다. 이제부터는 난민을 도와야 하는 이유에 대해 이야기하겠습니다."와 같이 구체적으로 발표가 어느 정도 진행되고 있는지를 알려주는 문장 표현을 포함한다.

2) 준언어, 비언어 표현

발표에서 언어 표현 못지않게 준언어 표현과 비언어 표현이 중요하다. 청중은 언어 표현에 앞서 준언어와 비언어 표현으로 발표자를 만나게 되는데, 준언어와 비언어 표현으로 매겨진 발표자에 대한 평가는, 얼마나 발표에 적극적으로 참여할 것인가를 결정하는 청중의 판단에 영향을 미치게 된다. 발표에서 고려해야 할 준언어 표현으로는 발음, 목소리의 크기, 말의 빠르기 등이 해당되며 비언어 표현으로는 시선과 표정, 손동작과 몸동작, 옷차림 등이 해당된다.

■ 발음

발표를 할 때 발음을 정확하게 하고 말끝을 얼버무리거나 흐리지 않는다. 발표자의 발음이 좋지 않으면 내용 전달에 무리가 있고 발표자에 대한 신뢰감을 떨어뜨릴 수 있다. 발표에서 표준 발음을 사용하고 청중이 분명하게 알아들을 수 있도록 또박또박 발음한다. 또한 습관처럼 말끝을 얼버무리거나 흐리는 사람이 있는데 이 또한 자신감이 없는 모습으로 비칠 수 있어 주의해야 한다.

■ 목소리 크기

　발표 장소의 크기, 청중의 숫자, 마이크 사용 여부 등을 고려하여 목소리의 크기를 조절한다. 목소리의 크기는 너무 크거나 작지 않아야 하는데 맨 뒤에 앉은 청중도 또렷하게 들릴 정도의 크기로 말하면 좋다. 목소리의 크기가 발표 내내 변화 없이 단조로우면 청중이 지루해 할 수 있으므로 목소리 크기에 변화를 주도록 한다. 중요한 부분을 강조할 때나 청중의 집중도를 높일 때에도 목소리 크기에 변화를 주면 좋다.

■ 말의 속도

　발표를 할 때 지나치게 빠르거나 느리지 않게 말의 속도를 조절한다. 특히 긴장을 하거나 발표에 몰입하다 보면 자신도 모르게 말이 빨라지는 것을 경험하는데, 말의 속도가 너무 빠르면 청중이 제대로 알아듣지 못할 뿐만 아니라 발표 시간을 지키지 못하고 일찍 끝내게 된다. 말이 빨라지지 않도록 신경을 쓰고 말의 속도를 적절히 유지하되, 필요한 경우 단어와 단어, 어절과 어절, 문장과 문장 사이에 휴지(休止)를 두거나 말의 속도에 변화를 주면 청중의 관심을 끌어내고 분위기를 전환하는 데 도움이 된다.

■ 표정과 시선

　청중과 유대감을 형성하기 위해서 발표자는 말하는 동안 표정과 시선에 신경을 써야 한다. 발표자가 인상을 쓰고 있거나 얼굴 표정이 딱딱하게 굳어 있으면 청중에게 호감을 주기 어렵고, 청중은 발표자의 표정에 신경 쓰느라 발표 내용을 놓칠 수 있다. 또한 발표자의 시선이 한 곳에 고정되어 있거나 어수선하게 움직이면 청중은 불안해지고 발표에 집중하기가 어렵다. 특히 발표자의 시선이 원고나 슬라이드에 치중되어 있으면 청중의 반응을 살피기 어렵고 청중과의 상호작용이 원활하게 이루어지기 어렵다. 코슬린(Kosslyn 2007, 김경태 편역, 2008:99-104)은 발표를 할 때 프레젠테이션 내용을 그대로 읽지 말고 대화하듯이 발표해야 하며, 슬라이드 노트나 슬라이드 화면에만 신경 쓰지 말고 청중을 모니터링 해야 한다고 강조한다. 발표자는 부드러운 표정을 유지하되 필요에 따라 표정 변화를 통해 청중의 관심을 끌 수 있어야 하고, 청중과 지속적으로 시선을 교환하면서 우호적인 관계를 확인하고 청중을 발표에 끌어들이도록 노력해야 한다.

■ 손동작과 몸동작

　손동작과 몸동작은 언어 표현과 함께 쓰여 언어 표현을 강조하거나 보완하기도 하고 언어 표현을 대체해서 그 자체로 의미를 전달하기도 한다. 손동작과 몸동작은 자연스럽고 역동적이어야 하고 발표 내용과 맥락에 맞아야 하는데, 그러한 경우 발표자의 자신감을 드러낼 수 있고 발표 효과를 높일 수 있다. 다만 발표 내용이나 맥락에 맞지 않거나 지나치게 자주 사용되면 발표가 산만해질 우려가 있으므로 주의해야 한다. 또한 발표자 자신도 의식하지 못한 채 발표를 하면서 몸을 앞뒤로 흔들기도 하고 머리카락을 수시로 쓸어 넘기거나 다리를 떠는 등의 행동을 하는 경우가 있다. 이러한 행동 또한 청중이 발표에 집중하는 것을 방해할 수 있으므로 주의해야 한다. 불필요한 손동작과 몸동작은 고쳐야 하는데, 실제 발표에 앞서 연습을 해 보면 자신의 습관적인 행동을 발견할 수 있어 도움이 된다.

■ 옷차림

발표를 할 때의 옷차림도 중요한 비언어 표현이 된다. 옷차림을 선택할 때에는 발표 맥락을 고려하여야 하는데, 특히 청중의 성향이나 나이, 발표자와 친밀한 정도는 어떠한지, 어떤 목적과 화제로, 어디에서 발표하는지 등에 따라 편안한 옷차림을 해도 좋은지 격식을 차린 옷차림을 해야 하는지 결정해야 한다. 학술대회에서 논문을 발표하는 자리에서는 친구들과 사적인 대화를 할 때보다 옷차림이 단정한지 청중에게 거부감을 주지는 않는지 신경을 쓰는 것도 그러한 맥락이다. 수업 중 이루어지는 발표라고 하더라도 운동복을 입거나 슬리퍼를 신은 채 청중 앞에 서는 것은 발표자의 기본자세가 부족하다는 것을 보여준다. 발표는 공식적인 말하기인 만큼 옷차림에서 청중을 존중하고 발표에 성의를 다하고 있다는 메시지를 줄 수 있도록 노력해야 한다.

3) 질의응답

발표가 끝나면 청중과 질의응답의 시간을 갖는다. 질의응답은 발표자와 청중의 상호작용을 통해 발표 주제에 대한 다양한 시각을 공유함으로써 사고를 확장할 수 있고, 청중이 발표에서 놓치거나 이해가 부족한 부분에 대해 보충함으로써 발표 내용에 대한 청중의 이해를 도울 수 있다는 점에서 의미가 있다. 중요한 의사결정의 경우, 발표 내용보다 질의응답을 통하여 논의가 전개되는 경우가 많으므로 발표 후의 질의응답에도 계속 진지한 자세로 임해야 한다(이창덕 외, 2013). 질의응답에서 답변을 할 때 다음과 같은 점을 기억해 두면 좋다.

■ 답변은 구체적이고 명료하게 한다.

발표자는 질문의 요지를 잘 파악하여 청중이 알고 싶어 하는 것을 제대로 알려줄 수 있어야 한다. 될 수 있으면 답변은 구체적이고 명료하게 하여 청중의 이해를 돕도록 한다. 장황하게 답변을 하다보면 질문의 핵심에서 벗어날 가능성이 크고 답변 시간이 길어져서 지루해질 수 있다. 이는 청중이 가려워하는 곳을 긁어주지 못하고 엉뚱한 곳을 긁어주는 꼴과 같다.

■ **답변하기 어려운 질문에는 솔직하게 대응한다.**

청중의 질문 중에는 발표자가 잘 모르는 내용이거나 섣불리 판단하기 어려워 답변하기 곤란한 질문이 있을 수 있다. 그럴 경우 알은 척하며 확실하지 않은 내용을 말하거나 이런 저런 핑계를 대며 얼버무리지 않도록 한다. 이럴 때에는 솔직하게 답변하기 어려운 이유를 말하고 양해를 구해야 하고 질문에 답변을 해 줄만한 청중이 있는지 물어 도움을 받을 수도 있다. 솔직하게 인정하는 것이 잘못된 정보를 주는 것보다 훨씬 낫다.

■ **발표 내용과 관련 없는 질문은 적절히 거른다.**

청중 중에는 발표 내용과 전혀 관련이 없는 질문을 하거나 발표자가 불편할 만한 질문을 하는 경우가 있다. 특히 발표자의 내용에 꼬투리를 잡으면서 질문을 독점하려고 하는 사람도 있다. 그렇다고 해도 발표자는 기분 나쁜 모습을 보이거나 비난하는 태도를 보여서는 곤란하다. 그 대신 침착하고 예의 바르게 발표 내용과 관련된 질문을 다시 해 줄 것을 요청하거나 질문에 대한 답변이 곤란함을 밝히고 다른 청중의 질문을 받도록 한다.

■ **질문이 미흡하더라도 답변에 최선을 다한다.**

대부분의 경우 청중은 발표자만큼 발표 화제에 대해 잘 알지 못하기 때문에 질문이 미흡할 수가 있다. 발표 내용을 오해해서 묻는 경우도 있고, 질문하고자 하는 내용을 명확하게 표현하지 못하는 경우도 있다. 질문 내용을 오해한 경우 오해한 내용을 바로 잡아서 다시 설명을 해 주고, 불명확한 질문은 "탄소배출권과 6대 온실가스가 어떻게 관련되는지를 물으신 것이지요?"라고 핵심 내용을 되물어 확인한 후 답변을 한다.

6 발표 불안

발표 불안은 발표를 앞둔 사람이라면 누구나 경험하는 자연스러운 현상이면서도 발표의 성패를 좌우할 만큼 중요한 요소이다. 성공적인 발표를 위해서는 발표 불안의 원인이 무엇인지를 파악하고 발표 불안을 극복할 수 있는 최적의 방법을 찾아 활용하는 일이 필요하다.

1) 발표 불안의 개념과 원인

발표 불안이란 발표하기 전이나 발표를 하는 과정에서 느끼는 긴장감이나 두려움 등의 불쾌한 정서 상태를 말한다. 발표 불안은 상황적 불안과 성향적 불안으로 구분할 수 있는데, 주로 공식적인 말하기 상황에서 일시적으로 불안감을 지각하는 것을 상황적 불안이라고 한다면, 상황적 불안 등이 지속되면서 악화될 경우 개인의 성향으로 고착되어 의사소통 자체를 꺼리는 경우를 성향적 불안이라고 할 수 있다(박재현, 2018). 상황적 불안은 정도의 차이는 있지만 대중 앞에서 발표를 할 때 누구나 겪게 되는 보편적이고 자연스러운 것인 반면, 성향적 불안은 공식적인 발표에서의 부정적인 경험이 누적되어 나타나게 되며 심한 경우 전문적인 심리 치료가 필요하다.

발표 불안의 원인은 다양한데, 대부분의 경우 발표 상황과 그에 따른 결과에 대해 부정적인 사고를 함으로써 불안이 생기게 된다. 발표할 내용에 확신이 서지 않거나 전문적인 지식이 부족하다고 느낄 때, 발표 준비가 충분하지 못해 부정적인 결과가 예상될 때 발표 불안을 느낀다. 또 공식적인 상황에서 대중을 상대로 하는 발표 경험이 부족하거나 청중의 지위가 높거나 자신의 발표에 대해 어떤 반응과 평가를 할 것인지에 대해 부담을 느낄 때, 개인적인 성격이 소심하거나 부정적인 자아개념이 형성되어 있는 경우에도 발표 불안을 경험하게 된다. 발표 불안에서 벗어나기 위해서는 자신이 느끼는 불안이 어디에서 오는 것인지 그 원인을 분석하고 이를 극복하기 위한 구체적인 방법을 활용하는 등의 노력이 필요하다.

2) 발표 불안 극복 방법

발표 불안을 극복하기 위한 방법을 인지적 차원과 생리적 차원에서 살펴볼 수 있다. 발표에 대한 부정적인 인식이 강하면 불안감을 느끼게 되는데, 이럴 때에는 인지적인 접근을 통해 인식을 전환하려는 노력이 필요하다. 발표 상황을 떠올리기만 해도 식은땀이 나고 목소리가 떨리는 등 생리적인 반응이 과도하게 나타나면서 불안을 경험하기도 한다. 그럴 경우 체계적 둔감화나 실제 상황 노출법 등 생리적 측면에서 접근할 필요가 있다.

(1) 인지적인 차원

발표 불안의 원인이 준비 부족이나 내용에 대한 전문 지식 부족과 같은 경우라면 시간을 갖고 철저하게 준비하고 연습하면 자신감이 생기고 불안감이 극복된다. 그렇지 않고 발표 상황에서 발생하는 부정적인 인식이 원인이라면 이를 긍정적 인식으로 바꾸려는 노력이 필요하다. 특히 발표자 스스로가 자신에 대해 갖는 인식은 발표 불안과 밀접하게 관련된다. "나는 발표 능력이 부족해서 청중을 설득하지 못할 거야.", "지난번 발표처럼 이번에도 망치게 될 거야." 등과 같이 발표에 대해 낮은 효능감을 지니고 있는 경우, "실수를 하면 사람들이 나를 형편없다고 여길 거야.", "발표가 완벽하지 않으면 아무리 열심히 준비했다고 해도 의미가 없어."와 같이 완벽한 발표에 대한 강박관념을 가진 경우 부정적인 인식이 사고를 지배하면서 불안감이 커지게 되므로 의도적으로 사고를 전환하려고 애써야 한다.

발표자에 대한 인식 전환으로는 발표와 유사한 다른 일을 무사히 마쳤던 경험을 떠올려 보거나 성공적인 발표에 대해 자기 암시하기, 발표 내용과 관련하여 자신의 전문성과 능력의 강점을 목록화하기, 아무리 노련한 사람이라도 실수를 할 수 있음을 알고 실수를 통해 성장할 수 있음을 인정하기, 발표를 하는 동안에는 "잘하고 있어. 이대로라면 아주 좋아."라든지 "실수가 있었지만 별 거 아니야. 나중에 다시 하면 돼."와 같이 스스로를 칭찬하거나 용기를 북돋아 주기 등의 방법을 쓸 수 있다.

이 외에도 청중을 비판자나 평가자가 아닌 협력자로 인식하기, 발표 불안은 누구나 느끼는 것이며 자연스러운 반응이라는 것을 받아들이기, 부담스러운 과제가 아니라 자신을 돋보이게 할 수 있는 좋은 기회로 발표에 대한 생각 전환하기, 부족하다도 느낀 발표라도 더 좋은 발표를 하는 데 밑거름이 된다는 것을 인정하기 등의 인식 전환이 발표 불안을 줄이는 데 도움이 된다.

> Ayres & Hopf(1993, 전은주 역, 2008)는 발표(말하기) 불안을 극복하기 위한 방법으로 비이성적 사고에 대처하는 '이성적-감정적 치료', 불안을 극복하는 진술을 개발하는 것을 강조하는 '인지적 재구성' 그리고 효과적인 연설을 준비하여 발표하는 과정을 상상하도록 하는 '영상화'를 제안하고 있다.

(2) 생리적인 차원

발표 불안은 인지적인 반응뿐만 아니라 생리적인 반응으로도 나타난다. 심장이 빨리 뛴다든지 호흡이 가빠지는 등의 생리적 반응은 위기 상황에서 적응하거나 그것을 모면하기 위한 자연스러운 현상이지만 발표 상황에서 생리적 반응이 지나칠 경우 원활한 의사소통을 방해하므로 적절한 대처가 필요하다. 생리적 차원에서 불안을 극복하는 방법으로 체계적 둔감화와 실제 상황 노출법이 활용되고 있다.

체계적 둔감화는 발표에서 오는 불안감을 단계적으로 덜어내고 발표 상황에 점진적으로 적응시키는 방법으로, 불안한 감정과 상반되는 반응이 불안 반응에 대신하여 일어나도록 조건을 만드는 상호 억제의 원칙을 기초로 하고 있다(Ayres & Hopf 1993, 전은주 역 2008). 체계적 둔감화는 심부(深部) 근육을 이완하는 단계와 긴장이 이완된 상태에서 연설 장면을 떠올리며 연설 상황에 적응하는 단계로 구성된다. 심부 근육을 이완하는 단계에서는 근육 이완 훈련에 대한 개념과 방법에 대한 이론적 설명을 들은 후 안내에 따라 온몸의 근육을 긴장시키고 완화시키는 훈련을 한다. 심호흡하기부터 시작하여 주먹을 쥐었다가 펴면서 긴장과 이완 느끼기, 팔이나 다리, 어깨, 등의 근육을 조였다가 풀면서 긴장과 이완 느끼기 등의 과정을 거친다. 긴장이 완전히 풀어질 때까지 여러 근육을 수축하고 이완하는 과정을 반복하되, 불안감을 느낄 때 바로 적용할 수 있도록 충분히 훈련하는 것이 좋다. Ayres & Hopf(1993, 전은주 역 2008)에서 제시한 체계적 둔감화의 심부 근육 이완 방법의 일부를 보이면 다음과 같다.

> 이제 의자에 앉아서 편안한 기분을 느끼시기를 바랍니다. 여러분이 매우 편안한 기분이 들 때까지 자세를 바꾸어 보십시오. 이제 눈을 감고 제 지시에 따르십시오.
> 천천히 그리고 깊게 숨을 들이쉬십시오. 그대로 호흡을 멈추십시오.
> [10초간 대기]
>
> 이제 천천히 그리고 충분히 숨을 내쉬십시오.
> 천천히 그리고 깊게 숨을 들이쉬십시오. 그대로 호흡을 멈추십시오.
> [10초간 대기]
>
> 좋았어요. 천천히 그리고 충분히 숨을 내쉬십시오.
> 여러분의 왼쪽 주먹을 꽉 쥐십시오. 그 근육을 긴장된 상태로 유지하십시오.
> [5~7초간 대기]
>
> 그 긴장 상태를 유의해서 느껴 보십시오. 그 근육이 얼마나 긴장되는지 생각해 보십시오. 이제 그 근육의 긴장을 완전히 푸십시오. 그러한 긴장을 풀면 얼마나 기분이 유쾌해지는지 유의하십시오.
> [10초간 대기]
>
> 다시 한 번 왼쪽 주먹을 꽉 쥐십시오. 그 근육을 긴장된 상태로 유지하십시오.
> [5~7초간 대기]
>
> 그 긴장 상태를 유의해서 느껴 보십시오. 그 근육이 얼마나 긴장되는지 생각해 보십시오. 이제 그 근육의 긴장을 완전히 푸십시오. 그러한 긴장을 풀면 기분이 얼마나 유쾌해지는지 유의하십시오.
> 이하 생략

심부 근육 이완하기 단계에서 몸의 긴장을 충분히 완화한 후에는 그 상태를 유지하면서 발표 상황을 상상해 보는 과정을 거친다. 발표 상황을 상상할 때에는 발표와 관련한 자료를 모으거나 발표 주제에 관해 다른 사람과 이야기를 나누는 상상 등 실제 발표 장면과 관련성이 덜한 것에서부터 시작하여 점차 대중 앞에서 실제로 발표하는 것을 상상해 간다. 또 소규모의 청중, 우호적인 청중, 자신보다 지식 정도가 높지 않고 나이가 어린 청중 등 청중으로부터 받는 긴장이 덜한 발표 상황을 먼저 상상하고, 긴장의 강도를 점차 높여서 대규모의 청중, 발표자에 대해 비우호적이거나 지위가 높은 청중, 발표 내용에 대한 전문지식이 발표자보다 많다고 판단되는 청중, 발표자를 평가하는 입장에 있는 청중 등을 포함한 발표 상황을 상상한다. 체계적 둔감화를 적용할 때에는 발표 목적, 주제, 청중, 환경 등 다양한 맥락의 발표 상황을 상정하고 훈련하도록 한다.

실제 상황 노출법은 말 그대로 불안감을 주는 실제 발표 상황에 직면하게 하는 방법이다. 이는 두려워하는 대상을 실제 접하였는데도 아무런 해로운 결과가 나타나지 않게 되면 불안 반응을 소멸될 것이라는 전제를 하고 있다(Walker, Hedberg, Clement & Wright, 1981, Ayres &

Hopf, 1993, 전은주 역 2008에서 재인용). 실제 상황 노출법은 불안감을 느끼게 하는 발표 상황을 구체적으로 상상하게 함으로써 자신이 느끼는 발표 불안이 근거가 없다는 사실을 깨닫게 하여 불안감을 없애는 방법이다. 즉, 자신을 극도로 불안하게 한 발표 상황에 직면했지만 불편하고 끔직한 일은 일어나지 않았다는 점을 강조한다. 대규모의 청중을 대상으로 발표를 한다고 상상을 한 후 비우호적인 청중 앞에서 발표를 한다고 상상을 하는 것처럼 불안감을 느끼게 하는 특정 요소를 중심으로 여러 번 상상하는 방법도 있고, 비우호적이고 전문지식이 높은 집단 앞에서 발표를 하다가 내용을 잊어버린 상황을 상상하는 것처럼 여러 요소를 복합적으로 반영해서 상상할 수도 있다. Ayres & Hopf(1993, 전은주 역 2008)에서 제시한 실제 상황 노출법은 다소 덜 구체적인 장면 여러 개를 여러 번 상상하도록 하는 방법인데, 그 일부를 보이면 다음과 같다.

> 자, 시작합시다. 다음의 상황에서 여러분이 연설하는 것을 상상하십시오. 그 상황에서 여러분이 어떻게 느끼고 무엇을 하려고 하는지를 가능한 아주 구체적으로 상상해 보십시오.
>
> 장면1: 여러분은 낯선 청중에게 전형적인 5분 연설을 하고 있습니다.
> (참가자들이 3~4분 상상한 후 감정에 대해 토의)
>
> 아래 장면을 가능한 아주 자세히 상상해 보십시오. 여러분이 어떻게 느끼고 무엇을 하였는지 정확하게 상상해 보십시오.
>
> 장면 2: 여러분은 여러분보다 더 지식이 있는 사람들을 대상으로 5분 동안 연설을 하고 있습니다.
> (참가자들이 3~4분 상상한 후 감정에 대해 토의)
>
> 자, 이제 다른 장면을 상상해 봅시다. 이 상황에서 여러분이 구체적으로 어떻게 느끼고 행동하는지를 상상해 보십시오.
>
> 장면 3: 여러분은 비우호적인 청중 앞에서, 여러분이 잘 아는 화제에 대하여 연설을 하고 있습니다.
> (참가자들이 3~4분 상상한 후 감정에 대해 토의)
>
> 이제, 아래의 장면을 상상해 보십시오. 여러분이 어떻게 느끼고 행동하는지를 아주 구체적으로 상상하려고 해보십시오.
>
> 장면 4: 여러분은 연설 중에, 다음 말하려는 것을 잊어버립니다.
> (참가자들이 3~4분 상상한 후 감정에 대해 토의)
>
> 한 장면 더 해봅시다. 여러분이 아래 상황에서 어떻게 느끼고 행동하는지를 상상해 보십시오.
>
> 장면 5: 여러분은 많은 청중 앞에서 연설을 하고 있다.
> (참가자들이 3~4분 상상한 후 감정에 대해 토의)

체계적 둔감화와 실제 상황 노출법 훈련을 한 다음에는 다양한 발표 상황을 설정하여 스스로 발표 불안을 점검하고 조절해 가는 연습을 하도록 한다.

연습 문제

1. 다음 대화에서 학생들이 발표에 대해 잘못 이해하고 있는 점이 무엇인지 말해 보자.

    A: 얘들아 내일 전공 과목 발표 있는 거 알지? 연습은 했니?
    B: 연습은 무슨 연습. 우리 과 애들 앞에서 발표하는 거잖아. 편하게 하면 되는 거지.
    C: 나는 슬라이드에 발표 내용 다 넣어 놨어. 슬라이드 보고 할 거라 걱정 안 해.
    B: 슬라이드도 만들었어? 난 그냥 하려고 했는데. 만들어야 하나?
    A: 나도 만들긴 했어. 그나저나 난 질의응답이 걱정이야.
    C: 뭘 걱정해. 모르는 거 물어보면 대충 둘러대. 우리가 어떻게 다 알아?

2. 관심 있는 분야나 전공 분야와 관련하여 화제를 정하고 발표 계획을 세워 보자.

    발표할 화제는?

    발표 목적은?

    청중의 특성은?

    발표 환경은?

3. 발표에서 다룰 내용을 도입부, 전개부, 정리부로 나누어 구성해 보자.

[발표 내용 구성 계획]
- 도입부

- 전개부

- 정리부

4. 개요서를 작성한 후 보조 자료를 효과적으로 사용하여 발표해 보자.

[준비 개요서/실행 개요서]

5. 발표를 주의 깊게 듣고 아래 평가표를 활용하여 동료평가를 실시한 후 평가 내용을 바탕으로 서로 피드백해 보자.

항목	기준	점수					피드백 내용
내용	주제에 맞게 핵심적인 내용을 전달하였는가?	1	2	3	4	5	
	도입부, 전개부, 정리부의 구성이 짜임새 있었는가?	1	2	3	4	5	
	주요 내용에 대한 충분한 설명이 이루어졌는가?	1	2	3	4	5	
상호 작용	청중과의 상호작용이 원활하게 이루어졌는가?	1	2	3	4	5	
	청중의 집중을 유도하고 참여를 이끌기 위해 노력하였는가?	1	2	3	4	5	
	청중의 질의에 대해 적절한 응답이 이루어졌는가?	1	2	3	4	5	
태도	적절한 언어 표현을 사용하였는가?	1	2	3	4	5	
	목소리 크기, 빠르기가 적당하고 발음이 정확하였는가?	1	2	3	4	5	
	자세, 몸짓, 표정, 동선 등이 적절하였는가?	1	2	3	4	5	
보조 자료	보조 자료가 청중의 이해를 돕는 데 기여하였는가?	1	2	3	4	5	
	보조 자료의 활용이 능숙하고 매끄러웠는가?	1	2	3	4	5	
	보조 자료의 분량이 적절하였는가?	1	2	3	4	5	
시간	도입부, 전개부, 정리부의 시간 분배가 적절하게 이루어졌는가?	1	2	3	4	5	
	발표 시간을 잘 지켰는가?	1	2	3	4	5	
총평							

2 토의

　우리는 살면서 크고 작은 수많은 문제에 봉착한다. 그중에는 개인의 문제들도 있지만 자신이 속한 모임이나 조직, 또는 지역 사회나 넓게는 국가나 인류에 대한 문제도 있을 수 있다. 그리고 많은 경우 문제는 개인의 독단적인 판단보다는 여러 사람이 지혜를 모을 때 더 합리적으로 해결될 가능성이 높다. 다양한 사람들이 다양한 관점과 시각에서 바라보는 것은 문제의 근본적인 원인을 찾고 해결 방안을 모색하는 데 도움이 되기 때문이다. 또 어떤 문제들은 문제의 성격에 따라 그 구성원들의 합의와 동의가 반드시 필요한 경우가 있다. 문제에 대한 결정이 참여자들에게 직접적으로 영향을 미치는 경우에는 더욱 그러하다. 가까이는 가족 회의나 학창 시절의 학급 회의에서부터 학과 총회나 동아리 회의, 취업과 동시에 끊임없이 이어지는 회의까지 우리의 일상 생활은 회의의 연속이라고 해도 전혀 과장이 아니다.

　일반적으로 초·중·고 학교 교육과정, 특히 국어 과목에서는 토론을 주로 강조하고 교육해왔다. 토론은 사고를 확장하고 비판적인 이해 능력과 효과적인 표현 역량을 기를 수 있는 매우 훌륭한 교육 방법이다. 그러나 우리가 일상에서 만나는 많은 상황은 상대방과 논리로 경쟁하는 토론이라기보다는 같이 머리를 맞대고 고민을 나누어 가장 좋은 해결 방안을 모색해 내는 토의에 가까운 경우가 많다. 그런데 다양한 입장을 고려하고 상반된 의견을 조율하면서 참가자들이 동의할 수 있는 해결 방안을 찾아내는 토의를 성공적으로 진행하는 것은 쉬운 일이 아니다. 이 절에서는 토의의 특성을 이해하고 실제로 토의를 통해 문제를 해결할 수 있는 역량을 기르는 연습을 해 보도록 하자.

1 토의의 특성

1) 토의의 개념

(1) 토의의 정의

 토의란 여러 사람이 공통된 문제에 대해 협력적 사고를 통해 최선의 해결 방안을 찾는 말하기 유형이다. 짧은 토의의 정의에서 토의의 요소를 찾아볼 수 있다. 먼저 토의는 대표적인 다대다(多對多) 말하기 유형이다. 즉, 대화와 달리 말하기에 참여하는 사람이 여러 명이며 화자와 청자 역시 다수로 구성되고 토의의 유형에 따라서 다르기는 하지만 화자와 청자의 역할이 고정되어 있지 않은 경우가 많다. 다수가 활발하게 의사소통에 참여한다는 점에서 말하기의 상호작용적인 특징이 잘 드러난다고 할 수 있다. 토의의 의제는 공통된 문제로 설정된다. 이 의제는 대부분 토의 참가자들이 공통적으로 봉착한 문제로 설정된다. 따라서 토의 참가자는 토의의 이해당사자인 경우가 많다. 따라서 일반적으로 토의에서는 모든 참가자가 동등하게 참여하며 발언권을 인정받게 된다. 토의의 목적은 의제가 된 공동의 문제에 대한 해결 방안을 찾는 것이다. 이런 측면에서 볼 때 토의는 근본적으로 문제해결적인 말하기에 해당한다. 토의에서 문제를 해결하는 방법은 협력적 사고를 특징으로 한다. 문제가 되는 의제에 대해 참가자들이 모두가 만족할 수 있는 합리적인 해결 방안을 모색하기 위해서는 토론과 같은 경쟁적 말하기가 아니라 각자의 정보와 의견을 나누는 협력적인 말하기가 필요하다. 따라서 말하기의 상호 교섭적인 특성이 토의 상황에서는 매우 분명하게 드러난다.

 일반적인 의미의 이러한 토의 외에도 토의에는 매우 다양한 유형이 있다. 최영인(2007)에 따르면 토의는 그 목적에 따라 '문제 이해하기', '문제 해결하기', '집단의 의사결정하기'로 나눌 수 있다고 한다. 즉 반드시 문제를 해결하는 것만이 아니라 문제와 문제 상황을 이해하기위해서도 토의가 필요하며 문제 해결 방안을 찾는 것으로 그치는 것이 아니라 구체적인 실행을 위한 의사를 결정하기 위해서도 토의가 필요하다는 것이다. 회사 등에서 빈번하게 이루어지는 회의는 구체적인 실행 방안을 찾는 토의의 대표적인 유형이라고 할 수 있다. 한편 문제에 대한 해결 방안을 모색하기는 하지만 발표자와 청중이 분리되어 발표자 중심으로 운영되는 심포지엄이나 패널 토의 등도 존재한다. 그러나 이러한 토의 역시 공동의 문제를 다루고 있으며 공동 사고를 통한 다각적 해결 방안을 모색한다는 점에서 토의의 본질적 측면은 변함이 없다고 할 수 있다.

(2) 토의의 의의

공동 사고를 통한 문제 해결 방안 모색이라는 측면에서 보면 토의는 인류의 역사와 함께 했다고 할 수 있다. 이미 부족 국가 시절부터 족장 회의 등이 있었으며 신라의 화백 제도나 임금 앞에서 했던 경연 제도 등은 역사적으로 회의가 존재해 왔음을 잘 보여준다. 그렇다면 족장이나 왕처럼 절대적인 권력이 존재했던 정치 체계에서 회의 제도를 적극적으로 활용한 이유는 무엇일까? 가장 분명한 이유는 집단 지성을 이용한 합리적인 의사결정의 필요성과 효과성 때문이라고 할 수 있다. 그리고 이러한 합리적인 결정 체계는 자연스럽게 의사결정의 독점을 방지하여 독재를 막는 장치가 된다. 이러한 회의의 의의와 가치는 오늘날 민주주의 사회를 유지하고 발전시켜 나가는 근본적인 힘이 된다. 민주주의의 발전은 회의제도의 발전과 함께 했다고 할 수 있다. 독재를 방지하고 다양한 이해 관계 집단의 의견을 수렴하여 올바른 정책을 꾸려나가는데 회의는 절대적으로 필요하다. 한 사람의 머리에서 나온 지식과 경험보다 여러 사람의 머리에서 나온 지식과 경험이 독재를 방지하고 민주주의를 발전시키는데 필수적인 것이다(천대윤, 2004).

또한 토의는 결과뿐만 아니라 과정이 중요하다는 점도 생각할 필요가 있다. 앞에서도 설명한 바와 같이, 토의에서 다루는 문제는 토의 참가자들에게 직간접적으로 영향을 미칠 수 있는 문제들이며, 따라서 토의 참가자들은 동시에 이해당사자가 되는 경우가 많다. 따라서 비록 소수라 하더라도 토의에 참여한 사람들의 의견이 무시되어서는 안 된다. 문제의 다양한 측면들이 충분하게 검토되고 논의되어 수긍할 수 있는 해결 방안으로 도달해 가는 그 과정 자체가 토의에서는 매우 중요하다. 그래야 토의에서 도출한 결론에 대해 토의 참가자들이 동의하고 수행할 수 있기 때문이다. 그러므로 토의에서 다수결로 결론을 내는 경우가 많다고 하더라도 그것이 절대적인 기준이 될 수는 없으며 소수의 의견을 가진 사람들에게도 발언의 기회가 주어지고 각기 다른 의견들이 자유롭게 교환됨으로써 공통의 이해와 공정한 해결에 도달하는 것이 중요하다(성환갑 외, 2001).

민주적인 토의의 과정과 절차는 그 결과에 정당성을 부여하는 힘을 갖기도 한다. 토의는 종종 공동의 문제에 대해서 의사 결정을 하기 위한 방법으로도 활용되는데, 다양한 의견이 논의될 수 있는 기회와 결정의 공정성이 충분히 확보되었다면 회의에서 내려진 결론은 회의 참가자들에게 구속력을 갖기도 한다. 이 경우 자신의 의견과 다른 결론이 내려졌다 하더라도 참가자들은 그 결정에 따라야 하는데, 그렇게 할 수 있는 이유는 회의 및 의사 결정 과정 및 방법에 대해서 참가자들이 사전에 동의를 했기 때문이다. 이처럼 토의는 다수의 사람들이 사회를 이루며 살아가는 민주사회를 유지하고 발전해 나가기 위한 매우 중요한 기반이라고 할 수 있다.

2) 토론과의 비교

　　토의는 보통 토론과 함께 언급되는 경우가 많다. 토의와 토론은 모두 대표적인 집단 화법의 유형이고 현안에 대한 공동 사고를 요구하며 특정한 말하기 유형과 절차가 있다는 점에서 많은 공통점이 있다. 또한 동시에 토의와 토론은 분명한 차이점도 존재한다. 토론과 비교해 보면 토의의 특징을 보다 분명하게 살펴볼 수 있다.

　　토론은 논제에 대해 찬성과 반대의 입장에서 자기편 입장의 정당성과 상대편 입장의 부당함을 증명하는 말하기이다. 그러나 토의는 앞에서도 설명한 것과 같이 문제 상황인 의제에 대해 각자의 의견을 주고받으면서 공동의 해결 방안을 모색하는 말하기이다. 이로 인해서 나타나는 차이점을 천대윤(2004)에서는 다음 표와 같이 정리하였다.

		토의	토론
정의	개념	특정 문제를 해결하기 위한 다양한 해결방안들을 모색하기 위한 과정	특정 주제에 대한 찬성과 반대의 갑론을박의 과정을 통해서 결론을 도출하는 과정
	관계	토론에 의해서 도달한 결론에 대해서 새로운 대안들을 도출하기 위한 의사소통 방식	토의에 의해서 최종적으로 선택된 해결방안에 대해서 찬부를 논하는 의사소통 방식
예	질문	참여를 촉진하기 위해서 정부가 무엇을 해야 하는가?	청와대 및 각 부처는 인터넷을 열린 토론방으로 운영해야 하는가?
	진술	참여를 촉진하기 위해서 정부가 해야할 방안들을 모색한다.	청와대 및 각 부처는 인터넷을 열린 토론방으로 운영해야 한다.
특성	통신	상호 협동적, 협력적 의사소통 과정	상호 충돌, 대립적, 공격적 의사소통이나 궁극엔 협동적 과정
	순환	토론과 보완적 순환 관계	토의와 보완적 순환 관계
	변화	각 팀에 연설 기회가 동일하게 주어지지 않을 수 있다.	정반합 과정을 통한 변화 시도
	기회	정보 공유, 감정표현과 감정이입 강함	각 팀에 자신들의 논쟁들을 연설할 기회가 동일하게 주어진다.
	결정	토의는 각자가 가지고 있는 의견의 개진, 검토, 교환으로 족하다.	토론은 찬부의 갑론을박을 통해서 결론 도출을 목적으로 한다.

2 토의의 유형과 진행 과정

1) 토의의 유형

(1) 심포지엄

심포지엄은 의제에 대해 전문가가 강연식으로 발표를 하고 청중과의 질의 응답을 하는 토의 유형이다. 토의 주제에 대해 여러 분야의 전문가가 각기 전문적 식견을 바탕으로 의견을 발표하며 각 발표자의 발언 시간이 유사하게 주어지고 발표자 간의 의견 교환이 거의 이루어지지 않는다. 따라서 의견의 일치를 이루기 위한 협의 또한 이루어지지 않는다. 주제에 대해 찬성과 반대를 가리는 것이 목적이 아니라 다양한 측면에서의 전문적 통찰을 얻는 것이 목적이며, 청중은 해당 주제에 대해 체계적이고 권위 있는 설명을 들을 수 있는 기회를 갖게 된다. 청중은 전문가의 발표가 끝난 후 질의 응답 형태로 참여하게 된다. 심포지엄의 일반적인 진행 과정은 다음과 같다(이창덕 외, 2017).

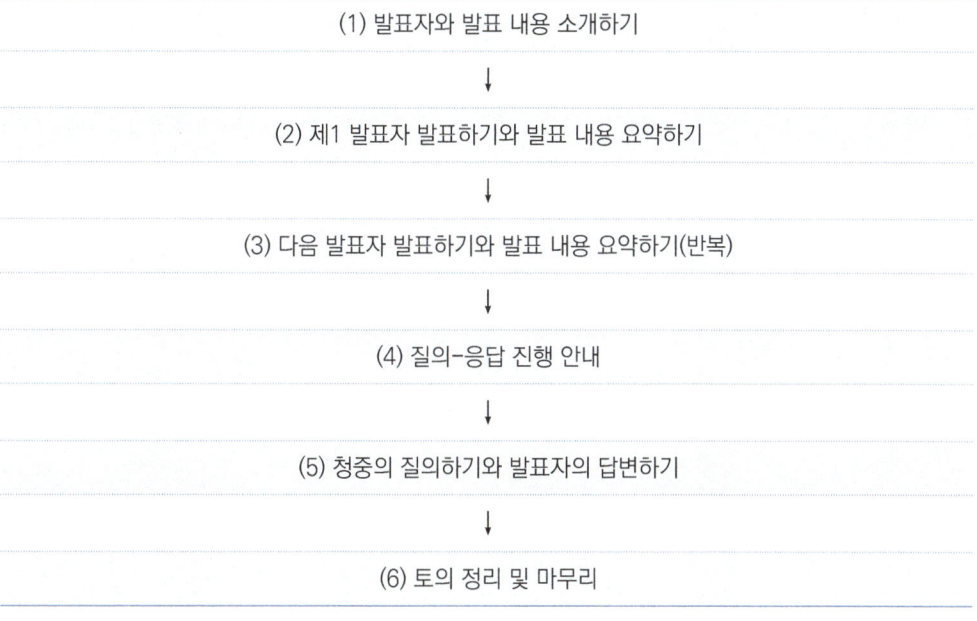

(2) 패널 토의

패널 토의란 특정 문제에 특별히 관심이나 경험이 있는 사람을 배심원으로 선정하여 4~6명의 배심원이 토의를 진행하는 토의 유형이다. 그래서 이를 배심 토의라고 하기도 한다. 배심 토의의 의제는 집단에 관계되는 공동 문제로 선정되며 토의에 참가하는 배심원들은 각각의 입장에서 지식이나 입장, 정보 등을 발표한다. 다양한 관점과 전문성을 가진 배심원들이 토의를 통해 의견을 교환하므로 새로운 것을 알기보다는 이견을 조정하는 수단으로 자주 사용된다. 배심원의 토의가 끝나면 청중은 질의 응답을 통해 토의에 참여하게 된다. 패널 토의는 시사 문제나 전문적인 문제들에 대해 의견을 교환하는 데 적합하다. 패널 토의의 의제는 찬성과 반대가 명백한 것보다는 다양한 관점에서 조망할 수 있는 문제가 적합하다. 패널 토의의 일반적인 진행 과정은 다음과 같다(이창덕 외, 2017).

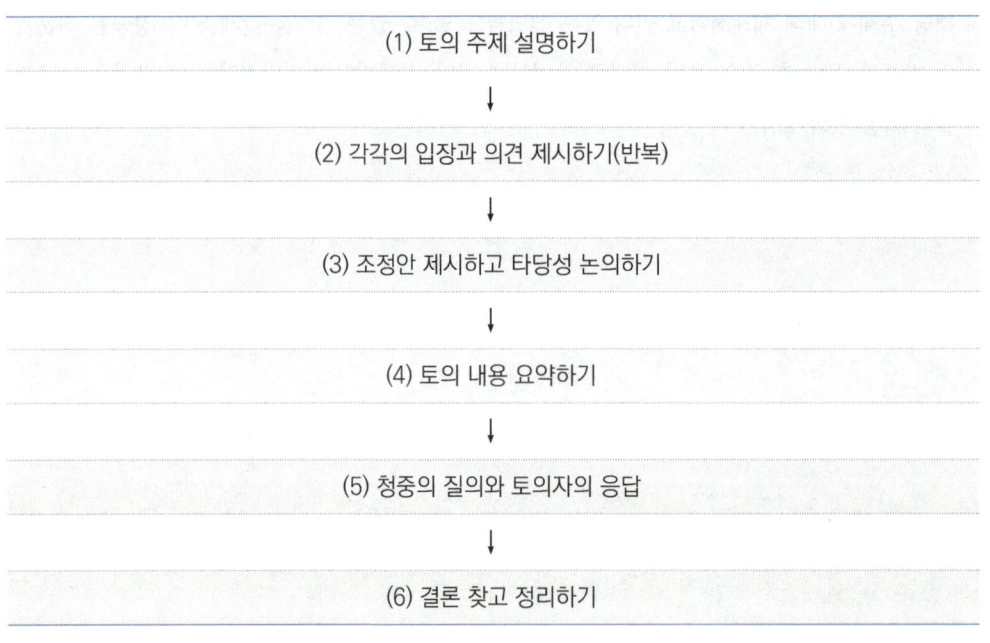

(3) 포럼

포럼은 토의의 주제에 대해 직접 관련이 있는 사람들이 공개적으로 하는 토의 유형이다. 원래 포럼이란 로마에서 재판이나 공적 문제에 대하여 공개적으로 토의를 했던 광장을 의미했는데 그것이 토의의 형태로 발전한 것이다. 포럼의 참가자는 의제와 직접 관련이 있거나 담당을 하고 있는 사람들로 선정되며 의제 또한 구체적인 이해의 조정과 관련된 것으로 선정되는 경우가 많다. 심포지엄이나 배심원 토의와 달리 처음부터 청중의 참여가 이루어지며 첨예한 주제의 경우 사전에 청중의 서면 질의를 접수하여 질의 응답을 진행하기도 한다. 포럼은 실질적인 이해 당사자가 참여하는 경우가 많기 때문에 사회자의 역할이 매우 중요하다. 포럼의 일반적인 진행 과정은 다음과 같다(이창덕 외, 2017).

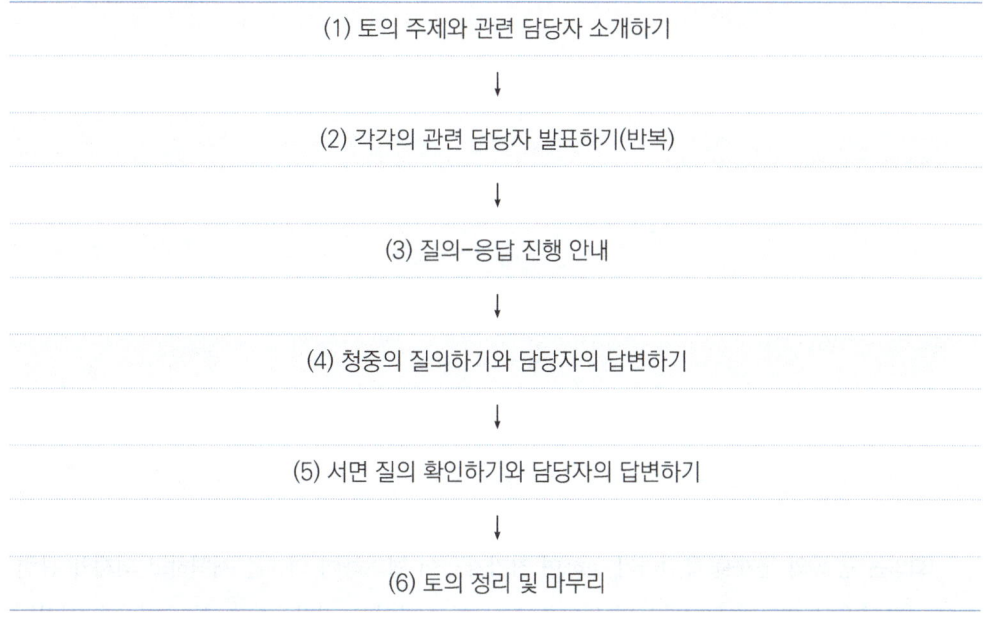

(4) 원탁 토의

원탁 토의는 토의 참가자들이 원탁 형태로 둘러 앉아 의제에 관해 자유롭게 의견을 나누는 토의 유형이다. 원탁 토의에서 좌석의 모양이나 배치가 원탁인 것은 중요한 요소가 아니다. 참가자들이 모두 동등한 자격과 조건으로 참여하며 정해진 규칙이나 순서가 없이 자유롭게 의견을 교환한다는 상징성이 중요하다. 원탁 토의는 참가자들의 의사 교환이 자유롭게 이루어진다는 장점이 있지만 정해진 절차나 사회자가 별도로 존재하지 않기 때문에 자칫하면 토의가 비효율적으로 진행될 위험도 있다. 원탁 토의의 일반적인 진행 과정은 다음과 같다(성환갑 외, 2001).

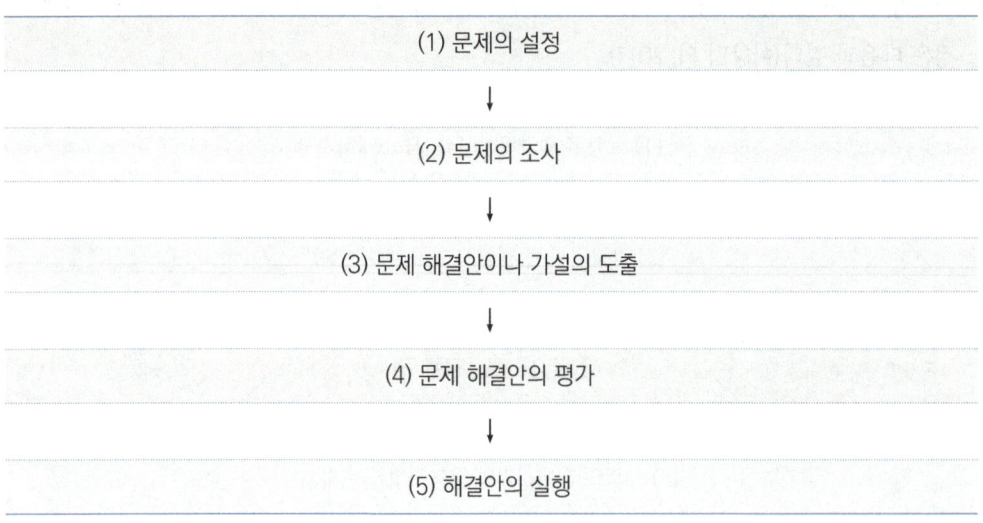

(5) 회의

회의는 공동의 문제를 해결하기 위하여 참가자들이 협의하여 의제를 채택하고 의제와 관련된 사항들을 논의하며 참석자들의 동의를 얻어 해결 방안을 결정하는 토의 유형이다. 회의는 토의의 가장 흔한 형태이다. 학습 회의를 비롯하여 국회의 정기 총회, 각 회사의 임원회 등이 모두 회의의 일종이다. 많은 경우 회의는 특정 안건에 대한 의견을 결정하거나 실행 방안을 마련하는 것을 목적으로 하지만 사안에 따라서는 문제 상황을 확인 및 공유하거나 일의 진행 일정을 정하거나 때로는 아이디어를 확산하는 수준에서 이루어지기도 한다. 3M 미팅 매니지먼트 팀(1995)에서는 회의의 목적을 ①상충되는 견해 조정, ②팀 또는 집단 결정의 필요성, ③문제를 해결, ④중요하거나 민감한 정보 전달, ⑤아이디어나 계획안에 대한 지지 확보, ⑥새 아이디어 개발, ⑦경과 보고, ⑧제품이나 시스템 홍보 등으로 제시하기도 한다.

많은 직장인들이 회의(會議)에 회의(懷疑)가 든다는 말을 할 정도로 회의는 일상 생활에서 매우 자주 접할 수 있다. 이러한 회의를 효율적으로 하기 위해서는 회의의 원칙을 지킬 필요가 있다. 회의는 특별한 이유가 없는 한 공개적으로 운영해야 하는데 이를 회의 공개 원칙이라고 한다. 회의 공개의 원칙에는 회의를 개최하기 전에 회의 내용, 안건, 일시, 장소, 참가 대상 등을 미리 공지해야 한다는 사전 공개 원칙과 회의 과정을 공개해야 한다는 과정 공개 원칙, 회의의 결과를 공지해야 한다는 결과 공개 원칙이 포함된다. 회의의 결정이 효력을 갖기 위해서는 일정 인원 수 이상이 참석하거나 의결해야 하는데 이를 정족수의 원칙이라고 한다. 정해진 수 이상이 참석해야 회의가 개회되며 참석자 중 정해진 비율 또는 일정 수 이상이 동의를 해야 의결이 된다. 예를 들어 법인의 정관 변경과 같은 중요한 사항은 재적 회원의 2/3 이상이 동의를 해야 개정이 가능한 경우가 많으며 교황을 선출하는 콘클라베의 경우는 만장일치로 결정을 하기도 한다. 그러나 일반적인 경우 가장 많은 참석자가 동의하는 내용으로 결정이 되는데 이를 다수결의 원칙이라고 한다. 다수결의 원칙과 함께 반드시 지켜져야 하는 것이 소수 존중의 원칙이다. 최종적인 의사 결정은 다수결에 의존할 수밖에 없다 하더라도 논의의 과정에서 소수의 의견이 충분히 논의되고 반영되어야 한다. 이는 참가자가 발언을 하는 동안에는 간섭이나 방해받지 않고 발언을 할 수 있도록 보장되어야 한다는 발언 자유의 원칙과도 관련이 깊다. 또한 회의에서는 어떠한 폭력적인 행동이나 말도 허용될 수 없다는 폭력 배제의 원칙도 반드시 지켜져야 한다. 끝으로 한 번 회의에서 의결한 안건은 가부에 관계 없이 회기 내에서 다시 다루지 않는다는 일사 부재의 원칙도 지켜져야 한다.

회의는 종류가 다양한 만큼 진행 방식도 각기 다르다. 다음은 학교운영위원회의 운영 절차인데*, 일반적인 회의 진행 과정을 보여주고 있다.

---

* https://www.gne.go.kr/index.gne?menuCd=DOM_000000134003003002

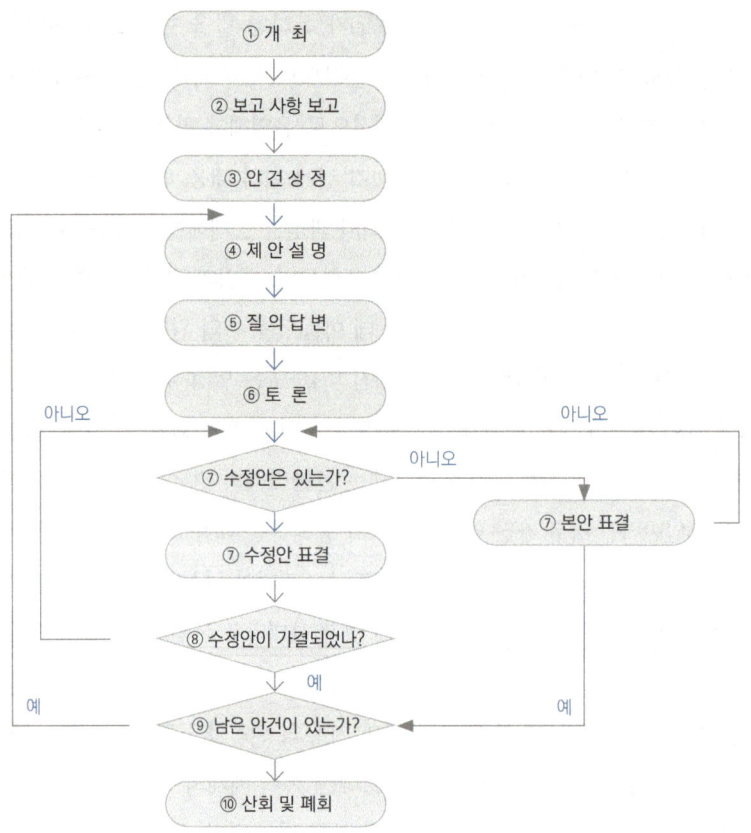

2) 토의 참가자의 역할

토의는 여러 사람이 공동의 사고를 통해 합리적인 해결 방법을 도출하는 협력적 말하기를 핵심으로 한다. 각기 다른 생각을 하고 있는 다수의 참가자의 생각을 조율하기 위해서는 토의에 참가하는 사람들이 각자의 역할을 충실하게 수행할 수 있어야 한다. 특히 토의의 결과가 참가자에게 영향을 미치는 사안인 경우 토의의 절차적 정당성이 충분히 확보될 필요가 있는데 성공적인 토의 진행을 위해서는 모든 참여자의 역할이 중요하다. 토의 참가자의 역할을 사회자와 참여자로 구분하여 살펴보도록 하자.

(1) 토의 사회자의 역할

토의 사회자는 토의를 진행하고 이끌어가는 역할을 하기 때문에 토의에서 특히 그 역할이 중요하다. 사회자는 토의를 진행하기 전 토의를 계획하고 준비하는 단계부터 역할이 시작된다. 토의의 안건을 정리하고 참여자를 분석하며 전체적인 진행 계획을 세워야 한다. 실제 토의를 진행할 때에는 과제 해결의 임무와 협조적 토의 분위기 형성 및 유지 임무를 수행해야 한다(이창덕 외, 2017:260). 즉, 토의의 과정을 잘 조정하고 의견 교환을 장려하여 문제를 해결하고 결론을 수렴할 수 있는 방향으로 토의를 이끌어 나가야 한다. 자칫 토의에서는 주제와 벗어나 산만하게 발표가 이어지는 경우가 있기 때문에 사회자가 목표 중심적으로 토의를 이끌어 가는 것이 중요하다. 또한 동시에 협조적인 분위기가 지속될 수 있도록 노력해야 한다. 토의에서 소외되는 참여자가 없도록 발표의 기회를 균등하게 배분하고 갈등을 현명하게 중재할 필요가 있다. 또한 회의 종료 후 회의 내용과 회의록을 정리하여 공개하거나 보고하는 것도 사회자의 역할에 포함된다.

(2) 토의 참여자의 역할

토의 참여자들은 실질적으로 문제를 해결해야 하는 주체이면서 문제의 당사자가 된다. 따라서 토의 참여자들에게는 적극적인 의견 발표자와 성숙한 청자의 역할이 동시에 요구된다. 토의 참여자들은 문제를 이해하고 원인을 분석하며 해결 방안을 도출하고 그 해결 방안의 실행 가능성을 검토는 전 과정에서 적극적으로 참여해야 한다. 공동 사고와 집단 지성의 힘은 적극적이고 협력적인 의사소통 과정을 거치지 않고서는 발휘될 수 없기 때문이다. 토의 참여자들은 자신의 생각을 명확하게 발표하면서도 다른 사람의 의견이나 견해를 함부로 공격하거나 비하해서는 안 된다. 또한 지나치게 발표를 길게 하거나 여러 번 독점하고자 하는 것도 지양해야 한다. 또한 다른 참여자가 발표를 할 때에는 좋은 청자의 역할을 해야 한다. 다른 참여자가 발표하고 있을 때 이를 가로막고 자신의 말을 시작한다거나 사회자의 지명 없이 발표를 시작하는 것은 바람직하지 않다. 자신이 발표할 수 있는 권리를 갖고 있는 것과 동일하게 모든 참여자가 동등한 발표의 권리를 갖고 있다는 것을 인식하고 다른 사람의 발표를 경청할 수 있어야 한다. 특히 여러 사람의 생각이 교차하는 지점에서 사고의 확장이 일어날 수 있으므로 다른 사람의 발표 내용을 분석적으로 청취할 필요가 있다.

3) 토의 진행 과정

앞에서 다양한 토의의 유형을 살펴보았다. 이 절에서는 일반적인 토의의 진행 절차와 각 단계에 따른 유의사항을 살펴보고자 한다.

(1) 토의 문제 제시

토의에서 논의할 문제인 의제는 문제 해결이라는 토의의 목적을 고려하여 적절하게 진술되어야 한다. '입시 문제' 등과 같이 단어나 구 형태로 진술되어서는 안 되며 '대학수학능력시험의 반영 비율을 줄여야 한다'와 같이 결론이 미리 제시되어 있어도 안 된다. 변화의 방향을 제시하고 이에 대해 찬반을 논의하는 것은 토론의 논의 방식이기 때문이다. 토의의 의제는 '대학 입시 제도를 어떻게 개선해야 하는가'와 같이 해결 과제를 포함하는 방식으로 진술되어야 한다. 또한 '대학 입학의 공정성을 제고하기 위해서', 또는 '학생들의 학력을 제고하기 위해서' 등과 같이 의제가 구체적으로 진술되면 토의에서의 논의 역시 더 구체적이고 실질적으로 이루어질 가능성이 높다.

(2) 토의 문제 분석

합리적인 해결 방안을 도출하기 위해서는 문제에 대해 심층적으로 분석을 해야 한다. 문제에 대한 분석은 문제가 무엇인가, 그 문제가 왜 문제가 되는가, 어떤 점이 문제가 되는가, 문제가 발생하게 된 원인은 무엇인가, 원인을 제거할 수 있는 방안은 무엇인가, 문제점을 해소하거나 감소할 수 있는 방안은 무엇인가 등을 종합적으로 논의한다. 문제에 대한 분석이 심층적으로 이루어져야 합리적인 해결 방안이 도출될 수 있으므로 이 단계에서 별도의 조사를 하거나 자료를 수집하는 과정을 거칠 수도 있다.

문제에 대해 심층적으로 분석하기 위해서는 다양한 분석 방법을 활용할 수 있다. 시간의 흐름에 따른 변화의 양상이나 장소에 따른 변화를 비교하는 방법, 유사한 상황의 다른 경우와 비교·대조하는 방법은 일반적으로 널리 사용된다. 선후 관계나 인과 관계를 살펴보는 것도 유용하다. Fish-bone 구조나 수형도와 같은 도해조직자를 활용하면 문제를 보다 체계적으로 분석할 수 있다. 5Why 기법은 문제의 본질적인 원인을 파악하는 데 도움이 되며, 기업에서는 문제의 원인을 분석한 결과를 해결 방안으로 연결하는 SWOT 분석도 자주 활용한다.

[참고] 5Why 질문법

5번의 Why 질문을 던져서 근본적인 원인을 탐구하는 분석 기법이다. 여기서 중요한 것은 다섯 번의 숫자보다는 근본적인 원인에 도달할 때까지 끊임없이 '왜'를 질문하는 것이다. 미국의 제퍼슨 독립기념관이 근본적인 문제를 해결한 사례는 좋은 참고가 된다.

문제 상황: 기념관의 대리석이 심하게 부식되어 민원이 제기되었다.
↓
1Why: 왜 대리석이 부식되었는가?
↓ → 대리석을 강력한 세제로 자주 닦았기 때문이다.
2Why: 왜 대리석이 부식될 만큼 세제로 자주 닦는가?
↓ → 기념관에 비둘기가 매우 많아서 배설물로 인해 더러워진다.
3Why: 왜 기념관에 비둘기가 매우 많은가?
↓ → 기념관에 비둘기의 먹잇감이 거미가 많기 때문이다.
4Why: 왜 하필 기념관에 거미가 많은가?
↓ → 해가 지기 전 주변보다 전등을 먼저 켜서 거미의 먹이인 나방이 달려든다.
5Why: 왜 해가 지기 전에 주변보다 전등을 먼저 켜는가?
↓ → 기념관 직원들이 일찍 퇴근하기 때문이다.
문제 해결: 기념관에 불을 켜는 시간을 늦춤

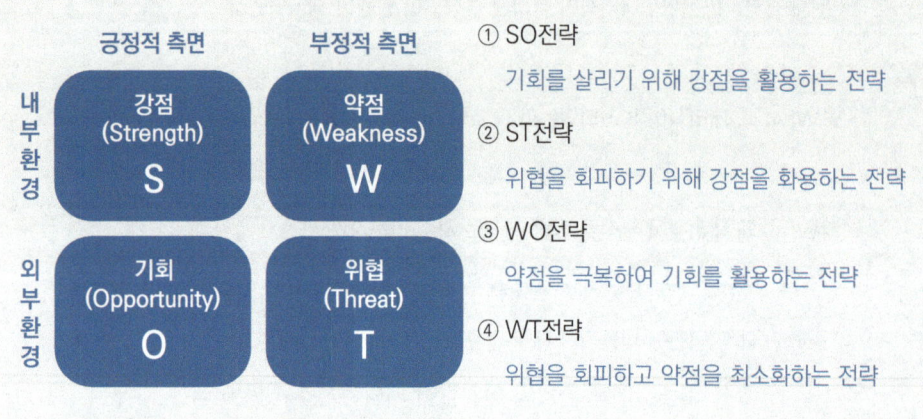

(3) 해결안 제시

　문제의 분석이 이루어지면 그 문제를 해결할 수 있는 방법을 마련해야 한다. 문제의 원인이 분명한 경우 그 원인을 제거하는 방법으로 문제를 해결할 수 있지만 그 외에도 다양한 해결 방안을 모색할 필요가 있다. 해결 방안에 따라 각기 다른 파급 효과를 가져올 수 있기 때문이다. 해결 방안을 모색할 때에는 발산적인 사고를 통해 최대한 창의적이고 다양한 방법들을 찾아내는 것이 좋다. 창의적인 사고를 촉발하기 위해서 일반적으로 브레인스토밍 방법이 자주 활용된다. 브레인스토밍의 효과를 극대화하기 위해서 Kelly, T. & Littman, J.(2001)이 제시한 유의사항은 다음과 같다(장경원·이병량, 2018에서 재인용). 이 외에도 브레인라이팅이나 6색 생각모자, 둘 가고 둘 남기 등의 다양한 토의 기법을 활용할 수도 있다. 특히 모둠별로 전문가를 선정하여 심화된 토의를 진행하는 직소(Jigsaw) 모형을 활용하면 해결 방안의 다양한 측면을 깊이 있게 조망할 수 있다.

좋은 브레인스토밍을 위한 일곱 가지 전략	브레인스토밍을 망치는 여섯 가지 방법

1. 초점을 명확히 한다.
2. 아이디어 도출을 돕는 규칙을 만든다.
3. 아이디어에 번호를 매긴다.
4. 아이디어를 구축하고 때로는 뛰어넘는다.
5. 공간기억력이 발휘되도록 아이디어를 사방에 기록한다.
6. 필요한 경우 두뇌활동을 위한 워밍업 시간을 갖는다.
7. 아이디어를 시각화한다.
	1. 사장이 가장 먼저 이야기한다.
	2. 모든 사람이 돌아가면서 이야기한다.
	3. 전문가만 이야기한다.
	4. 특별한 장소에서 이야기한다.
	  (브레인스토밍을 위해 워크숍 가기 등)
	5. 엉뚱한 이야기는 하지 않는다.
	  (진지한 내용만 이야기한다.)
	6. 모든 내용을 다 기록한다.

(4) 최선의 해결안 선택

다양한 해결 방안이 충분하게 논의되었다면 최선의 해결 방안을 선택한다. 단순하게 투표로 결정을 할 수도 있지만 사안에 따라서는 각 해결 방안의 장단점을 보다 체계적으로 비교하고 분석하여 문제점을 최소화할 수 있는 구체적인 실행 방안까지 도출해야 할 때도 있다. 해결 방안을 선정할 때에는 실현 가능성을 반드시 고려해야 하는데 이는 비용 대비 편익을 포함한다. 여러 해결 방안들을 비교할 때에는 PMI(Plus, Minus, Interesting), 피라미드 토의 토론, 평가 행렬법 등을 활용할 수 있으며, 투표를 할 때에도 한 사람이 여러 방안에 투표하는 멀티 보팅 방법을 적용할 수도 있다.

> [참고] PMI(Plus, Minus, Interesting)
>
> PMI는 어떤 생각이나 의견의 장점과 단점을 다각도로 분석할 수 있는 방법이다. 해당 방법의 긍정적인 면(Plus)과 부정적인 면(Minus), 그리고 흥미로운 점(Interesting)을 각각 살펴보고 이를 정리하여 발표한다.

[참고] 피라미드 토의 토론

피라미드 토의 토론은 다양한 의견을 가진 사람들이 서로의 의견을 경쟁적으로 제시하고 이 중에서 살아남는 의견만을 모아서 정리하는 방법이다. 토너먼트 방법을 활용하여 최종 결론을 도출할 수 있다. 이를 문제 해결 방법에 적용하면 최선의 해결 방안을 도출할 수 있다. 진행 방법은 다음과 같다.

① 해결 방안 선택
  다양한 해결 방법 중 자신의 선택 2가지를 선정한다.

② 1:1 토론
  개인별로 2개씩 선정한 의견을 가지고 모여서 서로 설명한 뒤에 4개 중 2개를 선택한다.

③ 2:2 토론
  방금 토론한 2명이 선정된 2개의 의견을 가지고 다른 2명을 만나서 토론하고, 4개의 의견 중 2개를 선택한다.

④ 4:4 토론
  방금 토론한 4명이 선정된 2개의 의견을 가지고 다른 4명을 만나서 토론하여 의견 2개를 선택한다. 이를 반복한다.

⑤ 최종안 선정
  최종적으로 도출한 결과를 발표한다.

[참고] 평가행렬법

평가행렬법은 미리 정해놓은 평가 준거에 따라서 해결 방안들을 평가하는 방법이다. 이를 위해서는 평가 기준을 미리 토의를 통해 정해놓을 필요가 있다. 이 방법은 모든 해결 방안을 체계적으로 평가할 수 있다는 장점이 있으나, 평가 기준을 사전에 타당하게 잘 만들어야 한다는 부담이 있다.

확인 문제

1. 다음의 진술이 토의 의제로서 부적절한 이유를 말하고 적절한 토의 의제로 바꾸어 진술해 봅시다.

    "대학에서의 학점은 절대평가로 부여되어야 한다."

2. 소규모 모둠을 구성하여 토의를 진행해 봅시다.

(1) 주변에서 해결해야 할 문제를 찾아서 토의의 주제로 제안해 봅시다.

(2) 유사한 주제를 생각하고 있는 사람들 3~6명이 모여 하나의 모둠을 구성하고, 모둠원들과 원탁 토의를 통해 토의 주제를 결정해 봅시다.

(3) 모둠별로 문제 분석 및 해결 방안 도출의 토의를 진행하고 이를 다음과 같은 형식으로 정리해 봅시다. 먼저 개별적으로 해당 활동지를 작성한 후에 조별 토의를 진행하고, 진행한 결과를 다시 정리하여 제출합니다.

토의 주제			
모둠원 명단			

무엇이 문제이며, 왜 그것이 문제가 되는가	
그 문제의 원인은 무엇인가	
그 문제의 해결 방안은 무엇인가	
문제 해결을 위한 구체적인 해결 방법은 무엇인가	

3. 수강생 전원을 대상으로 월드 카페 토의를 진행해 봅시다.

(1) 수강생 모두가 관심을 가질 수 있는 토의 주제를 선정해 봅시다.

> 예) '공주대가 최고의 인재를 길러내기 위한 방법은 무엇인가'

(2) 다음의 진행 절차에 따라 토의를 진행해 봅시다.

① 4명이 한 테이블에 앉을 수 있도록 팀을 구성하여 배치한다.
② 각 테이블에서 호스트를 정한다. 호스트는 테이블에서 이루어지는 대화 내용을 관리하는 사람이다.
③ 팀별로 미리 정해진 주제에 대해 첫 번째 대화의 시간을 갖는다. 대화 시간은 대략 10~20분이며 자신의 생각, 경험, 의견을 자유롭게 공유한다. 이야기를 하면서 자유롭게 테이블에 올려진 큰 종이에 대화 내용을 적거나 그림으로 표현한다.
④ 첫 번째 대화의 시간이 끝나면 각 테이블에 호스트만 남고, 다른 사람들은 모두 자신의 원하는 다른 테이블로 이동한다.
⑤ 기존의 호스트를 중심으로 새로운 팀이 구성되면, 호스트가 첫 번째 대화 내용을 새로운 구성원들에게 간략히 설명하고, 새로운 구성원들은 이에 대해 새로운 의견을 제시하면서 두 번째 대화 시간을 갖는다. 이때도 대략 10~20분 정도 대화 시간을 가지며 앞선 팀들이 사용했던 큰 종이 위에 새로운 의견이나 그림을 추가한다.
⑥ 두 번째 대화의 시간이 끝나면 각 테이블에는 다시 호스트만 남고, 다른 사람들은 다른 테이블로 이동한다.
⑦ 동일한 방법으로 세 번째, 네 번째 대화의 시간을 갖는다. 이때 시간이 여유롭지 않다면 세 번째 대화의 시간부터는 생략한다.
⑧ 계획한 횟수의 대화 시간이 끝나면 모두 원래 자리로 돌아간다.
⑨ 호스트는 원래 팀 구성원들에게 그동안 팀의 아이디어가 어떻게 변화, 발전하였는지 설명한다.
⑩ 호스트와 팀 구성원들이 논의하여 팀의 최종 대화 내용을 정리한다.
⑪ 각 테이블의 대화 내용을 공유한다. 대화 내용 공유는 어항식 방법을 사용하거나 의견을 벽에 붙여 전시하는 등 다양한 방식으로 한다.
⑫ 모든 테이블의 의견을 전체저으로 통합 정리한 후 이를 공유한다.

— 장경원·이병량, 토의와 토론으로 수업하기 중에서

3 토론

개인의 삶과 우리의 세상은 항상 끊임없는 문제 상황과 맞닿아 있다. 개인의 삶, 특히 성인으로서의 삶은 항상 크고 작은 선택을 요구한다. 대학 시절 어떤 동아리 활동에 참여할 것인가, 대학원에 진학하는 것이 나에게 도움이 될까, 어떤 진로(직업)를 선택할 것인가, 선거에서 누구에게 투표할 것인가, 평생을 함께 할 배우자는 어떤 점을 보고 결정할 것인가 등 헤아릴 수 없는 과제들과 마주한다. 우리가 살고 있는 세상 역시 갈등과 충돌의 연속이다. 정치·경제·사회·문화 전 분야에 걸친 사회적 논의는 세상이 복잡해질수록 전방위적으로 진행된다.

개인과 사회는 그 결정의 순간에 보다 합리적인 의사결정을 위해 치열하게 고민하고 형식적이든 비형식적이든, 개인적이든 사회적이든, 상대가 있든 없든 다양한 형태의 소통과정을 거친다. 개인의 내적 의사소통 과정에서는 마음속으로 중요한 의사 결정의 찬반 양면을 따져본다. 사회적 의사소통에서는 우리의 결정에 영향을 미칠 것으로 보이는 사실과 논증을 경청하거나 타인의 의사 결정에 영향을 미치기 위해 소통의 과정에 참여한다. 이렇듯 스스로의 힘으로 현명한 의사 결정을 하는 능력과 타인이 우리에게 이익이 되는 쪽으로 의사 결정을 하도록 영향을 미치는 능력에 의해 인생의 성공과 실패가 정해진다.

바로 이러한 지점에 토론이 존재한다. 어떤 영화를 볼까, 점심에 무얼 먹을까 등의 사소한 문제라면 인터넷 평점을 참고해 쉽게 결정해도 상관없지만 중요한 의사 결정을 위해서는 정당한 이유와 타당한 근거에 기반을 둔 논증을 통해 치열하게 토론해야 한다.

그럼에도 불구하고 아직까지 우리 사회에 바람직한 토론 문화가 뿌리내리지 못한 것은 안타까운 일이다. 무엇보다 각종 매체를 통해 소위 사회 지도층에 해당하는 지식인과 정치인들의 토론이 대다수의 국민들에게 토론이 소모적인 다툼이나 비생산적인 시간 낭비라는 정서적 거부감을 주고 있는 것은 더 큰 문제이다. 여기에는 다양한 이유가 있겠지만 학교교육을 통해 발표와 토론의 경험이 부족했던 것이 근본적인 원인 중 하나이다. 과도한 입시경쟁 하에 암기 위주의 주입식 교육과 문제풀이가 중심이 되는 성과 위주의 수업 분위기 속에서 토론에 대한 학습과 활동이 제대로 자리 잡기란 거의 불가능하다. 여기에 더해 예의와 겸손을 중요시 하는 뿌리 깊은 유교문화의 전통이 서열 중심의 공동체 운영 방식으로 이어져 직급과 나이, 성별을 뛰어 넘는 합리적 의사결정의 장애물로 작용하기도 한다. 한국 사회가 추구해온 성장 위주의 경제 정책 또한 토론 문화를 빠른 의사결정과 실행을 방해하는 걸림돌로 인식해 온 것도 한몫을 했다.

하지만 대학은 이 모든 것들로부터 자유로워야 한다. 다양한 의견들이 용인되고 상호 충돌하고 합의하는 역동적 과정을 통해 생산적인 결과물을 도출해야 한다. 이를 위해서는 대학 구성원(특히, 대학생)들의 열린 사고와 접근이 필요하다. 그래야 대학이 한국 사회를 이끄는 견인차로서의 역할을 담당할 수 있을 것이다.

1 민주주의의 꽃, 토론!

1) 토론이란 무엇이며 왜 필요한가?

> 당신이 옳을 수도 있고, 내가 틀릴 수도 있다. 다만 서로 힘을 모으면 우리는 진리에 더욱 가까이 다가갈 수 있을 것이다.
>
> — 칼 포퍼(Karl Popper), 열린 사회와 그 적들 중에서

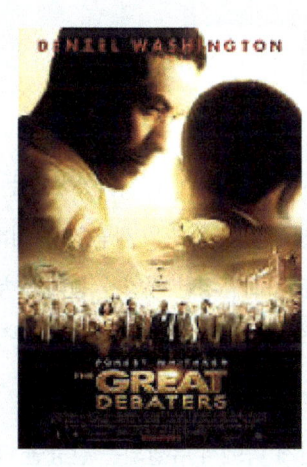

그레이트 디베이터스 The Great Debaters,

2007 제작

감독 - 덴젤 워싱턴

출연 - 덴젤 워싱턴, 포레스트 휘태커, 컬럼버스 숏

한 대학교수가 만든 흑인 대학생 토론팀이 하버드대 챔피언십 우승까지 거머쥔 실화를 바탕으로 한 영화

"와일리 대학에서 360명의 학생들 중에서 오직 너희 45명만이 토론팀을 시도할 만큼 용기가 있지, 그 45명 중에 오직 4명만이 준비 모임이 끝나면 살아남을거야. 왜냐구? 토론은 '피가 튀는 경기(blood sports)'이기 때문이지. 그건 전투지만 너희들의 무기는 단어(word)들이야."

— 와일리 대학 톨슨 교수의 대사 중에서

토론은 어떤 문제에 대해 서로 다른 의견을 지닌 사람들이 정해진 규칙에 따라 그 문제에 대한 논거를 대며 자신의 생각이 옳음을 논리적으로 펼쳐 나가는 활동을 말한다. 토론이라는 단어가 지닌 동서양의 어원을 살펴보면 아래와 같다.

[토론의 어원]

토론(討論)

토론(討論)은 토(討)와 론(論)으로, 토(討)는 다시 언(言)과 촌(寸)으로 구분할 수 있는데 이는 '치다, 때리다, 공격하다' 등의 의미를 내포하고 있다. 즉 법도(寸) 있는 말(言)로 옳지 못한 상대방을 친다는 데서 '치다, 토론하다'를 뜻하는 한자어이다. 론(論)은 언(言)과 륜(侖)으로 나눌 수 있다. 侖(륜·론)은 책을 모아 읽고 생각하여 정리하는 일을 의미하며, 여러 사람과 의견을 교환하며 정리하여 말한다[言]는 뜻이 합하여 '논의하다'를 뜻한다. 즉 상대방과 조리를 세워서 의논하는 일을 말한다.

> **토론(debate)**
> 디베이트(debate)라는 단어는 라틴어 동사 'debattuere'에 기원을 두며 'debattuere'는 'de'와 'battuere'라는 의미소로 나눌 수 있다. 접두사 'de'는 'away(분리하다)', 혹은 'down(제거하다)'의 의미이며 어간인 'battuere'는 이후 영어의 'battle(전쟁)'이라는 의미로 발전되었다. 라틴어 동사로서의 의미는 'to beat(치다)'였다. 결국 'debate'라는 말은 전쟁에 비유한 표현 과정에서 출발하여 언어로서 개념화되었다고 볼 수 있다.
>
> ※ 원래 영어의 'debate'에 충실한 우리말 대응어는 '논쟁(論爭)'이라고 보는 것이 맞다. 서구에서 토론의 개념은 어원이 밝혀주듯 전쟁과 비유되어 설명되고 있다. 즉 물리적 싸움인 'bate(to beat)'에서 분리(debate)되어 말로 하는 전쟁, 혹은 시합을 뜻하는 것이다. 우리말로도 논쟁이 '말이나 글로 다툰다(爭)'는 뜻이므로 'debate'란 말의 원래 의미를 더 잘 표현하고 있다. 그러나 토론이란 말이 보편화되어 있어 구태여 논쟁이란 말로 환언할 필요는 없다.

토론이라는 말에 동서양 모두 '싸우다'라는 의미를 포함하는 공격성이 내재되어 있다는 것은 토론이 지닌 상호대립성을 여실히 보여준다. 하지만 진정한 의미의 토론은 싸움만 존재하고 있는 것이 아님을 명심해야 한다. 엄격한 질서와 규칙 하에서 서로 공정한 게임을 통해 승부를 겨루고 그 승부는 끝은 결국 과거보다 진일보한 발전된 대안의 발견이어야 한다는 점을 분명히 인식해야 한다.

다양한 사회 현상과 개인적 인간관계의 얽히고설킨 이해관계 속에서 유발되는 갈등을 조화롭게 해결하는 것은 공동체와 개인의 발전과 직결된다. 끊임없이 해결해야 할 문제 앞에서 그 문제를 어떻게 판단하고 처리하느냐에 따라 개인과 사회의 행복과 불행이 결정되기도 한다. 그리고 대부분의 문제해결을 위한 의사결정 과정은 상호소통을 통해 이루어진다. 물리적 힘이나 억압적 관계를 통한 문제해결은 또 다른 갈등과 불안정한 미래를 잉태하기 마련이다. 우리의 근현대사가 이를 증명하고 있다. 아래의 글은 이러한 토론의 본질적 특성을 잘 보여준다.

> **[화이부동(和而不同)', '구동존이(求同存異)']**
>
> 1955년 4월 18일 인도네시아 반둥에서 '아시아·아프리카 회의'가 열렸다. 아시아와 아프리카 지역 신생 독립국의 정치 세력화를 위한 자리였다. 저우언라이(周恩來) 당시 중국 외교부장이 회의에 참석해 연설을 했다. 그중에 이런 말이 나온다. "우리 같은 점을 찾을 뿐 다른 점은 강조하지 맙시다. 공통점을 먼저 찾아 합의하고, 이견이 있는 부분은 남겨둡시다(求同存異). 그러면 역사와 민족이 다르더라도 서로 화합하고 발전할 수 있을 것입니다." '구동존이'라는 말이 등장하게 된 계기다.

> 저우언라이는 이 말로 29개 참가국 대표들의 마음을 움직였고, 회의는 중국의 의도대로 흘렀다. 이후 구동존이는 중국 외교의 대표적인 협상 전략으로 자리 잡았다. 외교분만 아니라 중국 기업과의 비즈니스 협상 테이블에서도 자주 등장한다. '우선 가능한 품목부터 선적하고, 추후 대상 품목을 넓히자'라는 식이다. 유연성과 실용성이 돋보인다. 중국과의 교류가 늘면서 우리나라에서도 구동존이라는 말이 폭넓게 쓰인다.
>
> 중국 고대 사전에는 '求同存異'라는 말이 나오지 않는다. 다만 중국 어문학자들은 구동존이가 공자의 '화이부동(和而不同)'과 맥을 같이한다고 분석한다. '논어·자로(論語·子路)'편에 나오는 '군자, 화이부동(君子, 和而不同)'의 뜻은 '서로 화합하고 어울리지만 동화되지 않고, 서로 다르지만 화합할 수 있는 게 바로 군자의 덕목'이라는 뜻. 화합하되 천편일률(千篇一律)적이지 않고, 서로 달라도 충돌하지 않는 경지다. '이견을 인정하면서도 큰 틀의 화합을 꾀한다'는 점에서 구동존이와 화이부동은 서로 통한다.
>
> – [한자로 보는 세상] 求同存異, 중앙일보(2010. 6. 2.) 중에서

 서로 화합하지만 동화되지는 않으며 서로 다르지만 화합할 수 있다는 군자의 덕목은 자칫 고릿적 이야기처럼 들릴 수 있지만 토론이 지닌 본질적 특성과 맞닿아 있다. 즉, 토론은 투쟁이 아닌 설득과 타협을 통한 문제 해결 방법이며 문제의 근본적인 원인을 찾아 해결하는 과정이다. 다른 사람과 다양한 사고와 경험을 공유하며 타당한 근거와 주장으로 타인과 더불어 마주한 문제를 합리적으로 해결하려는 노력이다. 그러하기에 토론을 통한 인간의 창의적 융합 활동은 시대를 막론하고 유의미하며 미래 사회에서도 결코 인공지능이 대체할 수 없는 인간 고유의 영역이기도 하다.

 토론은 서로를 깊이 있게 알게 하며, 서로의 문제를 공동으로 해결할 수 있는 장을 마련해 준다. 이런 토론의 장은 보다 합리적이고, 최선의 해결책을 찾게 해 주며, 서로를 자극시켜 더 나은 최고선을 찾도록 해 준다. 그러하기에 토론은 민주적인 갈등 해결의 가장 근본적인 원리를 포함하는 민주주의의 꽃이다.

 또한 토론은 순발력 있게 문제를 파고들면서 자신의 생각을 발표해야 하는 까닭에 분석력, 비판력, 논리력 등을 기를 수 있다. 이런 활동은 단편적인 지식을 습득하고, 피상적인 사고를 하는 것이 아니라 사물의 원리를 통찰하게 함으로써 보다 깊이 있고, 통합적인 사고를 하게 하는 능력을 길러 준다. 토론 전에는 막연히 알았던 것이 토론을 준비하고, 대화를 나누게 되면서 문제의 근본적인 해결책을 생각하게 되는 것이다.

 특히 대학에서의 토론은 다양한 교육적 효과를 동반한다. 학문 탐구의 전당으로서 대학의 역할을 충분히 수행하기 위해서는 개인의 노력과 함께 집단 지성의 힘이 발휘될 필요가 있다. 고정된 하나의 관점을 수용하는 수동적 학습 태도를 넘어 보다 다양한 학문적 접근과 시각도 존

재할 수 있다는 사실을 확인하는 확장된 사고의 경험은 열린 사고를 지향하는 대학에서 반드시 필요한 학문의 태도이다. 더욱이 최근 들어 우리 사회에서 강조하고 있는 융합과 복합을 통한 학제 간 연계에 있어서도 토론은 다른 어떤 방법보다 효율적이라 할 수 있다.

> [대학에서 토론이 갖는 기능]
>
> 1) 전공교육을 받기 위한 기초교육, 학제간 교육의 기초, 교양인-세계인으로서의 자질 함양에 필수적으로 요청되는 주제-과제에 접함으로써 넓고 종합적인 사고능력을 기르고, 다문화 이해능력을 신장시키며, 올바른 가치판단능력을 습득케 할 수 있다.
> 2) 토론은 학제 간(interdisciplinary) 학습 기회를 제공해 줌으로써 종합적 사고 능력을 배양해 주며, 통합 교육을 실현시킨다.
> 3) 토론을 통해 다양한 학문적 관점과 해석방법이 있다는 것을 배울 수 있다.
> 4) 토론 참여자들이 민주사회의 성원으로서 갖추어야 할, 즉 합의된 절차를 존중하는 기본 소양을 배양할 수 있다.
> 5) 의사소통능력을 증대시킴으로써 21세기형 리더십을 키울 수 있다.
> 6) 듣기 능력을 배양하여 상대방의 논점을 분석하는 능력을 기를 수 있다.
> 7) 역지사지(易地思之)의 원리를 체득할 수 있는 기회를 제공한다.
> 8) 토론은 말하기 능력 뿐만 아니라 글쓰기 능력도 배양해 준다.
> 9) 효과적인 스피치 능력 및 전달 능력을 제고시켜 준다.
> 10) 취업 기회의 확대 및 진로지도를 겸할 수 있다.
>
> — 김복순, 토론의 방법 중에서

2) 토론은 어떤 교육적 효과가 있을까?

겉으로 드러나는 모습을 볼 때 한국 사회는 이미 다양한 분야에서 토론문화가 정착한 듯 보인다. 대통령이나 국회의원, 지자체장 등 민의를 대변하는 지도자를 선출하는 과정에서 후보자 간 토론이 수차례에 걸쳐 이루어지고, 이해가 상충되는 사회 각 분야의 문제들에 대한 전문가 집단의 토론이 생중계된 지도 이미 오래이다. 젊은 대학생들을 대상으로 경쟁적 방식을 도입한 토론프로그램도 방송되면서 많은 관심을 끌었다.

하지만 이러한 일련의 변화가 유권자나 시청자들과 진정한 소통과 공감을 이룬다고 보기에는 한계가 있다. 자칫 말솜씨가 뛰어난 몇몇 개인이나 해당 분야 전문가들의 말잔치에 머물 가능성도 농후하다. 무엇보다 토론의 과정이 보다 발전적이고 생산적인 합의를 도출하거나 합리적인 갈등 해결의 모습을 보여주지 못하는 것이 가장 큰 문제이다. 보는 이들의 눈높이와 기대 심리는 높아졌지만 토론의 수준과 방식이 아직 제자리걸음을 면하지 못하고 있는 현실의 문제를 개선하기 위해 가장 중요한 것은 교육을 통한 토론문화의 정착을 유도하는 일이다.

대학 입시라는 인생 최대의 관문 앞에서 올바른 토론문화가 초중등과정에서 자리 잡기란 매우 어려운 것이 현실이다. 그럼에도 불구하고 교육현장에서는 끊임없이 토론을 수업의 영역으로 끌어 들이려는 유의미한 노력들이 이어지고 있다. 이는 토론 자체가 다양한 교육적 효과가 있음이 증명되었기 때문이기도 하다. 이를 다음과 같이 정리할 수 있다

[토론의 교육적 효과]

1) 토론을 통해 비판적 사고능력은 물론 논리적 분석능력, 이해력, 창의력, 문제해결 능력 등과 같은 종합적인 사고력이 향상된다. 이러한 종합적인 사고능력은 혼자서 지식을 학습하는 방식으로는 효과적으로 획득할 수 없으며, 다양한 생각들이 자유롭게 펼쳐지고 그것을 비교하고 분석하며 선택하는 과정을 통해 지속적으로 향상될 수 있는 것이다.

2) 의사소통 능력을 길러준다. 토론은 일방적으로 자신의 의견을 발표하는 것이 아니라 나와 의견이 다른 상대방과 합리적인 논쟁을 하는 것이다. 학생들은 토론을 통하여 자신의 의견을 조리 있게 압축하여 말하는 능력을 키우게 되며, 또한 내가 상대방의 의견을 존중할 때, 상대방 역시 나의 의견을 존중하게 된다는 것을 깨닫고 상대방의 의견을 정확하게 듣고 우호적으로 이해하는 능력을 기르게 된다. 이 때 합리적인 의사소통의 장이 마련되며, 다양성을 인정하는 열린 사고로 나아가게 된다.

3) 적극적인 참여의식을 길러준다. 지금까지 일반적으로 진행되어 왔던 강의 중심의 수업에서 학생들은 수동적인 태도로 지식을 받아들이기만 하는 수용자일 수밖에 없으며, 실제적으로 학습에 참여하는 시간은 많지 않다. 학습 시간이란 단순히 수업을 진행하는 시간 전체가 아니라 수업 중에 높은 집중도를 가지고 학습에 몰입하는 시간을 말한다. 토론이란 텍스트에 소개되어 있는 객관적 지식이 아니라 자신의 생각과 주장을 펼쳐내는 것이기 때문에 학생들은 높은 집중도를 가지고 적극적으로 참여하게 되며, 정확한 근거를 찾아내려고 노력하는 과정에서 자발적인 학습 동기를 얻게 된다. 이런 점에서 토론 수업은 학생들을 학습에 적극적으로 참여하도록 하는 가장 좋은 방법이 된다.

4) 다양한 지식을 융합하는 능력이 향상된다. 토론에서 주장을 전개할 때는 개인적인 믿음이나 감정이 아니라 객관적인 자료나 정보에 입각하는 것이 중요하다. 논제에 대한 찬성이나 반대의 입장을 정당화하기 위해 다양한 자료와 지식을 습득하고 분석하게 되는데, 예를 들어 특정 논제에 대해 철학사상·정치경제·사회문화·과학기술 등 다방면의 관점에서 검토하게 된다. 이 과정에서 학생들은 자신의 전공뿐만 아니라 다른 영역의 지식까지 융합해서 사고하는 능력을 키울 수 있게 된다.

5) 민주시민으로서의 기본 자질을 키워준다. 민주주의 사회란 사회 구성원들 간에 영향을 미칠 수 있는 모든 사항들에 대해서는 독단적 결정이 아니라 상호 합의에 의한 결정을 하도록 규정된 사회이다. 이 과정을 위해 반드시 필요한 것이 토론이다. 토론은 합리적인 절차와 형식에 따라 진행되는 민주적 의사결정 과정이며, 따라서 효과적인 토론 교육을 받은 학생이 나아가 민주시민으로서 의사결정에 적극적으로 참여할 수 있게 된다. 또한 토론의 논제들은 대부분 현 사회가 직면한 현안으로 이루어지게 되므로 이런 논제에 대해 심도 있는 학습을 함으로써 사회에 대한 이해와 관심을 넓히고, 현명한 공동체적 삶을 영위할 수 있게 된다.

2. 토론의 종류와 유형별 특징

1) 토론의 유형

매 선거마다 TV를 통해 생중계되는 대통령 후보자 토론의 방식은 조금씩 진화된 형태를 보여 왔고, 때로는 중계를 맡은 방송사마다 다른 방식을 적용하기도 한다. 이는 논제의 유형이나 토론자들의 특성, 토론을 통해 궁극적으로 도출하고자 하는 목표 등에 따라 토론의 유형은 얼마든지 변형·생산될 수 있음을 보여준다. 하지만 어떤 방식의 토론이라도 기존 방식의 새로운 변용이라는 점을 고려한다면 역사적으로 용인되고 인정받았던 다양한 토론의 유형을 살펴보는 것도 필요하다.

이에 앞서 토론에서 사용하는 주요 용어의 의미를 파악할 필요가 있다. 토론의 과정을 이해하고 실제 토론을 진행할 때 반드시 필요한 개념이다.

[토론에서 자주 사용되는 용어의 의미]

토론(수업)에서 사용되는 핵심 용어의 기본 개념은 다음과 같다. 각 개념에 해당하는 주요 사항들은 이 용어가 해당되는 장에서 자세히 살피기로 한다.

■ 논제(resolution, 論題)

토론의 의도와 목적, 즉 주제가 드러나도록 토론거리를 잘 다듬은 것을 '논제'라고 한다. 논제는 토론에서 해결해야 할 문제나 대상이다. 토론에서 다루어야 할 가장 핵심적인 쟁점이 잘 드러나도록 선명하게 한 문장으로 만든다. 이러한 문장은 '명제'의 형식으로 기술되어야 한다. 명제는 'A는 B이다', 'A는 B해야 한다.'와 같이 주어와 술어가 갖추어져 있고, 그 안에 판단이 담겨 있는 문장이다. 토론자들은 이 판단에 대해 반드시 '예' 또는 '아니오'로 답을 해야 한다.

■ 입론(立論)

입론은 논제에 대해 자기 팀의 입장을 담은 논점(주장)을 펼치는 과정이다. 즉, 정해진 논제에 대해 자기의 생각을 말하는 것이다. 따라서 자기 팀의 입장과 주장이 충분히 담겨야 한다. 입론을 토대로 토론이 본격적으로 진행되는 것이기에 입론을 세우는 과정은 토론의 준비과정에서 매우 중요한 의미를 지닌다. 그래서 일반적으로 입론은 토론의 전반부에 이루어지며 이후에 진행되는 반론이나 교차질문의 과정 역시 입론에 근거하여 그 범위를 벗어나지 않는 선에서 행해진다.

■ 논점(論點)

논제 안에는 찬성과 대립의 축이 담겨 있다. 찬성과 반대 각자의 입장을 잘 드러내기 위해서는 어떤 점에서 대결해야 하는지를 찾고, 대결하는 각 입장에서 쟁점을 찾아야 한다. 그러니 찬성 측에서는 '예'라고 동의하는 입장을 지지해주는 몇 개의 주장, 반대 측은 '아니오'라고 부정하는 반대의 입장을 받쳐주는 주장을 찾아야 한다. 이 주장들은 논점이라고 한다. 논점은 바로 찬성 팀이나 반대 팀이 주장하는 쟁점을 문장으로 진술한 것이다. 따라서 논점은 쓰기의 주제문과 같은 구실을 한다. 자기 팀의 핵심 주장을 맡쳐주는 세부 주장에 해당한다.

■ 논점 분석

논점 분석은 토론 준비에서 가장 핵심적인 몸통의 역할을 한다. 논점 분석을 글쓰기에 비유하자면 글의 내용을 어떻게 정할지 궁리하는 단계에 해당한다. 글을 쓸 때 여러 각도에서 글감에 대해 고민하고 그것을 바탕으로 하여 글에 담을 자신의 생각과 주장을 정리하듯이, 논점 분석에서도 여러 각도에서 가능한 주장을 찾아내어 자신의 입장을 어떻게 세울지에 대해 궁리한다. 논점 분석을 제대로 하려면 자료 조사를 통해 어느 정도 배경 지식을 갖고 있어야 한다.

■ 논거(basis of an argument, 論據)

논거란 어떤 이론이나 논리, 논설 따위의 근거를 일컫는 말로 논거를 제시할 때에는 그 출처를 명확히 밝혀야 한다. 어떤 전문가의 말을 인용한 것인지, 어떤 책이나 논문에서 참고한 것인지 등의 출처를 밝혀야 신뢰성 있는 토론이 된다. 또한 여론조사의 결과를 제시할 때에는 공신력 있는 기관의 여론조사여야 한다. 조작이 비교적 쉬운 인터넷 포털 사이트나 각 당에서 실시한 여론조사는 믿을 만한 자료가 되지 못한다는 점을 알아두어야 한다.

토론의 유형을 범박하게 구분하면 크게 자유토론과 교육토론으로 나눈다. 자유토론은 가장 일반적으로 접할 수 있는 토론으로 TV토론이나 패널토론, 난상토론 등이 있다. 찬성과 반대의 입장을 엄격하게 구분하지 않으며 논제는 의문형으로 제시되는 경우가 많다. 반면 교육토론은 일명 아카데미 토론이라고도 불리는데 토론을 교육하기 위해 만든 토론 방식이다. 따라서 찬성과 반대의 입장이 분명하게 대립하고 발언시간이나 순서 등의 규칙과 형식이 엄격하게 적용된다. 아울러 토론의 종료와 함께 판정을 통해 승패를 가린다.

	자유토론	교육토론
토론자의 입장	• 반드시 찬반의 입장이 아니어도 좋다. • 입장이 다양할 수 있다. • 중간에 입장이 바뀌어도 상관없다.	• 찬반의 입장이 대립한다. • 중간에 찬반의 입장이 바뀌면 안 된다. • 승패가 분명하게 판명된다.
논제	• 의문형 논제 　예) 출산율 저하, 이대로 좋은가? 　　　체벌, 애정인가 폭력인가?	• 명제형 논제 　예) 출산율 저하, 국가의 책임이다. 　　　체벌, 교육의 수단이다.
사회자	• 사회자가 있다.	• 사회자가 없는 것이 원칙이다.
형식	• 규칙과 형식이 엄격하지 않다.	• 규칙과 형식이 엄격하다. • 규칙을 지키지 않을 경우 감점된다.
승패	• 승패를 분명하게 가르지 않는다.	• 승패를 분명하게 가른다.

이 밖에도 모의재판이나 배심원 토론 등으로 진행되는 법정토론도 있다. 특히 배심원토론은 수업 현장에서 종종 활용되기도 하는데 이는 토론자 이외의 학생들이 청중이자 배심원의 역할을 수행하게 함으로써 소외되거나 방치되는 사람이 없이 구성원 모두가 토론에 참여하게 하기 위함이다.

토론의 방식에 따라 일반적으로 구분하는 토론의 유형은 다음과 같다.

(1) 아카데미 토론 모형

아카데미 토론 모형은 모든 토론 형식에 공통적인 '입론 → 교차조사와 반박 → 최종 입장 정리 → 판정'의 절차를 가장 기본적으로 행하는 토론형태이다. 토론 수업의 초기 단계에서 무난하게 활용할 수 있는 방법으로 가치토론 및 정책토론이 모두 가능하며 현 상황을 규명하고 문제를 해결하는 가장 무난한 토론 형식이다.

이 모형의 가장 큰 특징은 특정역할 및 순번을 정하지 않는다는 점이다. 다른 토론 모형의 경우 토론자의 순번 및 역할이 정해져 있어 해당 역할을 맡은 사람이 실수하면 다른 사람이 대체할 수 없다. 하지만 기본 모형에서는 정해진 역할이 없기 때문에 입론, 교차조사, 최종변론 모두 동일인이 해도 무방하다. 물론 다양하게 참여하는 것이 바람직하지만 특정인의 역할이 중복되어도 감점되지 않는다.

구성	총소요시간 (45분)	내용성격	특징
진행자의 논제 설명	3분	논제설명	• 특정 역할 및 순번을 정하지 않음. • 동일인의 중복발언도 가능 • 토론 수업 초기 단계에 적합
긍정측의 입론	4분	기조주장	
부정측의 교차조사 및 반박 (+청중의 교차조사 및 반박)	각 8분 (각 5분)	자신의 논리적 정당성입증 및 상대방의 논리적 부당성 입증	
부정측의 입론	4분	기조주장	
긍정측의 교차조사 및 반박 (+청중의 교차조사 및 반박)		자신의 논리적 정당성입증 및 상대방의 논리적 부당성 입증	
부정측의 최종 입장 정리 긍정측의 최종 입장 정리	각 3분	자신의 논리적 정당성 호소	
진행자의 논제 정리, 판정	2분		
(청중과의 질의 응답)	(10분)		교수자 진행
교수자의 총 정리			
작전타임	팀당 총 10분씩		

(2) 의회식 토론(Parliamentary debate)

1820년대에 생긴 옥스퍼드와 케임브리지의 학생회가 행하던 토론 형식에 기초를 둔 것으로, 영국 의회의 특징을 어느 정도 반영하고 있다. 보통 한 쪽 팀에 두 사람이 참여하며, 수상(prime minister)과 각료(member of government)가 찬성측이 되고, 야당 당수(leader of opposition)와 의원(member of opposition)이 반대측을 구성하여 이루어진다. 그러나 세 명의 토론자가 참여하여 각각 한 번씩의 발언 기회를 갖는 형식도 가능하다. 의회식 토론의 특징은 토론 참여자 4명의 위상이 동일하지 않은 것을 인정하여 토론의 발언기회와 시간 배분을 차별화하고 있다는 점이다. 또한 의회식 토론에는 '의사 진행 발언(point of order)'도 있다. 상대 팀이 심각한 토론 규칙 위반을 저질렀을 때에만 행사하는데 예를 들면, 상대방이 반박 시간 중에 이미 언급되지 않았던 새로운 주장을 제기하는 경우, 또는 지나치게 시간을 초과하여 발언하는 경우에 사용할 수 있다. 한편 '신상발언(point of personal privilege)'도 있는데 상대 팀이 심각한 인신공격 또는 왜곡 해석을 저질렀을 때에 행사할 수 있다.

순서	총 40분
수상의 입론	7
야당 당수의 입론	8
여당 의원의 입론	8
야당 의원의 입론	8
야당 당수의 반론	4
수상의 반론	5

(3) 반대 신문식(Cross Examination Debate Association, CEDA) 토론

정책 토론의 가장 보편적인 형태인 CEDA(Cross Examination Debate Association)토론 방식은 1947년 이래로 해오던 미국의 전국토론대회(National Debate Tournament)의 방식에 토론자들 간의 교차질문을 가미하여 토론자들 간의 직접적인 의사소통을 강조하는 토론 형식으로 발전된 것이다. 각 팀은 논제를 긍정하거나 부정하는 두 사람으로 구성되며, 토론자 개개인은 입론, 교차조사, 반박으로 이어지는 세 번의 발언 기회를 갖게 된다. 즉 한 번씩의 입론과 반론, 그리고 교차조사를 하게 된다.

이 토론 유형은 매우 긴 시간 진행된다. 표준 토론 방식에서는 무려 72분 동안이나 진행되기 때문에, 토론 절차에 익숙하지 않은 학생들에게는 부담이 될 수 있다. 입론과 반론의 시간을 2분, 1분씩 줄여 60분으로 진행되기도 하고, 입론 시간을 5분으로 하고 교차조사를 3분, 반론 시간을 4분으로 하여 총 52분으로 진행하기도 한다.

반대신문식 토론에서는 총 소요시간에서 약 20%의 시간이 교차조사에 할당되어 있을 만큼 토론의 가장 핵심적인 요인은 '교차조사'다. 심사위원이나 청중이 가장 흥미 있게 보는 것도 교차조사인데, 그 이유는 교차조사가 '치열한 공방전(攻防戰)'과 같은 역동성을 갖고 있기 때문이다. 특히 교차조사에서는 상대의 입론에서 발견된 논증적 오류를 통하여 상대를 공격함으로써 심사위원이나 청중으로부터 큰 호응을 얻을 수 있는 기회를 스스로 만들어야 한다. 반대신문식 토론의 순서와 발언 시간은 다음과 같다.

순서	총소요시간 60분	총 72분	내용성격	특징
찬성측 첫 번째 토론자의 입론	8	10(혹은9)	입론, 교차조사, 반박 모두 4회씩 입론이 각 팀당 2회씩 주어짐. 반박 후 교차조사 없음.	특정역할 및 순번이 정해져 있음. 토론 수업 중간단계 이후에 적합함.
반대측 두 번째 토론자의 교차 조사	3	3		
반대측 첫 번째 토론자의 입론	8	10(혹은9)		
찬성측 첫 번째 토론자의 교차 조사	3	3		
찬성측 두 번째 토론자의 입론	8	10(혹은9)		
반대측 첫 번째 토론자의 교차 조사	3	3		
반대측 두 번째 토론자의 입론	8	10(혹은9)		
찬성측 두 번째 토론자의 교차 조사	3	3		
반대측 첫 번째 토론자의 반론	4	5(혹은6)		
찬성측 첫 번째 토론자의 반론	4	5(혹은6)		
반대측 두 번째 토론자의 반론	4	5(혹은6)		
찬성측 두 번째 토론자의 반론	4	5(혹은6)		
준비시간	각 팀당 10분씩			

(4) 칼 포퍼 토론

칼 포퍼의 사상을 열린사회 연구소(The Open Society Institute)와 소로스 재단 네트워크(Soros Foundation Network)가 1994년 공동작업을 통해 형식화시킨 토론이다. 주로 고등학생들에게 비판적 사고, 자기 표현, 그리고 다른 의견에 대한 관용(tolerance)의 자세를 길러주기 위해 만들어진 것이다. 찬반 각기 3인 1조로 구성되는 토론은 입론과 질의를 반복하고 그 후에 반론하는 반대신문식 토론과 달리 입론에서 찬반 모두 자신의 주장을 제시하고 확인 질문을 거쳐 그 제시된 주장을 반박하는 과정으로 이루어진다. 칼 포퍼 토론 형식은 현대적 의미가 있고 때로는 깊은 분쟁의 가능성이 있는 논제에 초점을 둔다. 또한 비판적 사고기술의 발달을 강조하고 서로 다른 견해를 용인할 수 있는 인내심을 강조한다.

이 토론에서는 첫째, 3명의 팀 구성원의 역할이 각기 다르므로 팀 내의 의사소통과 상대방의 의견을 경청하려는 자세가 중요하며 둘째, 철저히 반론하려는 태도가 많은 것을 주장하는 것보다 훨씬 중요하다는 사실을 주지시켜야 한다. 이때 확인질문은 반론을 하기 위한 예비단계임을 주지하고, 이를 잘 활용할 수 있도록 해야 한다.

칼 포퍼 토론이 목표로 하는 것 ① 논쟁적인 논점에 초점을 맞출 것, ② 서로 다른 다수의 견해에 대해 용인할 것, ③ 분석적 사고 기술을 개발하는데 초점을 둘 것, ④ 팀원과의 협력에 대한 가치를 인식하게 할 것, ⑤ 학생들이 다양한 결론에 대해 토론할 수 있는 기회를 제공하는 것이다.

순서	총 44분	내용성격	특징
찬성측 첫 번째 토론자 입론	6	• 각 팀당 입론 1회, 교차조사 2회, 반박 2회씩. 입론에 비해 반박이 강한 구조 • 마지막 반론을 제외하고, 매 발언 후 교차조사가 있다.	• 특정 역할 및 순번이 정해져 있음 • 토론 수업 중기 단계 이후에 적합 • 각 팀의 2번 토론자는 1회씩만 발언
반대측 세 번째 토론자 질문, 찬성측 첫 번째 토론자 응답	3		
반대측 첫 번째 토론자 입론	6		
찬성측 세 번째 토론자 질문, 반대측 첫 번째 토론자 응답	3		
찬성측 두 번째 토론자 반론	5		
반대측 첫 번째 토론자 질문, 찬성측 두 번째 토론자 응답	3		
반대측 두 번째 토론자 반론	5		
찬성측 첫 번째 토론자 질문, 반대측 두 번째 토론자 응답	3		
찬성측 세 번째 토론자 반론	5		
반대측 세 번째 토론자 반론	5		
준비시간	각 팀당 8분		

(5) 링컨-더글라스 토론

1858년 일리노이주의 상원의원 선거 캠페인 중 에이브러햄 링컨과 더글러스 사이에 있었던 노예제도에 관한 토론에 기원을 둔 것으로 양쪽에 각각 한 사람이 토론에 참가하는 방식이다.

링컨-더글라스 토론 형식은 가치 토론의 가장 대표적인 형식이며 필수 쟁점으로 가치 평가의 대상 규정, 토론을 위한 주요 평가 개념 정의, 평가 항목과 기준 설정, 가치 구조의 설정과 정당화를 들고 있다. 정책 토론과 마찬가지로 증명의 부담은 긍정측이 가지며 부정측은 긍정측이 제시한 가치 평가 대상과 평가항목/기준의 관련성을 부인하면서 새로운 가치를 대안으로 제시해야 한다. 그들 중 하나라도 효과적으로 이루어지지 않으면 부정측은 '대응의 부담'을 수행하지 못하게 된다.

순서	총 32분
긍정측 입론	6
부정측의 교차조사	3
부정측의 입론	7
긍정측의 교차조사	3
긍정측의 반박	4
부정측의 반박	6
긍정측의 반박	3

(6) 통합 토론 방식

통합 토론 방식은 전통적인 토론의 형식을 적절히 통합한 방식이다. 각 단계별로 다음과 같은 역할을 수행한다.

- 발제(입론): 선택된 입장에 따라서 찬성 혹은 반대입장의 논리를 4분 이내에 지명발언을 한다. 입론은 토론의 도입부로서 전체 토론의 기본 방향을 제시하게 된다.

- 반론: 상대편 발제에 대한 반박 논리를 2분 이내에 지명발언을 한다. 반론에서는 상대편의 발제 논리에 대한 반박논리를 제시하게 된다. 특히, 핵심적인 쟁점을 중심으로 상대편의 논리를 반박하는 것이 중요하다.

- 재발제: 상대편 반박 논리에 대하여 재발제 논리를 2분 이내에 지명발언을 한다. 재발제에서는 상대편의 반론에 대한 대응논리를 제시하게 된다. 우선, 상대편이 지적한 논점에 대하여 반박논리를 제시하며, 다음으로 앞서 발표한 발제 논리에 대한 보충, 수정, 강조 등을 포함하는 재발제 발언을 한다. 특히, 논리의 일관성을 유지하는 것이 중요하다.

- 재반론: 상대편 재발제에 대하여 재반론을 2분 이내에 지명발언을 한다. 재반론에서는 상대편의 재발제 논리에 대한 재반박 논리를 제시하게 된다. 우선, 상대편 재발제 논리의 문제점, 오류, 허점 등을 찾아내고, 이를 쟁점으로 다시 한번 부각시키는 것이 요구된다. 특히, 상대편의 핵심 논점을 재반박하는 것이 중요하다.

- 교차토론: 상대편의 발제, 반론, 재발제, 재반론에 대하여 질문 혹은 반론 형식으로 자유발언을 한다. 먼저, 찬성팀이 7분 동안 주도권을 가지며(상대편 발언시간 포함), 상대편에 질문 혹은 반론의 형식으로 자유발언을 한다. 다음, 반대팀이 7분 동안 주도권을 가지며(상대편 발언시간 포함), 상대편에 질문 혹은 반론의 형식으로 자유발언을 한다. 교차토론에서는 핵심쟁점에 대한

논쟁이 이루어진다. (1) 주도권을 가진 팀(공격팀)에서는 상대편(방어팀)의 논점에 대한 집중적인 반론을 통해 자신의 논리의 우위성을 보여주는 것이 중요하다. (2) 반면에 방어팀에서는 상대편(공격팀)의 반론에 대하여 순발력있게 그리고 논리적으로 대응 할 수 있어야 한다.

- 팀별논의: 각각 팀의 입장을 정리하기 위하여 종결 전에 팀별 논의시간을 3분 갖는다.
- 종결: 각각 팀의 입장을 발제 논리, 조정, 결론을 포함하여 4분 이내에 지명발언을 한다. 종결은 토론의 마무리로서 자신의 논리를 정리하고 결론을 제시한다. (1) 우선, 자신의 입장을 재확인하는 것이 요구되며, (2) 토론과정에서 나타난 논점에 대한 비교 분석을 토대로 하여 자신의 논리에 대한 조정이 요구된다. 조정에서는 논리의 수정, 유지, 강화 등이 포함된다. (3) 끝으로 자신의 논리를 마무리한다. 특히, 자신의 논리를 명확하게 전달하는 것이 중요하다.

순서	총 45분
긍정측 발제	4
부정측 발제	4
긍정측 반론	2
부정측 반론	2
긍정측 재발제	2
부정측 재발제	2
긍정측 재반론	2
부정측 재반론	2
찬성측 교차조사	7
부정측 교차조사	7
팀별 협의	3
부정측 종결	4
찬성측 종결	4

3. 토론의 과정과 참여자의 역할

1) 토론의 진행 과정

토론은 그 종류에 다양한 절차가 존재하지만 일반적으로 반드시 포함되는 진행 과정을 정리하면 다음과 같다.

단계	진행 내용
1) 준비 단계	① 토론 형식 익히기 ② 논제의 선정 ③ 토론 조 구성하기 ④ 논점 분석(쟁점) ⑤ 토론 준비하기 (자료 조사, 토론개요서 작성 등)
2) 실행 단계	① 입론 ② 교차 질문(상호질문) ③ 반론 ④ 최종 발언
3) 마무리 단계	① 청중 질문 ② 교수자와 청중의 최종 판결 ③ 토론 총평

(1) 준비단계

① 토론 형식 익히기

토론을 준비할 때에는 주제나 내용 못지않게 형식면에서 어떤 규칙과 순서로 진행되는지 제대로 알아야 토론을 잘할 수 있다. 아무리 멋진 주장과 많은 자료를 준비했다고 하더라도 규칙과 순서를 제대로 익히지 않아 발언 시간을 초과한다거나, 자신의 순서가 아닌데 불쑥 나서서 말을 한다거나, 질문할 시간에 반론을 펼친다면 좋은 토론을 할 수가 없다. 토론의 형식은 대개 한 팀의 구성원이 몇 명인지, 구성원들 사이에 역할을 어떻게 분담하는지, 어떤 순서로 몇 분 정도 발언하는지, 발언할 내용이 무엇인지 등에 관한 정보를 담고 있는 일종의 경기 규칙과 같다. 토론 수업 전 미리 공지하여 토론에 임하는 학생들이 모두 숙지할 수 있도록 해야 한다.

② 논제의 선정

토론의 준비 단계에서 적절한 논제를 선정하는 것은 매우 중요하다. 어떤 논제를 선정하느냐에 따라 토론의 전개 양상이 달라질 수 있을 뿐 아니라 토론이 역동적으로 펼쳐질 수도, 맥없이 허공에 주먹을 휘두르는 것처럼 비생산적으로 흐를 수도 있다. 토론에 참여하는 양 팀의 합의 하에 적절한 논제를 선정하기 위해서 숙고의 시간이 필요하다.

일반적으로 논제는 사실, 가치, 정책 논제로 구분하는데 실제 토론을 진행하다보면 이 세 가지 성격을 함께 고려해야 하는 경우가 대부분이다.

[논제의 종류]

■ 사실논제(사실판단)

참이냐 거짓이냐로 양립 가능한 논제로 '이러한 것, 이러한 사건이 실제로 있을 수 있다'로 추정되는 사실과 관련된 판단을 내려야 한다. 검사와 변호사의 법정공방이 대표적인 예이다. 사실논제에서 가장 중요하게 다루어야 할 점은 사실임을 증명해 줄 수 있는 근거이다. 어떤 사건이 실제로 일어났다는 사실을 뒷받침하는 근거만 확실하면 토론에서 무조건 이긴다. 예를 들어 '술은 인체에 해롭다'라는 논제를 가지고 토론을 벌인다고 하면, 술의 성분을 과학적으로 실험한 자료를 가지고 인체에 해롭다는 사실을 입증하면 토론은 싱겁게 끝난다. 이런 이유로 사실논제는 토론에서 잘 다루지 않는다. 다만 범죄의 성립 여부를 가리는 법정 토론이나 역사적 사실 혹은 미래에 일어날 사건 등 사실논제로 토론을 진행할 수 있는 사안들도 있다. 예를 들어 법정 토론에서 다룰 수 있는 '아무개는 강도죄를 범했다.', '이것은 아무개의 유서이다' 등과 같은 논제들은 사실관계의 확인이 매우 중요하다. 사회적으로도 '내년 주식시장은 위축될 것이다.', '인간의 활동은 온실 효과를 야기한다' 등과 같은 논제들 역시 마찬가지다. 사실 논제는 다른 논제에 선행해서 토론하거나 가치 논제나 정책 논제의 일부로 관련 사실의 규명을 위해 활용되기도 한다. 하지만 이러한 논제들은 고도의 전문성을 요구하기에 교육토론에서는 그다지 선호하지 않는다.

■ 가치논제 (가치판단)

무엇이 좋고 나쁜지 혹은 무엇이 옳고 그른지에 대한 가치판단을 대립의 축으로 삼는다. '선의의 거짓말을 인정할 것인가.'라는 논제에서 선한 목적을 실현하기 위해서는 방법까지도 정당해야 할지, 선한 목적을 실현한다는 결과만 같다면 어떤 방법을 선택해도 좋을지에 대한 토론은 과정의 정당함과 결과의 유용함 중 어떤 것을 더 가치 있다고 볼 지에 대한 것을 판단을 필요로 한다. 가치 명제는 어떤 가치를 더 우선적인 것으로 볼 것인가에 대한 논쟁으로, '좋으냐 나쁘냐', '바람직하냐 바람직하지 못하냐', '가치가 있는 것인가 없는 것인가'를 가리고자 하는 명제이다. 논리의 일관성과 타당성에 대한 입증이 필요하지만, 결국에는 선택한 가치를 정당화하는 논쟁으로 이루어진다. 논쟁의 궁극적 결론이 '가치'의 우열을 가리는 것이라 할 수 있다.

예를 들어 '과거사 청산을 둘러싼 논쟁'이나 '분배와 성장 중 무엇이 먼저인가와 관한 논쟁'을 예로 들 수 있다. 가치 논제는 직접적으로 드러나 있기 보다는 현실적인 문제 속에 가려진 경우가 많기 때문에 토론자들이 전제하고 있는 우선가치가 무엇인가를 분석적이고 비판적으로 읽어내려는 노력이 필요하다. 이처럼 가치 논제는 세상을 바라보는 가치관이나 신념과 밀접한 관련이 있다. 따라서 상대방이 아무리 충분한 근거를 가지고 주장을 하거나 반박을 해도 다른 입장을 수용하지 않으면 토론 자체가 무의미해진다.

■ 정책명제 (실천 방안에 대한 판단)

정해진 입장에 대해 구체적인 실행을 어떻게 할 것인가 혹은 문제에 대한 해결안을 포함하는 것에 대한 논제이다. 정책 논제로 토론할 경우에는 이미 사회에서 실행되고 있는 정책을 왜, 어떻게 새롭게 바꾸어야 하는지에 대해 논의한다. 그래서 정책 논제는 찬성과 반대 모두 우리 사회가 바람직한 방향으로 나아가야 한다는 공유점을 토대로 토론이 진행된다. 이런 이유로 앞의 두 논제에 비해 많이 활용된다.

정책 논제는 어떤 해결 방안 혹은 처방의 방법이 옳으냐 혹은 정당하냐의 여부를 입증해야 하는 토론이다. 제시된 방안이 현재의 문제를 해결해 줄 수 있는 것인지, 그 방안을 실행할 수 있는 가능성이 있는지, 그 방안을 실행하는 데 따르는 긍정적 영향과 부정적 영향은 어떤 것이 있는지 등에 대한 논의를 바탕으로 한다. 그리고 그 방안을 실행해야 할지 말아야 할지에 대한 최종 판단이 이루어진다.

오늘날 기업체나 조직에서 이루어지는 대부분의 토론이 여기에 해당한다. 정책논제의 경우는 입장이 찬반으로 나뉘는 경우 이외에 다양한 해결책이 존재할 수 있다. 주로 가치명제의 토론이 이루어지고 난 후, 구체적인 실천방안을 논의해야 하는 경우가 많다. 예를 들어 '인간 복제는 금지되어야 한다'는 논제는 '인간 복제가 바람직한지 그렇지 않은지'의 문제에 대한 가치 판단이 '금지'와 같은 실천적인 조치와 연계됨으로써 가치와 정책 사이의 구분이 모호해진다. 이처럼 가치 판단은 많은 경우 정책적 조치를 위한 선구자(precursor)로서 기능하며 이런 정책적인 함의가 담겨져 있는 가치 토론을 '유사 정책(quasi-policy)' 토론이라고 부른다.

한편, 논제를 결정하기 위해서는 다음과 같은 사항들이 반드시 고려되어야 한다.

[논제 선정 시 고려 사항]

1) 논제는 시의성·공공성·대립성을 충족하는 것이 좋다. 시의성은 토론을 하는 시점에서 논란의 여지가 있는 현재의 문제를 다루어야 한다는 것이다. 사형제도, 낙태, 안락사 등 전통적인 논제를 다루는 토론도 의미가 있지만 이런 논제의 경우 대부분 충분히 예상이 되는 논거들이 등장하기 마련이다. 상대방이 예상 가능한 논거의 등장은 토론 전반의 긴장감을 떨어뜨릴 수 있고, 유의미한 결론에 도달하기도 어렵다. 공공성은 논제가 특정 집단이 아닌 공공의 문제와 관련된 것이어야 한다는 것이다. 특정집단에 한정된 논제는 논의의 확장성에 한계가 있고 토론 청중들의 참여 역시 제한적일 수밖에 없다. 또한 토론의 주제가 극소수의 주장과 관련될 경우 토론은 가능하지만 반대를 위한 반대를 하게 되어 문제해결의 과정이 아닌 대결을 위한 과정이 되므로 이런 주제는 가급적 피하는 것이 좋다. 대립성이란 찬성과 반대의 명백한 대립이 존재 해야 한다는 것이다. 찬반양론의 대립은 토론을 가능하게 하는 기본 전제에 해당한다.

2) 논제는 단 하나의 중심적인 논쟁점만이 분명하게 제시되어야 한다. 이를테면 '사형과 낙태는 금지되어야 한다'는 논제는 사형과 낙태라는 두 가지 이슈를 담고 있기 때문에 입장에 따라서는 사형금지에는 찬성하지만 낙태는 허용되어야 한다는 견해가 성립될 수 있다. 따라서 좋은 논제는 하나의 진술문에 하나의 이슈만을 담고 있는 단문이어야 한다.

3) 논제에 찬반 어느 한편에 유리하게 작용하는 정서적인 감정이 담긴 표현은 배제하는 것이 좋다. 예를 들어 '야만적인 개고기 판매는 금지되어야 한다'는 논제의 경우 '야만적인'이라는 표현을 통해 이미 찬성 측에 유리한 정서가 내포된 것으로 볼 수 있다. 그러므로 논제에는 가급적 이와 같은 가치판단을 최소화하는 중립적인 어휘를 선택하는 것이 좋다.

4) 논제는 찬성 혹은 긍정 측에서 바라는 결정의 방향을 분명하고도 정확하게 표현해야 한다. 예를 들어 '자유민주주의는 수호되어야 한다.'의 경우 현 상태의 문제자체가 내포되어 있지 않고 쟁점 역시 추상적이고 모호하다. 이런 논제의 경우 토론의 범위가 너무 넓어 토론내용의 구체성이 떨어져 생산적인 결론을 도출하기 어렵다. 마찬가지로 '자유민주주의는 파괴되어서는 안 된다'는 부정적인 진술문 역시 청중의 혼동을 야기하며 토론자들의 논의를 진행하는 데도 끊임없는 혼란이 제기된다는 점에서 피해야 할 형식이라고 볼 수 있다.

- '전부(all)', '모든(every)', '어떤 것이든(any)'과 같은 포괄적 용어를 사용할 때에는 주의하라.

- '더 큰(greater)' 혹은 '예외 없이 모두(any and all)' 등의 막연하거나 복합적인 단어나 구를 사용할 때에는 주의하라.

- 토론 논제의 표현과 해석에 대해 언어 전문가와 상의하라.

- 변화나 의사 결정의 성격과 방향을 명확히 명시하라.

- 의미 있는 수준의 연구와 논의를 창출하기 위해 주제를 제한해야 할 필요와 주어진 시간 동안 흥미를 유지해야 할 필요 사이의 균형을 유지하는 표현을 모색하라.

- 미국의 제2회 전국토론학술대회 권고 사항 중에서

이 밖에도 토론의 형식이나 맥락, 참여자의 전문성, 뒷받침 자료의 이용 가능성, 청중들의 흥미도 등도 함께 고려해야 한다. 토론 논제를 정하는 과정은 토론의 성패를 좌우하는 중대한 도전이다. 너무 모호하게 표현되어 토론자들이 준비할 지침을 충분히 제공하지 못하는 논제와 너무 협소하고 엄격하게 표현되어 토론자들의 창의성을 과도하게 제한하는 논제 사이에서 적절한 균형을 찾아야 한다.

③ 토론 조 구성

학생들은 조 구성 문제로 심리적 갈등을 느끼게 마련이다. 그러나 토론이란 나와 의견이 다른 사람을 설득하는 훈련의 과정이다. 내 마음에 들지 않는 학생을 설득하고 토론 준비를 함께 하는 과정 역시 토론 능력 향상에 큰 도움이 된다. 학과 구성원들의 연령, 성별 등을 고려하여 교수자가 임의로 조정하는 것도 경우에 따라서는 필요하다.

아울러 논제가 정해지고 조원이 구성되면 충분한 논의를 거쳐 찬성과 반대 팀을 정해야 한다. 가장 최선의 방법은 자신의 소신대로 찬성과 반대를 정하는 것이지만 그렇지 않은 선택을 해야 할 경우도 많다. 그렇다고 너무 불안해 할 필요는 없다. 어차피 토론은 주장과 반박의 연속이므로 오히려 자신의 소신에 대해 조목조목 반박해 볼 수 있는 기회를 가질 수도 있다. 토론을 통해 더 유의미한 경험을 할 수 있는 것이다.

④ 논점 분석

오래전 아리스토텔레스는 "스피치를 구성하는 요소는 단 두 가지뿐이다. 바로 주장을 제시하고 그 내용을 증명하는 것이다."라는 말로 토론의 기본 요건을 제시했다. 토론을 잘하려면 우선 논제를 잘 파악하고 찬성과 반대의 입장에서 서로 치열하게 맞대결하는 대립축인 쟁점(爭點, issue)을 찾아 논점을 구축한 후 이를 뒷받침할 수 있는 논거를 찾아야 한다. 이 과정이 아리스토텔레스가 말한 주장의 내용을 증명하는 단계로 토론 준비단계의 핵심이라 할 수 있다. 발언자와 청중 간의 합의, 이 단순한 관계가 토론에서 다뤄지는 모든 문제의 핵심이다. 이 합의를 이끌어내기 위해서는 발언자의 진술이 듣는 이의 마음 속에 어떤 확신을 안겨줘야 하는데 가장 확실하고 적합한 방식은 타당한 근거를 제시하는 것이다. 근거는 신뢰감을 형성하는 중요한 요소이다. 단순한 사실 정보를 나열하거나, 증거 자료를 줄줄 읽거나, 남들의 의견만 잔뜩 제시해서는 청중에게 확신을 주기 어렵다. 근거가 자신이 주장했던 내용과 논리적 연관성 지녀야 비로소 논증(論證, reasoning)이 된다.

일찍이 철학자이자 수사학자이며 논리학자인 스티븐 툴민(Stephen Toulmin)은 1958년 『논변의 사용』(The Uses of Argument) 이라는 저서를 통해 논증의 모형을 제시했다. 툴민의 모형은 주장(C, claims), 자료(D, data), 보장(W, warrants), 보강(B, backings), 한정(Q, qualifier), 반론(R, rebuttals) 6개 요소로 구성되어 있는데 이를 도식화하면 다음과 같다.

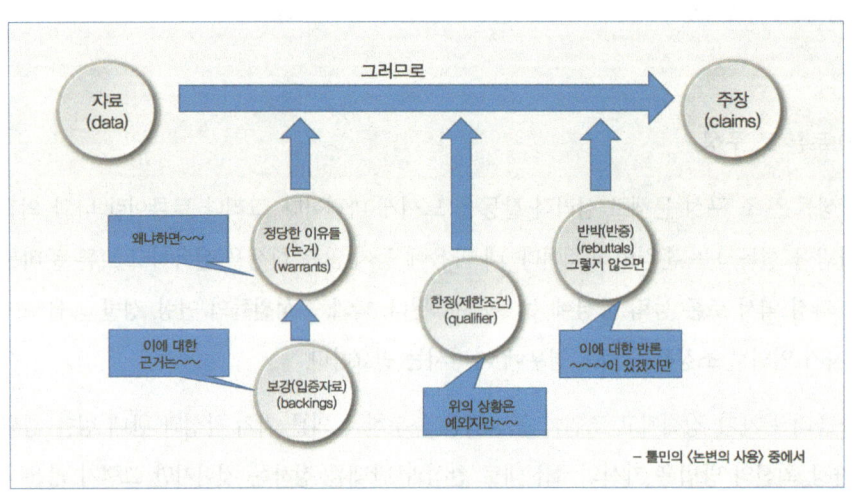

― 툴민의 〈논변의 사용〉 중에서

툴민의 논증모델에서 논증의 요소인 '주장(C)'은 논증에 의해 확립하고자 하는 결론이다. 하지만 뒷받침이 없는 주장은 단언에 불과하며, 설득력도 제한적일 수밖에 없다. 그래서 주장의 토대를 마련하기 위한 증거와 추론 즉 '근거와 자료(D)'를 제시해야 한다. 주장이 튼튼하고 신뢰할 만하다는 사실을 규명하기 위해서는 정당한 이유를 제시해야 한다. 근거자료에는 누구나 동의할 수 있는 이미 확립된 주장, 경험적 관찰, 통계자료, 사례, 사실 등이 있다. 그리고 주장을 끌어내는 기반이 될 수 있는 증거도 제공한다. 근거자료는 구체적이고 충분해야 하며, 주장과 관련성이 깊어야 한다. 마치 요리를 잘하기 위해서는 요리의 목적에 맞는 싱싱하고 풍성한 재료를 갖추어야 하는 것과 같다. 그러나 아무리 좋은 재료를 갖추었다 하더라도 적절한 조리의 순서와 방법에 따라 전혀 다른 맛이 나는 것처럼 주장의 정당성을 입증하기 위해서는 자료를 나열하는 것만으로는 충분하지 않다. 근거 자료와 주장을 연결시켜주는 일반적인 원리나 원칙을 들어서 정당성을 보증해줄 필요가 있다. 이같이 어떤 근거 자료를 바탕으로 어떤 주장을 하는 것이 옳다는 이유를 들어 보증해주는 역할을 담당하는 것이 바로 '보장(논거)(W)'이다. 그러므로 논거는 근거 자료와 주장을 정당하게 연결시켜주는 연결 고리에 해당한다. 논거는 우리 사회에서 통용되는 관습이나 상식, 누구나 인정하는 가치, 검증된 판단이나 축적된 경험, 법률적 규정, 자연의 법칙, 언어적 정의 등 대부분의 사람들이 받아들일 수 있는 개연적인 규준을 말한다.

이상의 논증과정을 더욱 논리적으로 전개하기 위해서는 반박(R)과 한정(Q)에 대해서도 파악하는 것이 좋다. 자신의 주장에 대한 반론은 얼마든지 존재할 수 있으며 자신의 주장이 적용되는 범위가 제한적일 경우, 즉 예외가 존재하는 경우도 있을 수 있음을 명심해야 한다.

툴민은 아래의 예를 통해 자신의 논증모형을 제시했다.

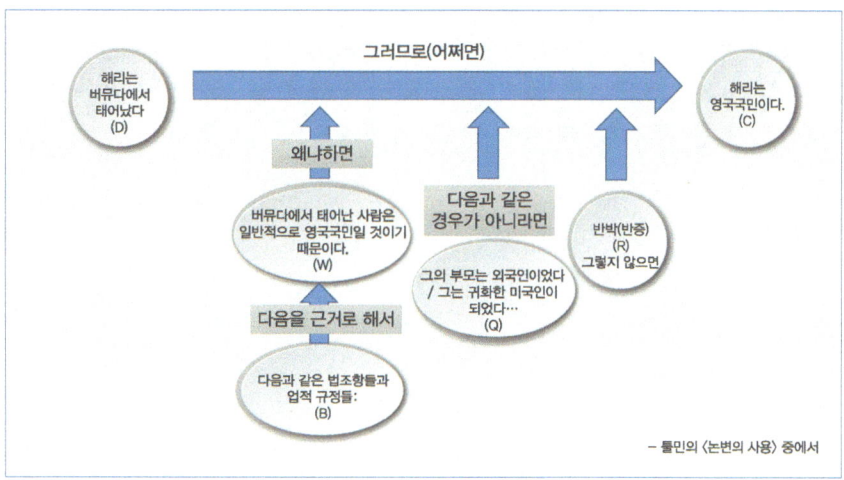

— 툴민의 〈논변의 사용〉 중에서

이 논증모형은 현재를 기준으로 보면 매우 단순한 논리이다. 어떤 사실이나 자료를 바탕으로 주장을 하는데 있어 그에 타당한 근거를 제시해야 한다는 것인데 실제 토론의 과정에서는 이러한 논리가 적절하게 지켜지지 않는 경우가 많다. 무엇보다 기본에 충실해야 한다. 위의 논증모형을 가장 단순하게 표현하면 아래 그림과 같다.

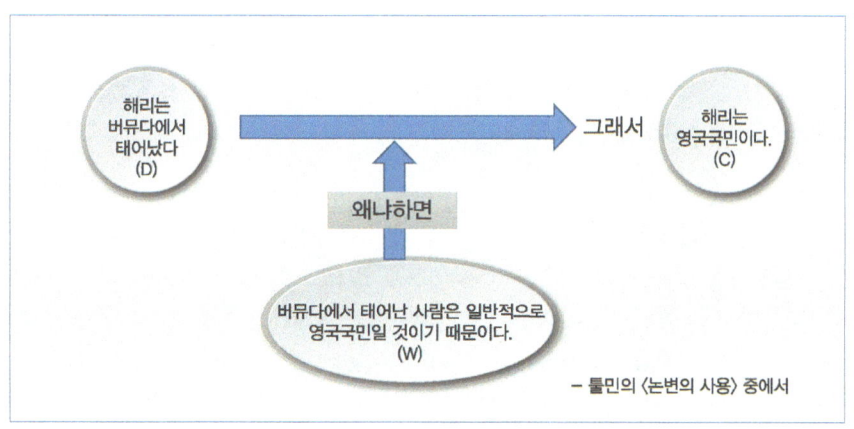

— 툴민의 〈논변의 사용〉 중에서

[증거의 신뢰성 검증]

1) 충분한 증거

토론자들은 논란이 되는 쟁점을 뒷받침할 수 있는 충분한 증거를 제시해야 한다. 논쟁적인 사안의 경우 찬성과 반대 모두 비슷한 수의 믿을 만한 증거를 확보할 것이다. 따라서 토론자들은 상대방의 증거보다 더 설득력 있고 결정적인 증거를 찾고자 노력한다. 하지만 만약 이를 찾을 수 없다면 충분한 증거, 즉 양적으로 우세한 증거를 확보함으로써 토론 판정자들을 설득해야 한다.

2) 명확한 증거

토론자들은 명확한 증거를 제시해야 하며 만약 어떤 증거가 명확하지 않다면 참조 증거를 통해 증거를 명확하게 만들어야 한다. 만약 예를 들어 "다수의 전문가들이 폭력적인 예능 프로그램이 시청자에게 해로운 영향을 미친다는 확실한 증거가 있다는 결론을 내렸다."라는 신문사설의 문구를 증거로 활용했다면 이는 명확한 증거라 하기 어렵다. '폭력'의 의미나 '해로움'의 의미가 지니는 모호성으로 인해 상대방으로부터 공격받기 쉽기 때문이다. 명확하고 일차적(원자료)이며 최신의 증거를 찾아야 한다.

3) 믿을 만한 증거 출처

토론자들은 증거의 출처가 믿을 만한지 확인해야 한다. 자신의 증거 출처가 믿을 수 있다는 것을 증명할 수 있다면 해당 증거에 대한 신뢰성을 높일 수 있다. 하지만 인터넷 상에 존재하는 수많은 정보에서 믿을 만한 정보를 수집하기가 갈수록 어려워지고 있다. 예를 들어 일반적으로 믿을 만한 증거라 여겨지는 여론조사의 경우도 함정이 있을 수 있다. 선거를 앞두고 언론에서는 각종 여론조사 결과를 지속적으로 보도하지만 단순히 결과가 '몇 퍼센트(%)'라는 것에만 집중해서 표본오차나 조사방식, 응답률 등을 언급하지 않고 넘어가는 경우 그 결과를 신뢰하기는 어렵다. 여론조사 결과를 토론의 신뢰할 만한 증거로 채택하기 위해서는 여론조사 실시 기관·표본 집단·응답률·조사시기·조사방법·표본오차율 등이 드러난 자료를 활용하는 것이 좋다.

4) 통계적으로 타당한 증거

토론자들은 때때로 통계 형태로 증거를 이용할 필요가 있다. 그러나 이러한 증거는 꼭 필요할 때에만 도입해야 한다. 대부분의 청중은 구체적인 통계 수치에 흥미가 없고, 통계 자료를 잘 이해하지 못하며, 쉽게 잊어버리기 때문이다. 통계적 증거는 언제나 누군가에 의해 준비되어 있고, 대부분 늘 기록된 증거이며, 전문적이거나 전문적이라 불리는 것이기에 늘 검증의 대상이기에 사용에 주의를 기울여야 한다. 따라서 통계 자료는 정확하게 수집·분류되었는지, 표본 추출은 정확한지, 단위는 정확하게 정의되었는지, 통계에 드러난 변화가 유의한지, 백분율의 기준점은 합리적인지, 질문이 편향되지는 않았는지, 해당 통계가 청중에게 의미가 있는지 등을 고려하여 선택해야 한다.

5) 가장 최신의 증거

오래된 증거가 때로는 최신의 증거보다 가치 있을 때가 있지만 가장 최신의 증거가 최선의 증거일 때가 많다. 상황과 관련된 사실이 변할 수 있거나 특정 문제에 대한 의견이 뒤집히려는 경향이 있다면 구할 수 있는 가장 최신의 정보를 수집하는 것이 좋다. 대부분의 경우 좀 더 최근에 생산된 증거는 최근에 생산됐다는 사실만으로도 충분히 더 오래된 자료를 반박할 수 있다. 토론의 주제가 될 만한 문제들에서는 최신의 증거들이 계속 나타나기 때문에, 토론자들은 가장 최신의 증거를 모아 입론에서 이를 참작하는 것에 특히 주의를 기울여야 한다.

6) 다양한 증거

어떤 주장을 뒷받침 하는 데 증거 하나만으로 충분한 경우는 극히 드물다. 따라서 자신의 주장을 입증할 수 있는 다른 출처나 다른 유형의 증거를 여럿 제시할 수 있다면 토론에서 더 유리한 위치에 설 것이다. 자신의 주장을 입증하는 증거가 다양하고 많을수록 정당성을 주장하는 데 도움이 될 수 있기에 유사한 입증자료를 최대한 확보하는 것이 좋다.

⑤ 토론 준비하기(자료조사 및 토론개요서 작성)

풍부하고 의미 있는 토론이 되기 위해 가장 중요한 것은 풍부한 자료를 찾고 적절한 논거를 확보하는 것이다. 이를 위해서는 충분히 자료조사를 하고 끊임없이 가설을 재구축해야 한다. 자료조사를 적절하게 하기 위해서는 다음의 절차가 필요하다.

- 자료의 선택: 어떤 자료가 토론에 적절한가?
- 자료 찾기 방법: 어떻게 자료를 찾을 것인가?
- 자료의 검증: 이 자료가 타당한 자료인가?
- 누락자료 검토: 누락된 자료는 없는가?
- 자료 정리 기준: 어떤 방법으로 자료를 정리할 것인가?

[자료 수집의 방법]

〈인터넷 검색〉
인터넷은 광범위한 개인, 기업, 조직이 웹 서버라고 불리는 컴퓨터에서 구성하고 저장한 이미지, 텍스트, 비디오, 여타의 자료들을 누적해 모은 것이기에 검색을 통해 나오는 산출물은 방대하다. 가장 손쉽게 활용할 수 있는 매체이고 수집할 수 있는 정보의 범위도 넓다. 하지만 문제는 가치 있는 자료를 효과적으로 찾아서 파악해야 하며, 그 수준을 비판적으로 평가해야 한다는 점이다. 이는 결코 쉽지 않은 일이다. 수집한 정보의 양이 중요한 것이 아니라 자신의 주장을 효과적으로 뒷받침할 수 있는 신뢰할 수 있는 자료를 수집·분석·활용할 수 있는 능력이 더욱 중요하다는 점을 명심해야 한다. 또한 인터넷을 통해 검색한 지식이나 정보만으로는 심도 있는 토론이 불가능하기 때문에 자료 찾기를 위한 일차적인 방법 정도로 생각하는 것이 좋다.

〈문헌 자료 찾기(학술서적, 학술지 논문, 정기간행물 등)〉
문서 자료 수집은 학교 도서관을 이용하여 효율적으로 자료를 열람하는 것이 좋다. 논제와 연관된 검색어를 입력하여 자료의 목록을 확인한 후 책의 머리말을 읽으며 저자의 의도와 관점을 파악하고 목차를 읽고 책에서 다루는 문제와 범위, 전체적 논지를 파악한 후 필요한 정보와 관련된 부분을 찾아 집중적으로 읽는다. 학술서적은 다루는 범위가 넓고 깊이 있기 때문에 논제와 관련된 일반적 지식을 습득하는 탁월한 수단이다. 잡지나 신문 등의 정기간행물 역시 도서관을 활용하여 검색할 수 있다. 정기간행물을 통해 최근에 나온 조사 결과나 통계 자료, 사례 등을 찾을 수 있다. 다만 매체 별로 서로 다른 편집 정책을 가졌다는 것에 주의해야 한다. 논제와 관련된 학술논문을 참고하는 것은 전문가의 깊이 있는 관점과 시각을 접할 수 있다는 장점이 있다. 일정한 심사와 검토를 거친 자료이기 때문에 논제와 관련하여 높은 수준의 신뢰성과 특수성을 담보한다.

〈설문 조사 및 인터뷰〉
해당 논제와 관련된 연구가 부족하거나 최근의 실상을 보여줄 자료가 부실한 경우 직접 설문 조사한 결과물이나 인터뷰한 것을 논거로 활용하는 것이 좋다. 설문 조사나 인터뷰를 할 때에는 누구를 대상으로 무엇에 대해 질문했는지가 가장 중요한 관건이다. 또한 규모와 대상이 문제되기도 한다. 너무 적은 인원일 경우에는 통계자료로서의 가치가 떨어지고, 또 어느 한쪽에 편중된 대상자들을 선정하면 공정성을 가지지 못하기 가능하면 많은 인원을 대상으로 공정한 결과를 취해야 한다. 인터뷰를 할 때에는 사안에 대해 전문적인 지식이나 정보를 갖고 있는 대표성을 지닌 인물을 선택하는 것이 좋다. 결과를 제시할 때에는 반드시 누구를 대상으로 언제 어떤 질문을 했는지 구체적으로 밝혀서 공정성과 신뢰성을 확보하도록 해야 한다.

[자료의 기록과 정리]

⟨자료의 기록⟩

정보의 홍수 속에서 많은 양의 정보를 수집하는 것은 그리 어려운 일이 아니다. 문제는 수집한 정보를 어떻게 정리하고 분석하느냐는 것이다. 1차적으로 수집한 자료를 기록하는 일이 필요한데 이 때 유용한 방법이 토론카드(논거카드)를 작성하는 것이다. 논거 카드란 조사한 자료를 카드로 일목요연하게 정리한 것을 말한다. 논거 카드를 만드는 방법은 아래와 같다.

- 자기 나름의 정리 체계를 세우고 일관성 있게 정리한다.
- 논점별로 카드 색을 구분하여 서로 섞이지 않게 한다.
- 구별하기 쉽게 각 카드에 일련번호를 붙인다.
- 카드에 데이터, 사례, 전문가의 견해 등을 구분하여 붙인다.
- 논거로 활용되는 한 가지 자료는 한 장의 카드에 들어가도록 정리한다.

⟨논거카드의 예⟩

  번호: 논점 1-①

  제목: 연쇄 성폭력범들의 재범률이 높아지고, 흉포화되는 경향

  출처: ○○일보, 2021년 9월 1일 자

  주요내용: 인천 부평경찰서에 구속된 박모씨(41세)는 수도권 일대에서 21회에 걸쳐 강도와 성폭행을 일삼았고, 박씨가 성폭행한 피해자 중에는 ~~~~~~~~~~~

⟨자료의 정리⟩

토론자들은 풍부한 자료를 지니고 있어야 할 뿐 아니라 그 정보를 즉각 사용할 수 있도록 만들어야 한다. 자료를 정리할 때에는 무엇보다 그 범주에 따라 명확히 분류하는 것이 중요하다. 토론을 진행하는 데 있어 필요한 다양한 논증의 범주(상대방의 논증을 포함하여)를 확실히 나누어 독자적인 파일을 만들고 그 파일 안에 앞서 제시한 논거카드를 중심으로 수집한 자료를 정리해야 한다. 수집한 자료들을 빠르게 찾아 즉시 활용할 수 있도록 색인과 번호를 표시하는 것도 좋다.

일반적으로 자료를 정리할 때는 다음과 같은 기준을 따른다.
- 자료를 작성한 저자의 주장을 명확하게 찾아낸다.
- 주장을 지지하는 근거 자료가 무엇인지 찾는다.
- 통계 자료(데이터), 전문가의 견해, 사례 등으로 자료를 구체적으로 분류한다.

문제에 대한 치밀한 탐구는 현명한 주장을 위해 필수적이다. 합리적이고 신중한 사람들은 자신이 무슨 말을 하는지 모르는 것처럼 보이는 토론자들에게 시간을 허비하지 않을 것이고 신뢰하지도 않을 것이다. 정보의 적합한 출처에 대해 철저히 탐구하고, 신중하게 조사를 수행하며, 목적을 가지고 비판적으로 읽고, 정확하게 자료를 기록하고 효율적으로 정리한 토론자들은 책임감 있고 효과적인 주장을 향한 중요한 발걸음을 내디딘 것이다. 오직 잘 준비된 토론자만이 비판적 청중의 관심을 얻어낼 수 있으며, 해당 주제에 대해 충분히 알고 있는 상대방에 맞서 토론을 잘 수행해 합리적 평가자의 의사 결정을 획득할 수 있다.

⑥ 토론개요서 작성

토론 개요서는 여행을 떠나기 전 구체적인 여행 계획을 세우는 과정과 흡사하다 할 수 있다. 토론 개요서를 작성하면 무엇보다 토론의 전략을 체계화할 수 있다. 논리적 흐름에 따라 자료를 분류하고 분석하여 토론의 흐름에 맞게 정리할 수 있다. 상대방의 전략에 대한 대비도 가능하다. 찬반 양쪽의 논점과 논거를 대조하면서 비교하며 정리하기 때문에 상대방의 전략을 예측하고 이에 대비하는 안목이 생긴다.

[토론 개요서의 작성]

〈토론 개요서를 작성하려면〉
- 논점을 일목요연하게 항목화하여 논리적 흐름에 따라 번호를 붙여 정리한다.
- 논점을 받쳐주는 논거를 간략하게 정리하여 전체적인 윤곽이 드러나도록 정리한다.
- 근거 자료 역시 항목화하여 정리하고, 자세한 자료는 논거 카드로 정리한다.

〈토론 개요서 작성 순서〉
먼저 자기 팀의 논점과 논거 정리 ≫ 그에 대해 예상되는 반론과 반론에 대한 대책 마련 ≫ 상대 팀의 논점과 논거 탐색 ≫ 상대 팀의 논점과 논거에 대해 반론할 만한 문제점 분석 ≫ 자기 팀의 논점과 논거에 대한 상대 팀의 반론을 예측하고 이에 대해 대책 수립

〈토론 개요서의 구체적인 내용〉
- 논제에 대한 자기 팀의 입장(또는 찬성과 반대의 대립된 입장이나 관점)을 정한다. 토론 대회를 위해서는 두 가지 입장을 모두 준비해야 한다.
- 자기 팀의 입장에서 입론에 들어갈 전제, 핵심 개념, 논점, 논거 등을 정리한다. 배경상황, 핵심 용어의 개념 규정, 논점과 논거의 나열, 기대 효과의 순서로 구성한다.
- 상대 팀의 입론을 예측하고 위의 순서대로 정리한다. 예측을 하는 것이므로, 실제 토론에서 적중할 수 있도록 자료 조사와 논점 분석 등에서 다각도로 심도 있게 접근한다.

- 자기 팀의 입론에 대한 상대 팀의 반론을 예측하여, 상대 팀의 반론 칸에 적는다. 상대 팀이 자기 팀의 입론에 대해 반박할 내용을 예측하는 것이므로 역시 다각도로 접근해야 한다.
- 상대 팀의 반론에 대한 대책을 바로 아래 자기 팀의 반론 대책 칸에 적는다.

〈토론 개요서의 형식(예시)〉

논제 :

		우리 팀	상대 팀(예측)
입론		1. 논점(주장)	1. 논점(주장)
		2. 논거와 근거 자료	2. 논거와 근거 자료
반론		3. 상대 팀 입론에 대한 반론	3. 우리 팀 입론에 대한 상대 팀의 반론
		4. 상대 팀 반론에 대한 우리 팀의 대책	4. 우리 팀 반론에 대한 상대 팀의 대책

〈토론개요서 – 예시〉

	우리 팀	상대 팀(예측)
입론	1. 논점(주장) ① 체벌은 폭력성을 내재하고 있다. ② 체벌은 지속 효과가 없다. ③ 체벌은 교사와 학생 간의 인격적 관계를 훼손시킨다. ④ 보상 효과를 달성할 수 있는 대안 처벌을 활용해야 한다.	1. 논점(주장) ① 체벌은 교육적 효과가 높다. ② 체벌은 현재와 같은 다인수 학급의 질서 유지에 효과가 높다. ③ 교사는 학급을 바르게 이끌어갈 권한과 의무가 있다.
	2. 논거와 근거 자료 ① 체벌을 가한 후 교사의 심정에 대한 연구 자료 – 후회한다는 부정적 반응. ② 심리학자 스키너Skinner의 조작적 조건화 이론 – 체벌은 일시적인 행동 억제 효과를 지님. ③ 매일신문 인터뷰 – '체벌 중독성의 예.' ④ 대안 처벌의 행동 변화 – 교사, 학부모, 학생 50% 이상 선호도를 보임.	2. 논거와 근거 자료 ① 다인수 학급의 통제 수단이 필요함 – 체벌은 통제 수단의 효과가 높음. ② 효율적인 학교 환경 유지와 다른 학생들에게 간접적 교육 효과가 높음 ③ 체벌은 교사 책임을 수반하는 '권한' – 초·중등 교육법 제18조 1항.
반론	3. 상대 팀 입론에 대한 반론 ① 강압적 통제를 통한 교육은 그리 좋지 않다. ② 체벌은 비행의 결과를 공개적으로 알려주고, 폭력성을 학습하도록 조장한다. ③ 체벌의 효과는 체벌을 가하는 순간에만 존재할 뿐, 지속적이지 못하다. ④ 교사도 사람이기 때문에 객관적 거리 유지가 어렵다.	3. 우리 팀 입론에 대한 상대 팀의 반론 ① 교사와 학생의 위치는 대등하지 않다. ② 체벌은 여러 가지 교육 수단 중 하나일 뿐이다. ③ 체벌의 효과는 즉각적이고, 효율적이라는 점에서 긍정적이다. ④ 체벌은 교사의 권리로 인정받는 부분이다.
	4. 상대 팀 반론에 대한 우리 팀의 대책 ① 학생의 인권을 인정해야 한다. 교권이 학생들의 인권보다 우선시될 수 없다. ② 교육은 교사와 학생 간의 믿음을 바탕으로 이루어져야 하므로, 체벌의 폭력성은 옳은 교육법이 아니다. ③ 학생들은 체벌을 인지적·정서적 측면에서 부정적으로 받아들인다. ④ 의무가 수반되지 않는 권리는 보장되지 못한다.	4. 우리 팀 반론에 대한 상대 팀의 대책 ① 체벌을 통한 질서는 강제적이지만, 학생들을 획일적으로 만드는 질서는 아니다. ② 비행을 학습시키는 것보다 체벌을 활용하여 간접 효과를 높이는 것이 더 교육적이다. ③ 체벌의 즉각적인 효과는 효율적으로 학급을 운영하는 데 있어 경제적이다. ④ 교사는 여러 교육 과정을 거쳤으므로, 체벌이 필요한 적절한 시기와 정도에 대한 판단력과 분별력을 갖추었다.

(2) 실행단계

① 입론(발제, 입장 표명)

입론은 논제에 대해 자기 팀의 입장을 담은 논점(주장)을 펼치는 과정이다. 정해진 논제에 대해 자기의 생각을 말한다는 의미에서 '발제'라고도 한다. 입론에서 편친 논점을 토대로 토론이 진행되기 때문에 자기 팀의 입장을 충분히 포괄해야 한다. 이런 이유로 입론은 '입장표명'이라고도 한다. 보통 입론은 이 토론을 하는 의미가 무엇인지를 설명하며 토론에 참가하는 토론자와 청중들이 해당 논제에 대한 토론의 필요성을 서로 공유하는 과정이라고 할 수 있다.

일반적으로 입론은 다음과 같은 순서대로 전개된다.

가. 논제를 둘러싼 사회적 배경을 말한다.

이 논제가 사회적인 측면에서 많은 사람들의 관심을 받고 있거나 사회적 이슈로 떠오르고 있다는 점을 밝힌다. 이는 이 토론의 가치와 필요성이 충분히 있다는 점을 설명하는 과정이기도 하다. 만약 '체벌, 교육의 수단이다'라는 논제로 토론한다면 먼저 체벌이 왜 지금 사회적으로 문제가 되고 있는지, 체벌 문제를 해결하기 위해 사회적으로 어떤 논의들이 제기되고 있는지 등에 대해 간략하게 말한다. 그럼으로써 상대 팀은 물론 청중에게 체벌 문제에 대한 토론의 필요성을 인식하게 한다. 체벌과 관련된 교육 현장의 모습을 담은 영상이나 국민들의 반응, 체벌 문제를 보도한 뉴스 등을 활용하는 것도 방법이다.

나. 핵심 용어의 개념을 정의한다.

핵심 개념을 정의하는 이유는 핵심적인 단어에 대한 정의 자체가 곧 자기 팀의 입장이나 논점을 받쳐주는 기반이 되기 때문이다. 핵심 개념을 정의해야 할 용어는 대개 논제 안에 담겨 있다. '체벌, 교육의 수단이다'라는 논제에서는 핵심 용어에 해당하는 '체벌'의 개념을 반드시 정의해야 한다. 만약 체벌을 '교육적인 목적으로 신체에 직접적인 고통을 가해 벌하는 것'이라는 개념으로 정의했다면 토론을 진행하는 전 과정에서 이 범주 안에서 토론을 펼쳐야 한다.

토론에서는 찬성 측이 반대 측보다 먼저 발언하기 때문에, 개념 정의 역시 찬성 측이 먼저 제시한다. 그런데 반대 측도 개념 정의를 해야 하는데, 찬성 측의 정의에 동의할 수도 있지만 그에 동의하지 않는다면 반대 측이 정의한 개념을 분명하게 밝혀야 한다. 논점이나 논거가 상대방이 내린 정의의 범주를 벗어날 경우 반박의 대상이 될 수도 있다.

다. 논점을 3~4개 항목으로 정리하여 전개한다. (3의 법칙)

논점은 3~4개 정도를 제시하는 것이 좋다. 논점을 너무 많이 나열하면 내용을 기억하기 어렵고 산만할 뿐 아니라 중복되는 경우도 많아진다. 논점이 많을 때는 비슷한 항목끼리 모아 상위의 층위에서 묶어 3~4개 정도로 정의하는 것이 바람직하다.

각 논거를 제시할 때에는 먼저 논제에 대해 찬성하는 주장을 한 문장으로 간략하게 먼저 말한다. 그러나 바로 이어서 각 논점을 지지해 줄 수 있는 근거 자료를 제시해야 한다. 근거 자료는 주로 그렇게 주장하는 사실과 증거, 통계 자료로 구성된다.

예컨대 '체벌, 교육의 수단'이라는 논제를 가지고 찬성 측이 논거를 열거한다면 "우리는 다음과 같이 세 가지 논거를 들어 체벌은 교육의 수단이라고 주장합니다. 첫째, ~~~~"라고 주장한다. 그런 다음 자신들의 논거들을 뒷받침 할 수 있는 다양한 자료들을 제시한다.

라. 기대효과를 열거한다.

논거에 대한 발언이 끝났으면 입론의 마무리 단계로서 기대효과를 말한다. 논제로 주어진 문제를 해결하기 위해 어떤 노력을 해야 하는지에 대해 언급하면서, 자기 팀이 주장한 바대로 한다면 지금 토론하는 문제를 이러저러하게 해결할 수 있을 것이라는 식으로 내용을 정리한다. 기대효과는 다른 토론자들에게는 물론 청중들에게 자신들이 내세우는 논거에 타당성과 현실성이 있음을 받아들이도록 유도하는 효과가 있다.

② 확인 질문(교차조사, 교차 질문, 상호 질문)

확인질문은 방금 입론이나 반론에서 발언을 마친 사람이 말한 내용을 확인하는 과정이다. 입론에 대해 반론을 펼치거나 또는 반론에 대해 재반론하기 위해 입론이나 반론에서 말한 상대방의 발언 내용에 대해 질문하는 과정이다. 상대방이 말한 바를 조사한다고 하여 '교차 조사' 또는 '교차 질문', '상호 질문', '심문'이라고도 한다.

질문을 답변을 강요하는 힘이 있다. 질문하는 사람이 무엇을 어떻게 묻느냐에 따라 대답하는 내용이 크게 달라진다. 이런 점에서 확인 질문은 상대방의 발언 내용을 단순히 확인하는 수준을 넘어 질문을 통해 토론의 흐름을 주도할 수 있는 중요한 과정이다.

[확인 질문의 내용과 방법]

- 상대팀이 발언한 내용에 대해서만 질문해야 한다. (상대의 주장 경청 필수)
- 상대방이 내세운 논점이나 발언 내용의 허점에 대해 질문한다. (상대의 가장 취약점 선별)
- 논점을 뒷받침하는 논거의 타당성에 대해 질문한다. (논거의 출처, 정확성, 해석의 타당성)
- 발언 내용을 단순히 확인하는 질문은 피한다. (묻고자 하는 목적을 분명하게 드러내야)
- 짜임새 있게 단계별로 질문한다. ('예', '아니오'로 짧게 답할 수 있는 몇 개의 질문으로)
- 일련의 질문은 어떤 결론에 도달해야 한다. (의도가 분명한 질문)
- 질문자는 상대방에게 예의 있는 태도로 질문해야 한다. (상대를 제압하려는 호전적 질문 태도 지양)
- 답변자는 성실하게 답변할 의무가 있다. (질문에 대한 적극적 대응으로 자신의 논지와 연관시켜 답변)

③ 반론

반론은 토론에서 가장 핵심적인 단계이다. 상대방 주장의 허점이나 부족한 점을 지적하고, 왜 잘못되었고 어떤 점에서 오류가 있는지를 밝히는 부분으로 본격적인 토론의 시작점이라고 할 수 있다.

상대방의 주장이 아무리 그럴듯하게 보일지라도 그것이 수학이나 과학에서의 객관적 증명이 아닌 이상 완벽할 수는 없는 법이다. 수학이나 과학에서는 확실한 전제에서 출발하여 필연적인 결론에 도달하지만, 사회 현상이나 현실적인 문제를 다루는 대부분의 토론에서는 있을 법한 개연적인 전제에서 출발하여 개연적인 확실성이라는 결론에 도달할 수 밖에 없다. 따라서 자신의 주장은 물론 상대방의 주장 역시 완벽할 수 없으며 늘 반박이 가능하다는 점을 인정해야 한다. 따라서 자신의 주장이나 의견이 지닌 강점을 바탕으로 상대방의 약점을 비판하는 반론은 토론의 전제이자 본질에 해당한다.

[반론의 내용과 방법]

가. 상대방이 내세운 논점이 논제에서 벗어나지 않았는지 검토한다.
상대방이 내세운 논점은 무엇인지, 논제의 범위를 벗어나지는 않았는지를 검토해야 한다. 만약 상대방이 내세운 논점이 논제에서 벗어났다면 어떤 점에서 어떻게 벗어나고 있는지에 대해 근거를 밝혀야 한다.

나. 상대방의 근거가 타당한지 검토한다.
상대방이 내세운 논점의 근거들에 대해 꼼꼼하게 분석해야 한다. 이를 위해서는 우선 상대방이 제시한 논거들이 논점을 지지할 수 있을 만큼 타당한지, 최신의 전문적인 자료인지를 분석해야 한다. 또한 제시한 자료가 명확하고 정확한지, 자료 안에 내적 모순은 없는지 살펴야 한다. 그리고 제시한 통계 자료(데이터)가 주장을 지지해줄 만큼 충분한지, 조사 시점이 언제이고 그 출처는 분명한지를 따져봐야 한다. 이러한 검토의 내용과 방법은 자신의 주장에 대한 근거를 마련할 때도 똑같이 적용해야 한다.

다. 상대방의 주장이나 근거를 활용하여 반박한다. (되돌려주기)
만약 상대방이 타당한 논거와 풍부한 자료를 바탕으로 자신 있게 주장을 펼치고 있다면, 거꾸로 주장과 근거 사이의 타당성을 검토하여 역으로 반박 자료로 활용할 수 있다. 이를 일명 되돌려주기 'turn round' 라고 한다.

[반론 시 주의할 점]

1) 입론에서 제시하지 않은 논점을 들어 반박해서는 안 된다.

상대방은 물론 자신이 입론에서 제시하지 않은 논점을 새롭게 들고 나와 상대방을 비판하는 도구로 삼아서는 안 된다. 하나의 논점에 대해 논의하다가 갑작스럽게 다른 논점으로 옮겨 가거나 하나의 논점에 대해 충분히 논의하지 못한 상태에서 다른 논점으로 확대하는 것은 질서와 규칙이 엄격하게 적용되는 교육 토론에 비추어 보면 큰 목소리로 자신의 주장만을 격렬하게 내세우고 상대방의 주장에 대해서는 전혀 귀를 기울이지 않는 토론꾼들의 무질서한 경연장으로 보일 수도 있다.

2) 효율적인 반론 전략을 세워야 한다.

상대방의 논점을 모조리 반박하는 것은 무리가 있다. 그렇다고 중요한 점만 다루다보면 상대방의 나머지 주장들은 수용한 듯한 인상을 주어 불리한 토론이 될 수도 있다. 따라서 상대방의 주장 중에 동의할 부분이 있다면 분명한 공유의 자세를 보이되 어떤 부분에서 다소의 차이가 존재하는지 언급하는 것이 필요하다. 만약 상대방의 주장에 수용할 점이 없다면 가장 핵심적인 논점만 공략할 것인지, 아니면 전부 공략할 것인지를 결정해야 한다. 반론이 두 번 있는 토론의 경우, 첫 번째 반론에서는 상대방의 논점 중 가장 취약점을 공략하고 두 번째 반론에서는 첫 번째 반론에서 빠진 내용을 반박하는 것이 효과적이다.

결국, 반론은 자신의 강점을 가지고 상대방의 약점을 반박하려는 태도가 필요하다. 또한 반론을 할 때는 양측이 공유하는 점이나 사소한 대립점에 집착하지 말고, 핵심이 되는 쟁점을 찾아 집중적으로 비판하는 것이 좋다.

[토론의 몇 가지 추론적 오류들]

■ 권위나 힘에의 호소
부적절한 권위에 호소하거나, 어떤 지위나 힘을 이용하여 자신의 주장을 받아들이도록 위협하는 경우
예) 아무리 그렇게 주장해도 소용없습니다. 결국 선생님의 말씀에 따라야 하니까요.

■ 인신공격의 오류
주장과 무관하게 주장하는 사람의 경력, 인품, 직업, 성격 등을 이유로 들어 주장에 문제가 있다고 비판하는 경우
예) 마르크스는 사회주의자이기 때문에 그의 이론에 의거하여 자본주의 사회를 논하는 것은 잘못이다.

■ 대중에의 호소
적절한 근거를 바탕으로 하지 않고 군중심리를 이용하여 주장에 대해 동의를 얻어내려는 오류
예) 동성동본금혼제도를 아직도 채택하고 있는 나라는 세계 어디에도 없을 것입니다.

■ (동정이나 공포 등) 감정에 호소
상대에게 연민이나 동정심을 유발하여 자신의 주장을 받아들이도록 하는 오류
예) 숭례문에 불을 지른 범인의 '자신의 억울함을 한 번이라도 들어주었다면 이런 일은 없을 것'이라는 주장

■ 성급한 일반화
제한되거나 부족한 자료에 근거하여 자신의 주장을 일반화하는 오류
예) 독일과 싱가포르 등의 나라에서도 사교육이 활성화되고 있는 현상으로 미루어 보면, 사교육 열풍은 전 세계적 현상이라 할 수 있다.

■ 논점 일탈
주장과 관련이 없는 근거를 들어서 다른 주장이 되게 만드는 오류
예) 교육의 가치를 입증하기 위해 조기 졸업을 허용하는 이번 조치에 반대합니다.

■ 무지에의 호소
어떤 주장이 거짓이라 밝혀진 것이 없으니 정당하다고 주장하거나, 반대로 주장의 정당성이 증명되지 않았다고 해서 허위라고 비판하는 오류
예) 이 약은 개발된 지 10년이 지났지만, 임상적으로 부작용의 사례가 전혀 없었습니다. 그러므로 이 약은 안전합니다.

■ 잘못된 인과 관계
어떤 사건의 원인이라고 보기에 충분한 근거가 없는 것을 실제적인 원인인 것으로 보고 어떤 주장을 이끌어내는 오류
예) 올해에는 소비가 증가할 것입니다. 선거가 있는 해에는 항상 소비가 증가하였던 것이 통상적인 관례입니다.

■ 선험적 추론
어떤 원칙의 옳고 그름은 사실에 의거하여 판단한다. 그러나 원칙을 먼저 선험적으로 정해 놓고 이를 수용하거나 거부함으로써 판단의 순서가 바뀐 오류
예) 만화는 가장 천박한 책임에 틀림없다. 물론 도서관 대출 목록에 보면 항상 대여 1위를 차지한다. 그러나 바로 그 점이 만화가 가장 천박하다는 증거가 된다. 모두 인정하다시피 정말 좋은 책은 직접 사서 보기 때문이다. 만화는 한 번 보고 말 책이므로 도서관에서 빌려 보는 것이다.

■ 원천 봉쇄
반론의 가능성을 원천적으로 봉쇄하여 자신의 주장이 옳다는 것을 입증하는 오류
예) 중학교 학력고사에 대해 문제 제기를 하는 사람들은 시험 성적이 낮은 학생과 학부모들뿐이다.

■ 흑백 논리
어떤 주장의 근거가 단순히 두 가지 중 하나라고 주장함으로써 범하는 오류
예) 지금 현재 우리 사회에 사교육이 활성화되고 있는 이유는 공교육이 제대로 된 교육을 담당하지 못하고 있기 때문입니다.

④ 최종 발언(마무리 발언)

토론 내용을 간략하게 정리하고, 논제에 대한 자신의 입장을 청중을 향해 다시 한번 선명하게 부각시키는 단계이다. 즉 청중을 향해 마지막으로 자신의 주장을 설득적으로 제시하는 과정이다. 따라서 자신의 입장을 비유나 일화 등을 들어서 청중들에게 강렬한 인상을 남기는 방법을 활용할 수도 있다.

최종 발언의 순서는 다음과 같이 진행하는 것이 좋다.

가. 논제에 대한 자기 팀의 입장과 논점을 간략하게 정리한다.
나. 자기 팀의 논점에 대한 상대 팀의 반박을 간략하게 정리하고, 이에 대해 자기 팀의 전체적인 입장을 밝힌다.
다. 토론 내용을 압축적으로 담을 수 있는 비유나 일화 등을 활용하여 청중을 설득한다.

[토론의 세 가지 원칙]

■ 추정의 원칙
'기존의 믿음이나 가치판단, 정책을 적극적으로 부정하지 않을 경우 그것이 현재 상황에서도 그대로 통용된다고 보는 자동적인 의사결정의 규칙'을 말한다. 현재의 가치관이나 제도, 상황 등에 대한 문제를 제기하는 사람들이 있다면 현재 상황을 선호하는 사람들은 문제를 제기한 사람의 의견을 들어보고 나서 그 의견의 타당성을 따져보려고 할 것이다.

이런 이치에서 토론에서는 현재의 가치관이나 제도, 상황 등에 대해 문제를 제기하는 사람들이 먼저 발언하도록 규칙으로 정해놓고 있다. 그렇기 때문에 찬성 측은 '증명의 의무'가 있고 '반대 측은 '반증의 의무'가 있다.

- **평등의 원칙**

토론에서는 민주주의 원리에 따라 토론 참여자들 모두가 골고루 발언할 수 있도록 발언 시간과 기회를 공평하게 분배하여 규칙과 형식을 만든다. 자유롭게 발언하면 공평하지 않은 게임이 될 가능성이 높기 때문이다. 비록 규칙과 형식이 엄격하게 적용되지 않고 자유롭게 토론을 한다 하더라도 참가자 전원의 공평한 발언권을 인정하는 태도는 민주주의 사회를 살아가는 성숙한 시민이 갖추어야 할 기본 소양이라고 할 수 있다.

- **의사소통의 원칙**

토론은 대화로 문제를 해결하는 의사소통의 방식이므로 참여자들은 의사소통에서 지켜야 할 규칙을 잘 실천해야 한다. 즉 토론자들의 나이나 직책, 성별과 상관없이 예의 바르게 행동하고 정중한 표현을 써야 한다.

이를 위해서는 적절한 속도와 명료한 발음, 충분한 성량으로 발언 내용을 토론에 참여한 모든 사람이 알아들을 수 있도록 말해야 한다. 또한 짧은 문장으로 발언 내용을 선명하게 전달하고 말하는 내용의 핵심 요점을 먼저 말하고, 설명과 근거를 곁들이는 것이 좋다. 그리고 각 단계별 발언의 형식과 규칙을 잘 지켜야 한다. 이를 무시한 채 수단과 방법을 가리지 않고 이기려고만 한다든지, 상대방을 놀리거나 무시하는 태도로 기선을 제압하여 상대방이 제대로 말을 못하게 만든다든지, 인신공격성 발언으로 몰아세우는 등의 비열한 태도는 지양해야 한다.

(3) 마무리 단계

① 청중 질문

토론에 참여하지 않는 학생들은 토론의 내용을 일방적으로 듣기만 하는 소극적 청중이 아니다. 토론 내용에 대해 의문을 가질 수도 있고, 토론자의 주장이나 근거에 대해 반박을 할 수도 있다. 이러한 점을 반영하여 토론이 끝난 다음 청중이 토론자들에게 질문하는 시간을 가질 수 있다. 청중의 질문은 청중의 참여도를 높일 수 있는 효과 외에 토론 실행 과정에서 미처 언급하지 못했거나 놓쳐버린 쟁점에 대해 다시 생각해 볼 수 있는 기회를 제공한다.

② 교수자와 청중의 최종 판결

승패를 가리는 것은 토론 수업에서 동기를 부여하는 가장 큰 역할을 한다. 그러나 단순히 승패를 가리는 것만으로 끝나면 토론 기술을 익히는 수준에서 머무르고 만다. 때에 따라서는 교수자의 심사 결과가 큰 의미를 지니지 못하는 경우도 있다. 이미 학생들이 평가서를 작성하거나 질문하는 과정을 통해 충분히 승패의 판정이 드러나기 때문이다.

하지만 교수자의 적절한 강평은 토론 논제에 대해서 반드시 다루어야 할 중요한 쟁점을 짚어 보고, 토론의 과정을 성찰하는 효과가 있다. 따라서 토론에 참여했던 학생뿐 아니라 청중으로 참여했던 학생들도 교수자의 강평을 잘 듣고 토론의 내용과 자신이 평가한 내용을 비교할 필요가 있다.

토론 평가표 (학생 상호 평가지-예시 1)

- 일 시 : 2021년   월   일
- 논 제 :

평가항목 및 점수		아주 잘함	잘함	보통	부족함	많이 부족함
		5	4	3	2	1
성실성	세부주제(논제)를 분명하게 표현하고 분석했으며 정확한 용어를 사용하였다					
	논제와 관련된 자료 및 사례 조사가 적절했으며 깊이 있고 폭넓은 검토가 이루어졌다.					
논리력	주제에 대한 입장(세부주제)을 분명하게 표현했으며 근거 제시가 적절했다.					
	전제와 결론의 관계가 긴밀하고 결론을 분명하게 진술했다.					
전달력	한국어 구사, 수사법이 뛰어났다.					
	자연스런 표현법을 구사했다.(억양, 말의 속도, 표정, 자세, 원고를 보고 읽지 않기 등)					
독창성	논증의 구성 및 사례 제시가 참신했다.					
	문제 해결 및 대안 제시가 탁월했다.					
태도	발표 및 질의응답과 토론 시간을 준수하고 토론의 규칙을 잘 지켰다. (상대를 존중하고 자유로운 의사 표현을 유도)					
	조원들 간의 역할 분담이 잘 이루어져 조화를 이루었다.					

최종 판정 : (   )팀 승, 총점 :   점

● 토론 평가표 (학생 상호 평가지-예시 2) ●

과 :   이름 :   조 이름 :

논제	
토론자	찬성 팀 -
	반대 팀 -
사회자	

	평가 기준	찬성 팀	반대 팀
공통 항목	언어적 태도(목소리, 속도, 말투 등)의 적절성 토론의 예절과 규칙 준수 여부	각 단계별 평가에서 이를 반영하여 채점함(+1, 0, -1)	
입론	토론의 쟁점을 잘 포착했는가? 논점은 참신했는가? 논거가 적절한가? 논거가 타당한가?	점수: 1 2 3 4 5	점수: 1 2 3 4 5
확인 질문	토론의 쟁점을 분명하게 파악하는 질문을 했나? 상대방의 논리적 허점을 잘 짚었나?	점수: 1 2 3 4 5	점수: 1 2 3 4 5
반론	상대방의 논리적 허점을 잘 지적했나? 반론의 논거는 타당한가? 반론거리를 모두 지적했는가?	점수: 1 2 3 4 5	점수: 1 2 3 4 5
최종 발언	토론의 핵심 쟁점을 잘 정리했는가? 자기 팀의 입장을 효과적으로 부각했는가?	점수: 1 2 3 4 5	점수: 1 2 3 4 5
	합계		
사회자	논제의 의의를 잘 부각했는가? 토론의 규칙과 시간을 잘 지키도록 했는가? 토론의 내용을 잘 요약했는가?	점수: 1 2 3 4 5	점수: 1 2 3 4 5
총 평			

③ 토론 총평

토론이 끝난 후에는 토론 전 과정에 대한 교수자의 총평이 있어야 한다. 토론을 준비하는 과정에서부터 실제 토론을 진행하는 과정까지 잘했던 점과 미비했던 점에 대해 평가한다. 토론의 결과물을 논술문 등의 형식으로 총정리하는 과제를 부여할 수도 있다. 교수자의 총평은 다음 토론을 준비하는 팀들에게 적절한 예비학습의 효과도 거둘 수 있을 것이다.

2) 토론 참여자의 역할은 무엇인가?

(1) 사회자의 역할과 자세

토론 사회자의 역할과 자세는 다음과 같다.

첫째, 사회자는 무엇보다 객관적인 사고와 공정한 태도를 지니고 있어야 하고, 찬성이나 반대 어느 쪽에도 치우치지 않는 중립적인 입장이 되어야 한다. 설사 평소에 어떤 한 쪽의 의견을 가지고 있었다 하더라도, 토론이 진행되는 동안에는 그 생각을 절대로 내비쳐서는 안 된다. 또한 토론은 토론자들의 토론이 되어야지 사회자가 토론자가 되어서는 안 된다. 즉 사회자는 자기 발언을 억제할 수 있는 사람이어야 한다. 다만 청중의 입장에서 명확하지 않은 주장이나 개념에 대한 질문을 청중을 대신해서 할 수도 있다.

둘째, 토론의 논제 및 쟁점을 설명해 주고, 토론이 다른 방향으로 나아가지 않도록 해야 한다. 토론자가 상대방을 무시하는 듯한 발언을 하거나, 논제에서 벗어나는 발언을 했을 때는 이를 지적하고 논제의 범위로 다시 돌아갈 수 있도록 유도해야 한다. 즉 토론이 논점에서 벗어나지 않도록 바로 잡아주는 것도 사회자의 역할이며, 첫 번째 쟁점에 대해 어느 정도 진행되었다 생각되면 두 번째 쟁점으로 넘어가는 것도 토론을 진행하는 사회자의 역할이다.

셋째, 사회자는 논제에 대해 모두 알고 있어야 하는 전문가이거나 달변가일 필요는 없지만, 토론의 흐름을 제대로 잡기 위해 논제를 제대로 파악하고 있어야 한다. 논제에 대해 토론자만큼 알 필요는 없어도, 청중들보다는 많이 알고 있어야 하기 때문에 사회자 또한 토론 전에 논제에 대한 충분한 자료 수집과 분석을 해 둘 필요가 있다. 다룰 필요가 있는 중요한 사안임에도 거론되지 않을 때에는 사회자가 질문을 통해 제시할 수 있다. 또한 토론자의 발언이 정리가 잘 되지 않았을 때나, 잘 알아듣지 못했을 때에는 사회자가 다시 한 번 질문을 하고, 내용을 정리해 준다.

넷째, 토론의 중간 중간 사회자는 청중들에게 토론의 내용을 요약해 주어, 토론의 이해를 도와준다. 토론의 내용을 적절히 요약해 주는 일은 토론이 부드럽게 흐르도록 하는 데 중요한 일이다. 토론의 내용을 요약해 줌으로써 토론자들의 발언 내용도 질서 있게 이루어질 수 있다.

다섯째, 토론에 불이 붙지 않아 토론이 지루하고 늘어진 느낌이 들 때에는 사회자가 적절히 개입해서 토론에 불을 붙이는 '방화범'의 역할을 하고, 토론이 너무 격양되었을 경우에는 사회자가 '소방수'의 역할도 해 주어야 한다. 사회자는 지나치게 적대적인 분위기가 되지 않도록 토론을 이끌어야 한다.

마지막으로 사회자는 토론의 전 과정을 책임지는 사람이기 때문에 시간체크는 물론이고, 발언의 기회도 정해준다. 발언의 기회는 양측에 골고루 주는 것이 무엇보다 중요하며, 발언을 많이 하지 못하는 토론자에게 우선발언의 기회를 주도록 한다. 토론 중간에 청중들에게 질문 기회를 주는 것도 사회자가 선택할 수 있다. 토론 시간이 여유가 있으면 3~4명 정도의 질문을 받을 수 있지만, 그렇지 않은 경우에는 2명 정도의 질문을 받는 것이 적당하다. 이때 한 명이 찬성측에 질문을 했다면, 다른 한 명은 반대측에 질문할 사람으로 선택하도록 한다.

[토론 사회자가 유의할 점]

- 토론 진행을 위한 운영 규칙을 세워라.
- 모든 참가자에게 발언의 기회를 주어라.
- 감정을 사실로 바꾸어 끌어들여라.
- 주제에서 벗어난 발언들을 주제로 바꾸게 하라.
- 시간을 엄격하게 지켜라.
- 어느 편도 들지 말라.
- 비판을 허용하라.
- 인신공격을 저지하라.
- 공통점을 강조하라.
- 끝까지 사회를 포기하지 말라.

(2) 토론자의 역할과 자세

토론의 실질적인 주인공은 토론자이기 때문에 토론자의 역할과 자세는 가장 중요하다. 토론자의 역할과 자세는 다음과 같다.

첫째, 기본적으로 토론자는 토론할 논제에 대해 충분히 숙지하고 있어야한다. 이는 충분한 자료 조사와 분석을 통해서만이 가능하다. 또한 자기 팀의 입장이 어떤 것인지 명확하게 인지하고 있어야 토론이 진행되는 도중 입장이 헷갈리지 않게 된다. 애매모호한 입장을 가지고 있다면, 상대측의 주장이 설득적일 때 그 주장에 휩쓸릴 수 있기 때문이다. 즉 토론자는 양측주장의 대립점을 분명히 알고 있어야 한다. 논증 자료는 통계 자료, 사례 자료 등이 있는데, 이때의 자료는 사실적이고, 신뢰할 만한 자료여야 한다. 토론자는 상대방이 수집한 증거 자료의 정확성과 신뢰성 등을 검증해 보고, 그것이 타당한 것인지 지속적으로 검토해야 한다. 증거 자료를 검증할 때에는 우선 그것이 증거로서 적합한지 검토한 다음, 그 출처가 믿을 만한지 검토하는 방법을 취한다. 검증 방법은 크게 질의 검증과 양의 검증 두 가지가 있다. 질의 검증은 주어진 자료가 사실임을 증명할 수 있는가, 일관성이 있는가, 정확한가, 최근의 자료인가 등을 검토하는 것이며, 양의 검증은 자료가 충분하며 완벽한지를 검토하는 것이다. 그리고 자료를 준비할 때에는 상대측의 주장에 대해서도 자료를 준비해야 한다. 그래야 자기 팀의 주장에 대해 어떤 반박이 나올지 예상할 수 있고, 아울러 그 반박에 대해 또 다른 반박을 준비할 수 있기 때문이다. 반박 대 반박이 이루어져야 진정한 토론의 재미를 느낄 수 있다. 개인 대 개인의 토론이 아닌 팀별 토론이기 때문에 자료 조사에서부터 토론 진행의 계획을 세우는 데 팀원 모두가 공동으로 참여하여야 성공적인 토론을 이끌어 낼 수가 있다.

둘째, 토론자는 토론 규칙을 명확하게 인지하고 또한 꼭 지켜야 한다. 발언권을 독점하려 하지 말고, 발언을 많이 하지 못한 친구에게 양보할 줄도 알아야 한다. 그 뿐만 아니라 사회자의 지시에 따라야 하며, 상대방의 발언에 대해서는 조용히 경청하는 자세도 지녀야 한다. 상대방이 발언을 하는 중이나 자신의 팀원이 발언을 하는 중간에 끼어들어서는 안 되며, 다른 이들의 발언이 끝난 후 사회자에게 발언권을 얻어 발언을 하도록 한다. 주장을 명백히 하려면 서두르지 말고 천천히 또박또박 정확하게 표현해야 한다.

셋째, 상대방의 말을 잘 경청해서 그 말에 논리적인 허점은 없는지, 논거는 적절한지 등을 파악하여 상대방 발언의 부당함을 공격한다. 상대방의 말을 듣는 것과 동시에 다음에 자신이 어떤 논박을 해야 할 지도 머릿속에 그리고 있어야 한다. 논박을 할 때에는 상대방과 청중들이 발언자의 주장이 무엇인지 명확하게 이해할 수 있도록 분명하게 전달해야 하며, 논제와 상관없는 말로 상대방을 인신공격해서는 안 된다.

넷째, 자세를 바로 하는 것도 중요하다. 책상에 기대앉거나 비스듬히 앉기, 의자 흔들기, 다리를 꼬거나 흔들기, 손으로 볼펜 굴리기, 턱을 괴기 등은 청중들에게 거만하거나 경망스러운 인상을 준다. 또한 손가락으로 상대방을 가리키거나, 상대방의 말이 틀렸다는 표현으로 손을 내젓는 행동은 매우 무례한 태도이다. 그리고 공손한 말을 사용하도록 한다. '나'라는 표현보다는 '저'를 사용하고, 제삼자를 지칭할 때는 반드시 직함이나 '씨'를 붙여야 한다. 늘 비격식체의 낮춤말로 대하는 친구들이라서 토론이 진행되다 보면 평소의 말투가 나올 수 있기 때문에 주의를 해야 한다. 공격을 받았을 때에 감정적으로 논박을 하지 않는 것이 좋다. 최대한 감정을 드러내지 않은 채 차분하게 대응해야 신뢰감을 줄 수 있다.

마지막으로 설득 효과를 높이기 위해서는 비언어적인 요소와 반언어적 요소도 중요하다. 비언어란 말 그대로 언어가 아닌 표현 방식으로 몸짓이나, 얼굴 표정, 눈빛, 시선, 자세, 손동작, 옷차림 등을 나타낸다. 주로 몸의 일부 혹은 몸 전체의 반사적 움직임을 통해 드러나게 된다. 반언어는 언어에 부수되는 표현으로 언어적 요소에 덧붙어 실현되는 말의 강세, 말의 속도, 음조, 말투, 성량, 억양, 발음 등을 일컫는다. 언어적 표현이 없는 침묵 또한 언어 외적인 요소에 해당된다. 적절한 비언어적 요소와 반언어적 요소를 사용하면 설득의 효과를 배가시킬 수 있지만, 반대로 적절하지 못한 비언어와 반언어의 사용은 아무리 논쟁의 내용이 좋다고 하더라도 설득력이 떨어질 것이다. 예컨대 너무 작은 목소리, 정확하지 못한 발음, 잦은 췌언 등의 사용은 청중들의 호감을 얻기 어렵다. 반대로 바른 자세로 청중들과 자주 시선을 맞추고, 적절한 속도로 정확하게 발언하는 토론자는 그의 주장이 좀 더 신뢰성 있게 느껴지도록 한다.

[토론자들이 발언을 잘 하지 않는 10가지 이유]

① 주장하기에는 증거가 부족한 경우
② 문제에 관심이 없는 경우
③ 생각을 정리하다 말할 시기를 놓쳐버린 경우
④ 망신이나 당하지 않을까 하는 우려
⑤ 사회자나 의장에 대한 불신감
⑥ 발론을 제기하기 어려운 상황
⑦ 상대에게 밉게 보이지 않으려는 생각
⑧ 조직 내 사정으로 말을 자제하는 경우
⑨ 자신의 발표력이 부족하다는 생각
⑩ 결정하고도 실천하지 않기 때문에 토론이 무의미하다는 생각

(3) 청중 및 판정단의 역할과 자세

소속 학생 모두가 토론자가 될 수는 없기 때문에 대다수의 학생들은 청중의 입장이 된다. 그러나 토론에 참여하지는 않더라도 청중들의 역할은 중요하다.

첫째, 토론의 활기를 띄우거나 토론이 산만하지 않게 하는 데 청중들의 자세가 많은 영향을 끼친다. 토론자들이 토론을 진행하는 동안 잡담 소리가 들린다거나, 청중들이 토론을 집중해서 듣지 않는다는 느낌을 받을 때 토론의 긴장감이 떨어질 수밖에 없다. 그렇기 때문에 토론자뿐만이 아니라, 청중들의 자세 또한 평가의 대상이 되어야 하고, 교사는 이를 학습자에게 인지시켜 준다. 토론이 진행되는 동안 잡담을 한다거나, 토론과 관계없는 행동을 하는 청중이 없는지 교사는 수시로 체크한다.

둘째, 사회자뿐만 아니라 청중들도 감정적이고 주관적인 판단은 배제하고 중립적인 입장에서 토론을 지켜보아야 한다. 자신이 가지고 있었던 생각만을 고집하며 듣지 말고 열린 마음으로

다양한 의견이 있음을 경청한다. 객관적인 입장에서 토론자들의 주장이 논리적인지, 근거는 타당한지, 자료의 출처는 명확한지, 토론자들의 자세는 올바른지 등을 유심히 관찰하며 사실과 의견을 구분해서 듣도록 한다.

셋째, 토론이 진행되는 동안 필기를 하며 듣는 것도 좋은 습관이다. 토론자들의 입론, 교차조사, 반박의 내용을 듣고 타당성과 설득력을 평가한다. 토론을 듣다 자신의 의견과 다르다거나, 궁금한 점이 있을 때는 청중 질문 시간을 이용하도록 한다.

마지막으로 토론이 끝난 후에는 토론자들의 좋았던 점과 부족했던 부분을 피드백해 주고, 다른 청중들과 교사의 피드백을 경청하도록 한다. 청중들은 진지하면서도 신중한 태도를 익혀 둘 필요가 있다.

(4) 토론 진행 시 교수자의 역할

토론 진행에 있어 교수자는 토론의 전 과정을 조율하고 지도하는 역할을 해야 한다. 일반적으로 토론이 논제선정 - 논점 분석 및 자료 수집 - 토론개요서 작성 - 토론하기 - 평가하기의 단계로 진행된다고 할 때 교수자는 이 모든 과정에서 학생들과 수시로 소통하며 구성원 모두의 참여와 적절한 역할분담으로 토론이 성공적으로 이루어질 수 있도록 지도해야 한다.

우선 논제를 선정하는 단계에서 토론의 논제가 교육적 목적에서 시의성, 공공성, 대립성 등과 같은 조건을 충족할 수 있도록 유도하는 것이 좋다. 주의해야할 것은 논제를 선정하는 데 있어서 가능하면 교수자가 중요하다고 생각하는 주제보다는 학생들이 관심을 가지는 주제를 스스로 선택하도록 하는 것이 필요하다는 점이다. 그래야만 학생들이 책임감을 가지고 토론 준비에 더욱 집중하게 되기 때문이다. 만약 학생들이 제시한 주제들 중에 논제로 삼기에 적절하지 않은 것이 있을 때는 교수자가 적절하게 중재 역할을 해서 적합한 논제로 변형시키는 것도 필요하다.

두 번째 단계인 논점 분석에 들어가기 전에 교수자는 학생들에게 토론에 임하는 마음가짐에 대해 미리 주의를 주는 것이 좋다. 논점을 분석하는 단계에서는 특정한 입장이 어떤 잘못된 근거에서 나오지 않았는지를 비판적으로 검토할 수 있어야하기 때문이다. 우리 사회가 아직 토론 문화에 익숙하지 않기 때문에 실제 토론의 과정에서는 수많은 문제들이 드러난다.

그러므로 자신의 주장을 정당화하는데 효과적인 논점을 택하기 위해서, 그리고 토론이 단순한 경쟁이나 말싸움이 아니라 보다 나은 대안을 찾고자 하는 합리적 행위라는 점을 인식하기 위해서 진지한 관심과 성의를 보일 수 있도록 유도해야 한다. 논점이란 논쟁이 내포하고 있는 핵심 쟁점을 말한다. 그리고 논점을 분석한다는 것은 다양하게 얽힌 주장들을 영역별로 구분하고 정리하는 것을 의미한다. 이 단계에서는 무엇보다 분석적인 사고력이 중요하다. 논제에 따라 차이가 있기는 하지만 논점을 단순하고 정확하게 분석하기 위해서는 필요성, 한계, 해결 가능성, 비용, 대안, 절차 준수 등 여섯 가지 물음 가운데 필요한 부분을 단계적으로 제기하고 그에 대한 논거를 찾도록 하는 것이 효과적인데, 이는 자료조사에 걸리는 불필요한 시간과 노력을 줄일 수 있기 때문이다. 이를 위해서는 학생들로 하여금 개별, 혹은 팀별로 논점분석표를 작성하도록 하고, 객관적인 근거를 확보하기 위한 자료조사표에 별도의 목록을 정리하도록 지도하는 것이 유용하다.

논제를 선정하고, 논점을 찾아 분석하고 그에 적합한 자료를 찾아 핵심근거로 삼았다면 이제 이런 작업을 바탕으로 하나의 체계적인 '토론개요서'를 작성하도록 지도한다. 앞서 살펴 본대로 토론개요서는 논점과 근거들을 일목요연하게 제시함으로써 성공적인 토론을 가능하도록 하는 일종의 요점정리라고 할 수 있다. 그러므로 단순히 찾아낸 자료를 모아놓은 것이 아니라 그것을 논리적 맥락에 따라 분류하고 종합하는 것이어야 한다. 그러므로 이 단계에서는 무엇보다 종합적 사고력이 요구되며, 세부 문제들을 체계적으로 종합하는 연습은 실제 토론에서 당황하지 않고 자신감 있는 주장을 펼칠 수 있는 토대가 된다.

따라서 학생들이 작성한 토론개요서에 대해 팀 별로 사전검토의 시간을 갖고, 토론개요서에 해당 팀의 주장과 그 주장을 지지하는 이유가 분명하게 드러나고, 논리적 관계가 적절한지를 세밀하게 검토한 후 적절한 피드 백을 해주어야 한다. 나아가 상대(팀)이 제시할 것으로 예상되는 주요 주장과 그 근거를 예측하여 미리 그에 대한 반론까지 준비하게 함으로써 자신의 입장뿐만 아니라 상대편의 관점까지 다양한 견해를 종합적으로 이해하여 보다 성숙한 토론이 이루어질 수 있도록 지도한다.

본격적인 토론에 들어가서는 토론 시작에 앞서 토론자들 뿐 아니라 판정단의 역할을 하게 될 청중들을 대상으로 다시 한번 주의를 환기시켜야 한다. 또한 학생들로 하여금 실제 토론이 지금까지 훈련한 것을 마무리하는 과정으로 인식할 수 있도록 강조하는 한편 학생들이 지나치게 기술적 측면에만 빠져들지 않도록 유의하여 지도한다. 경우에 따라서는 교수자가 직접 사회자의 역할을 담당하여 토론을 보다 원활하게 이끌 수도 있다.

마지막으로 평가하기의 단계에서는 청중들의 토론평가지를 수합하고 토론에 대한 총평을 한다. 토론에 대한 총평을 할 때에는 어느 한 쪽의 입장을 두둔하여 굳이 판정을 내리기 본다는 찬반 양팀의 잘한 점을 중심으로 토론에 임했던 학생들을 격려하는 것이 좋다. 일반적으로 제대로 된 준비와 규칙을 거쳐 토론을 경험한 학생들은 토론 전에 비해 해당 논제에 대한 보다 성숙한 인식과 태도를 갖게 되는 경우가 많다. 이러한 성과를 논술문 쓰기 등의 후속 활동과 연계해 토론 후 학생들 스스로 자신의 생각을 정리할 수 있는 기회를 주는 것도 효과적이다.

연습 문제

다음의 내용을 참고하여 적절한 논제를 선정해 토론해 봅시다.

[토론 논제의 유형]

▶ 사회적으로 이슈가 되는 문제 중 찬성과 반대의 균형 있는 논거 제시가 가능하고 토론의 흥미를 유발하며 원활한 자료수집과 다양한 사례 제시가 가능한 논제들

- 재난지원금은 전국민을 대상으로 일괄지급해야 한다.
- 흉악범의 신상은 공개해야 한다.
- 통화내용을 녹취하는 것은 인권침해이다.
- 원자력발전소는 폐쇄해야 한다.
- 기본소득제는 도입되어야 한다.
- 빈곤은 개인의 책임이다.
- 종교인도 세금을 납부해야 한다.
- 특목과와 자사고는 폐지해야 한다.
- 문과와 이과는 통합교육을 해야 한다.

▶ 청년들의 생활상과 관련되어 적극적인 관심과 참여를 유도할 수 있는 논제들

- 청년수당 제도는 시행되어야 한다.
- SNS는 인간관계를 풍요롭게 한다.
- 최저임금은 인상해야 한다.
- 양심적 병역거부는 허용되어야 한다.
- 생계형 동거는 허용되어야 한다.

▶ 토론의 전통적 논제들

- 존엄사는 인정되어야 한다.
- 동성결혼은 합법화해야 한다.
- 인터넷 실명제는 재도입되어야 한다.
- 임신중지선택권(낙태)는 허용되어야 한다.
- 사형제는 폐지되어야 한다.
- 간통제는 부활해야 한다.
- 군병역자에 대한 혜택은 유지되어야 한다.
- 교육현장에서의 체벌은 허용되어야 한다.

▶ 기타 학과 전공의 특성과 연관 있는 사회적 문제를 다루는 논제들

4 대화

　대화는 의사소통 중에서 가장 오랜 역사를 가지며, 말하기의 여러 가지 유형 중 가장 흔하게 접하는 방식이다. 하루 일과에 대해 잠시 동안만 돌아보더라도 우리는 많은 사람들과 대화를 나누었다는 것을 깨닫게 될 것이다. 이렇듯 인간은 살아가는 동안 수많은 사람들과 대화를 나누게 된다. 대화는 잘 알고 있는 사람과 이루어질 수도 있고, 잘 모르는 사람들과도 이루어진다. 어느 집단에서 대화를 잘 이끌어 가는 사람은 모든 사람들에게 호의적 관심과 집중을 받게 된다. 그렇기 때문에 사람들은 대화를 잘 할 수 있기를 원한다. 대화는 모든 인간관계의 원천이 되며, 대화를 통해 우리는 그 사람의 인격과 살아온 인생을 더듬어 볼 수 있다.

　우리는 성공적인 의사소통과 넓고 깊은 인간관계를 위해서 대화에 대해 잘 알고, 대화를 잘 하는 방법을 익혀 좋은 대화를 나눌 수 있도록 노력해야 한다. 이 장에서는 대화의 개념을 비롯하여 대화의 구조와 규칙은 무엇인지, 대화의 특성은 무엇인지 대해 알아보자. 그리고 대화의 유형에는 어떤 것이 있는지 알고, 실제 우리의 대화에서 올바른 대화 능력을 지닌 대화자가 되도록 해보자.

1 대화의 특성

1) 대화의 개념

　대화는 생활 속에서 두 명 이상이 서로 마주 대하여 이야기를 주고받는 행위 혹은 그 이야기이다. 대화를 통해 우리는 생각을 표현하고, 감정을 공유하기도 한다. 그래서 단순히 정보를 교류하는 것만이 아니라 다채로운 상호작용을 할 수 있다. 생각해보면 하루도 말을 하지 않고 살아가기는 어렵다. 대화는 사람으로 하여금 정보를 생산하고, 수용하게 하는 통로가 되기도 하며, 대인 관계를 유지하고, 발전시키면서 살아가게 한다. 결국 대화는 우리들의 생활을 구성하는 핵심적인 행위라고 볼 수 있다.

　대화의 범위는 굉장히 광범위하다. 대화 참여자의 인원이나 특성이 정해져있지 않고, 대화 내용의 범위도 정해진 것이 없어 사적인 수다에서부터 공적인 대담을 하는 것에 이르기까지 다양한 형태의 언어 활동을 포함한다. 그리고 대화는 발표, 토의, 토론 등의 말하기에 비해 형식이 자유로워 말하는 사람과 듣는 사람이 역할을 자유롭게 바꾸어 가며 언어적 상호작용을 할 수 있다.

> 의미가 있는 대화도 좋고, 의미가 없는 대화도 좋고,
> 심도 있고 깊은 대화도 좋고, 아무 생각 없이 하는 대화도 좋고,
> 대화를 하고 싶을 때 하는 대화도 좋고, 하기 싫을 때 하는 대화도 좋고,
> 나랑 잘 맞는 사람이랑 하는 대화도 좋고, 나랑 잘 맞지 않는 사람이랑 하는 대화도 좋다.
>
> 처음 만난 사람과 하는 대화도 좋고, 오랜 친구들과 다음날 기억나지 않을 대화를 나누는 것도 좋고,
> 격식 있는 대화도 좋고, 반 이상이 욕인 대화도 좋고,
> 눈을 마주치는 대화도 좋고, 눈을 피하며 하는 대화도 좋고,
> 수줍은 대화도 좋고, 건방진 대화도 좋다.
>
> 난생처음 보는 특이한 사람과 하는 대화도 좋고, 늘 보는 것 같은 평범한 사람과 하는 대화도 좋다.
> 커피를 마시면서 하는 대화도 좋고, 강요받지 않는다면 술을 마시면서 하는 대화도 좋다.
>
> 오랫동안 앉아서 하는 대화도 좋고, 잠깐 스쳐가듯 지나가는 대화도 좋고,
> 다른 사람과 하는 대화도 좋고, 가끔은 혼자 자신과 대화하는 것도 좋다.
>
> 　　　　　　　　　　　　　　　　　　　　　　　　　　- 지상철, 특별하지 않은 너를 위해 중에서

　위의 인용문은 학술적으로 대화에 대해 설명한 글은 아니지만 여기에서는 실제로 우리가 일상생활 속에서 하게 되는 대화의 형식, 내용, 대화를 하는 상황 등에 대한 모든 것을 보여주고 있다. 인용문에서처럼 우리는 일상적으로, 특별한 의미가 없이도 대화를 한다. 그러나 이러한 대화를 제대로 하지 못해 어려움을 겪는 사람들이 많다. 현대사회는 소통이 강조되고 있는 시대

이기 때문에 대화의 방식과 형식이 다양해지고 있지만 여전히 다른 사람과의 대화에 참여하지 못하고 힘들어하는 사람들이 많아지고 있다. 어떻게 하면 대화를 잘 할 수 있을까? 자신의 생각을 자유롭게 이야기하면 대화는 잘 하는 것일까? 이제는 대화의 구조를 알아보고 어떻게 하면 대화의 틀을 잘 구성할 수 있는지 알아보도록 하자.

> **연습 문제**
>
> 내가 하는 대화는 주로 어떤 목적으로, 어떤 상황에서, 누구와, 얼마만큼 하는지 자신의 대화를 분석해 보자.

2) 대화의 구조

대화의 개념이나 범위에서 알 수 있듯이 대화는 형식에 얽매이지 않아 자유롭게 할 수 있는 의사소통 행위이다. 하지만 그렇다고 해서 구조가 없는 것은 아니다. 대화에도 기본적인 구조의 틀이 있어 대화를 시작하고, 이어가고, 끝맺는 것에 대한 규칙이 존재한다. 토의나 토론은 사회자와 참여자, 청중이 나뉘어 각각의 고정된 역할을 수행하며, 대체로 고정된 순서에 따라 진행된다. 그러나 대화에 참여하는 참여자들의 역할은 고정되어 있지 않고, 말하는 사람이 듣는 사람이 되기도 하고, 다시 듣는 사람이 말하는 사람이 되기도 한다. 자연스럽게 화자와 청자가 자신의 순서를 교대하며 대화를 이어나가게 된다.

대화는 아래의 그림과 같이 크게 세 부분으로 나누어 진행할 수 있다.

시작부는 대화를 처음 시작하는 부분이다. 대화를 시작할 때에는 말하고자 하는 사람이 대화를 시작하려는 신호를 보내며 듣는 사람의 주의를 끌어야 한다. 이때에는 상대방의 이름을 부르거나 인사를 하고, 이야기할 소재를 꺼내게 된다. 대화를 시작하고 나서 대화를 이어나가는 것도 중요하지만 자연스럽게 대화를 시작하는 것 역시 중요하다. 우리의 경험을 떠올려 보면 대화의 시작이 어색한 경우 대화의 어려움을 겪게 된다. 따라서 상대를 파악하고, 상황에 맞는 적절한 인사말 등을 통해 대화의 통로를 열어야 한다.

중심부는 시작부에 이어 본격적으로 대화가 이루어지는 부분이다. 중심부는 목적을 가지고 목적을 달성하기 위한 내용을 주고받는 과정이기 때문에 시작부나 종결부에 비하여 길이가 길다. 중심부에서는 시작부에서 언급한 이야기의 소재와 관련된 내용으로 대화가 펼쳐지게 되는데 이때 화제와 관련성이 없는 대화가 이루어진다면 대화의 결속력이 지속될 수 없다. 그렇기 때문에 대화의 내용과 관련 있는 이야기를 할 필요가 있다. 만약 하나의 화제에 대해 충분히 이야기를 나누었다면, 다른 화제로 전환할 수 있다. 다른 화제로 전환할 때에는 표지를 활용하여 화제의 전환을 알려야 한다.

종결부는 대화를 끝내는 단계이다. 대화를 끝내는 단계에서는 너무 급하게 마무리하거나, 이야기를 너무 길게 끌어 지루해지지 않도록 해야 한다. 그리고 대화에 참여하는 참여자가 모두 대화를 종결할 의사가 있는지 확인해야 한다. 대화를 처음 시작한 사람이 내용을 정리하는 것이 일반적인 대화 종결의 형태이다.

연습 문제

1. 초등학교 동창인 친구를 오랜만에 만났다면, 어떤 내용으로 대화를 시작하는 것이 좋을지 말해 보자.

2. 짝꿍과 하나의 화제를 선택하여 대화의 구조에 맞추어 말해 본 후, 다음 평가 기준에 따라 대화를 평가해 보자.

평가 항목	평가				
	5	4	3	2	1
대화 시작을 자연스럽게 하는가?					
대화를 자연스럽게 펼쳐 가는가?					
대화를 자연스럽게 종결 하는가?					

2 대화의 요소

1) 대화의 상대

　대화가 이루어지기 위해서는 대화의 상대, 대화할 화제, 그리고 대화의 맥락이 필요하다. 대화의 상대는 대화에 있어 매우 중요한 요소이다. 아무리 좋은 대화의 내용이 있다고 하더라도 상대가 없으면 대화가 성립될 수 없다. 대화의 상대는 대부분 친밀한 관계에 있는 경우가 많고, 공식적인 목적을 가지고 만나는 관계도 있을 수 있다.

　대화 상대는 이렇게 친소 관계에 따라 나뉘기도 하고, 성별에 따라 나뉘기도 하며, 관심이나 성향의 차이에 따라 나뉘기도 한다. 특성에 따라 나뉘는 대화 상대를 파악하는 것이 중요한 이유는 대화 상대에 따라 대화의 내용이 바뀌어야하기 때문이다. 예를 들어, 처음 본 사람과 대화를 할 경우에는 먼저 말하는 사람이나 말할 내용에 긍정적인 인상을 심어주는 것이 중요하다. 그리고 상대가 처한 관심사를 존중하여 적절한 화제를 선택할 수 있도록 해야 한다.

　대화가 시작된 다음에는 대화에 참여한 사람들이 같은 비중을 가지고 대화에 참여해야 한다. 상대방의 의도를 정확하게 파악하고 적극적인 피드백을 해주어야 대화에 참여하는 참여자가 자신의 생각이나 느낌을 분명하게 표현할 수 있다.

2) 대화의 화제

　대화의 화제를 적절하게 선택하는 것은 원만한 대화를 위한 필수적인 요소이다. 대화의 내용과 구조는 대화를 통해 이루어지는 의사소통에 큰 영향을 미친다. 화제를 선택할 때에는 상대방의 성격이나 요구, 출생지, 직업 등을 고려해야 한다. 대상에 상관없이 일반적으로 사용할 수 있는 화제는 날씨, 뉴스, 생활 등 삶과 친숙한 화제들이다. 이것은 친소 관계나 성격 등에 관계없이 유용하게 사용할 수 있다.

　반면 대화에서 피해야할 화제로는 자신만 관심 있어 하거나 아는 정보, 다른 사람에 대한 험담, 상반된 종교나 정치 문제 등을 들 수 있다. 자신만 관심 있어 하는 정보는 대화 상대자가 흥미가 없기 때문에 집중할 수 없고, 자신만 아는 정보로만 대화하면 자칫 잘난 척하는 것처럼 보일 수 있어 좋지 않은 인상을 줄 수 있다. 또한 다른 사람에 대한 험담을 하는 것 역시 말하는 사람을 좋지 않게 평가하게 한다. 상반된 입장을 말하는 것은 감정을 다치게 할 수 있기 때문에 굳이 이러한 화제로 이야기해야 하는 경우가 아니라면 피할 필요가 있다.

3) 대화의 맥락

대화의 맥락은 내적인 맥락과 외적인 맥락으로 나누어볼 수 있다. 내적인 맥락은 대화에서 이루어지고 있는 메시지의 내용과 관련된 것이다. 두 사람이 대화를 하고 있던 중에 이미 한 이야기인데도 계속해서 다시 물어본다면 대화가 잘 이루어졌다고 보기 어렵다. 혹은 앞의 대화와 이어지지 않는 엉뚱한 이야기를 해도 대화는 성공적이었다고 판단할 수 없다. 이렇듯 대화에서는 앞에서 무슨 대화를 나누었는지가 뒤에 나올 대화 내용에 영향을 미치게 된다. 이것은 대화의 내적인 맥락으로 볼 수 있다.

또한 대화에는 외적인 맥락이 있다. 대화의 외적 맥락에는 시간적 맥락, 공간적 맥락, 사회·문화적 맥락이 있다. 예를 들어 아침에 친구와 만나서 하는 대화인지, 일과를 마치고 저녁에 만나서 하는 대화인지에 따라 대화는 달라질 수 있다. 또한 인사를 건네는 경우라도 조문을 가서 해서는 안 되는 말이 있어서 때와 장소에 따라 적절한 대화를 이어가는 것이 중요하다.

연습 문제

다음의 대화를 보고, 대화의 요소 중 무엇이 가장 큰 문제가 되는지 말해 보자.

> 문상객: 안녕하세요?
> 상주: ……. 바쁘실 텐데 이렇게 와주셔서 감사합니다.
> 문상객: 당연히 와야죠. 요즘 어떻게 지내고 계세요? 잘 지내고 계시죠?
> 상주: ……. 아, 네.
> 문상객: 어머님은 왜 돌아가신 거예요?
> 상주: ……. 아, 차차 말씀드리도록 하겠습니다.

3 대화의 방법

우리가 대화할 때를 떠올려 보자. 특별한 목적이 없다고 생각하고 대화를 시작하게 되는 경우도 있지만 우리의 대화 내용을 살펴보면 대부분 목적을 가지고 있다. 친구와 무료한 시간을 보내기 위해 하는 대화도 생각해 보면 그 대화의 내용은 친교적인 관계를 형성하거나 관계를 유지하기 위함이다. 또한 우리는 대화를 통해 지식이나 정보를 전달하기도 하고, 다른 사람을 설득시키기도 하며, 갈등을 해소하고, 원만한 인간관계를 맺기도 한다. 대화는 목적에 따라 다양하게 나눌 수 있다.

대화의 광범위한 목적을 조금 더 세분하여 살펴보기 위해서는 대화가 일어나는 각각의 상황을 고려해 볼 수 있다. 여기에서는 일상적으로 이루어지는 대화 상황을 중심으로 각각의 유형을 나누어 보고자 한다. 우리가 다른 사람과 대화를 하다 보면 상대가 잘한 점을 칭찬해야 하는 경우도 있고, 때로는 질책을 하게 되는 경우도 생긴다. 또한 어려운 일을 부탁하거나 부득이하게 거절을 하게 되는 경우도 있다. 이 외에도 상실감에 빠진 친구를 격려하고 위로하는 것도 대화를 통해 가능하다. 우리는 이런 상황들을 하루 중에도 여러 번 마주할 수 있다. 지금부터는 이런 상황들에서 어떻게 하면 상대방에게 호감을 주거나 상대를 움직일 수 있을지 알아보자.

1) 칭찬하기

상대방의 행동이나 태도에 대해 칭찬하는 것은 분위기를 즐겁게 만들어 주며 생활에 활력을 준다. 무슨 일을 했을 때 칭찬을 통해 기분이 좋아진 경험이 있을 것이다. 이렇게 일상 대화에서 칭찬하는 말을 주고받는 것은 풍요로운 삶을 가능하게 하는 것임에도 불구하고, 우리 사회에는 칭찬하는 문화가 잘 형성되어 있지 않다. 다른 사람과 비교하여 외적으로 뛰어난 성과를 보였을 때만 칭찬하며 칭찬을 인색하게 할 것이 아니라 상대방이 사소한 일을 했더라도 칭찬받을 만한 가치가 있는 것일 경우 지체 없이 칭찬하는 것이 좋다.

'칭찬은 고래도 춤추게 만든다'라는 말은 대화에서 칭찬이 얼마나 중요한지 단적으로 표현한 말이다. 물론 칭찬 받을 만한 일을 하지 않은 경우 부적절하게 칭찬을 하면 오히려 상대방에게 불쾌감을 주거나 상대방이 자만에 빠지게 만들 가능성이 높기 때문에 주의해야 한다. 하지만 진심을 담아 밝은 표정으로 적절한 때에 적당한 방법으로 하는 칭찬은 자신이 할 일을 더욱 열심히 하게 하는 원동력이 된다. 따라서 상대방의 좋은 행동과 태도에 긍정적인 보상이 될 수 있도록 솔직한 마음을 담아 칭찬하도록 해야 한다.

2) 질책하기

　상대방과 긍정적인 평가를 주고받고자 하는 것은 인간의 공통적인 욕망이지만 인간은 완벽하지 않기 때문에 단점이나 잘못은 누구에게나 있다. 다른 사람들과 공동으로 생활하다 보면, 나의 단점을 지적받기도 하고, 다른 사람의 잘못을 지적하게 되기도 한다. 이렇게 잘못한 일에 대한 질책을 주고받는 당시에는 자칫 불쾌하고, 서운한 감정이 생겨 인간관계에 좋지 않은 영향을 줄 수 있다. 따라서 상대의 실수를 지적할 때에는 먼저 실수를 하거나 잘못한 사람의 사정을 들어 주고, 그 후에 필요한 경우 간단하고 명료하게 냉철한 판단을 통해 잘못된 부분에 대해서만 말해야 한다. 그래서 자신이 질책하는 것이 상대방을 위한 관심이라는 것을 느끼게 해야 한다. 그래야만 상대방도 질책에 대해 반감을 갖기보다는 자신의 실수를 반성하고, 오히려 자신의 발전을 위한 평가로 생각하여 긍정적으로 생각할 수 있다.

　또한 질책을 할 때에는 말하는 사람의 감정도 상해있는 경우가 많기 때문에 감정을 가라앉히고, 남이 없는 데서 일 대 일로 상대의 자존심을 존중해 주며 말해야 한다. 그리고 잘못을 한 사람에게 도움이 될 수 있도록 고사나 일화, 경험 등의 사례를 이용하여 개선 방법을 함께 말해 주는 것이 좋다. 무조건 상대방의 잘못을 나열하는 것보다는 상대방의 성향을 잘 평가하여 대화의 내용이 상처가 되지 않고, 객관적이고 합리적으로 잘못 여부를 수용할 수 있도록 해야 한다.

3) 부탁하기

　우리는 지금까지 살면서 다른 사람에게 무엇인가를 도와 달라고 하거나, 빌려 달라고 하는 경우가 있었을 것이다. 그리고 앞으로도 상대에게 어느 정도의 수고로움이나 약간의 손해를 끼치며 부탁하게 되는 경우는 생길 수 있다. 이 때 우리가 상대방에게 긍정적인 답을 듣기 위해서는 상대방의 마음을 움직여야 한다. 그렇기 때문에 부탁은 넓은 의미에서 설득에 속하는 대화이다.

　이 때 우리의 부탁을 받는 상대방은 부담을 느낄 수 있는데 이를 줄이기 위해 세심하게 주의를 기울여야 할 필요가 있다. 부탁을 할 때에는 가까운 관계에 있는 사람이라 하더라도 정중한 자세로 신뢰감을 주어 말을 꺼내는 것이 필요하다. 부탁은 나의 문제를 해결하기 위해 상대방에게 도움을 받는 것이기 때문에 상대방에 대한 배려가 더 많이 필요하다. 간단명료하게 말하여 상대방의 시간을 허비하지 않도록 하되, 완곡하게 표현하여 자신의 간곡한 의미가 잘 전달될 수 있도록 해야 한다.

4) 거절하기

살다 보면 상대가 부탁을 한 경우에 부득이한 상황에서 이를 거절할 수밖에 없는 경우가 생기기도 한다. 이럴 경우에는 상대가 부탁을 거절 받았다는 상처를 갖지 않고, 관계도 유지하기 위해 유의해야 한다. 먼저, 자신이 거절할 수밖에 없는 이유를 알려주어 상대가 납득할 수 있도록 해야 한다. 그리고 미안한 뜻을 담아 부드러운 어조로 예의를 갖추어 거절하고 다음에 기회가 되면 도와줄 것을 약속하며 거절하면 더욱 좋다.

예를 들어 자격증 시험이 얼마 남지 않아 공부를 해야 하는 바쁜 상황에서 친구가 자신의 과제를 수집해야 하는 일을 도와달라고 부탁하는 상황이라면 친구의 어려운 상황을 헤아리며 자신의 시간적인 여유를 확인한다. 그래도 도울 수 없는 상황이라면 자신의 입장을 구체적으로 밝히고, 미안하다는 말과 함께 자격증 시험이 끝난 이후에도 도움이 필요한 상황이라면 돕겠다고 말하며 거절의 뜻을 전하는 것이 좋다.

5) 위로하기

힘든 일을 겪거나 의욕을 상실하고, 절망적인 상황에 처해있는 상대방을 만난 경험이 있는가? 만약 이런 상황을 직접 경험한 적이 있다면 상대방의 소식을 접하게 된 나도 큰 충격을 받았을 것이다. 그런데 이럴 때 어떠한 말을 해 줄지 몰라서 더욱 난감하게 되는 경우도 있다.

괴롭거나 힘든 처지에 빠진 상대방에게 위로하는 말을 해야 하는 경우에는 우선 상대방의 처지를 확인하고 이해하는 것이 먼저 이루어져야 한다. 자칫 상황을 잘 파악하지 못한 상태에서 섣부른 해결책을 제시하며 위로하는 것은 오히려 상대방에게 더 큰 상처를 주게 되는 실수를 하는 것일 수 있다. 상대방이 절망적 상황에 빠지게 된 원인을 분석하여 대책을 마련해 주는 것도 필요하기는 하지만 자신이 아는 범위에서만 뛰어난 말솜씨를 가지고 겉만 번지르르하게 위로를 하는 것은 상대방의 괴로움을 덜어줄 수 없다. 따라서 완벽하게 위로해야 한다는 부담을 버리고, 오히려 내가 할 수 있는 범위에서 노력하면서 위로하는 모습을 보이는 것이 좋다. 고통스러운 처지에 있는 상대방은 자신에게 공감하고 이해해 주는 느낌을 받는 것으로도 힘든 마음에 대한 위로를 받을 수 있기 때문에 위로를 잘 해야 한다는 부담감 보다는 진정성 있게 자신의 마음을 전달하는 것이 좋다.

연습 문제

1. 다음의 대화가 왜 잘못되었는지 생각해 보고, 잘못된 부분을 수정해서 대화를 다시 구성해 보자.

> 남자: 너 왜 전화 안 받아?
> 여자: 전화 왔었는지 몰랐는데?
> 남자: 니가 전화 안 받은 것 때문에 싸운 게 한두 번이야?
> 여자: 진동으로 하고 가방에 두어서 몰랐던 건데 왜 화를 내고 그래?
> 남자: 몇 번이나 말했는데 왜 같은 이유로 사람을 짜증나게 하는 거야!
> 여자: 야, 니가 그렇게 말하니까 니 전화는 더 받기 싫어진다.
> 남자: 그래, 니 맘대로 해라!

2. 주어진 과제가 너무 어려워 스스로 하지 못하겠다고 판단될 때 도움을 청해야 하는 경우가 있다. 그리고 피치 못할 사정으로 인해 도움을 줄 수 없는 경우도 있다. 이럴 때 어떻게 부탁을 해야 하고, 어떻게 거절할 수 있을지 모두의 상황을 상상하여 부탁과 거절의 대화를 구성해 보자.

5 면접

대학 입시 면접, 아르바이트 면접, 취업 면접, 군 입대 면접 심지어는 유치원이나 초등학교에도 면접이 있다. 나를 뽑아달라고 누군가에게 강하게 외쳐야만 하는 자리. 누군가에게 잘 보여야만 해야 할 것 같은 자리. 최선을 다해야만 할 것 같은 자리. 부담스러운 자리. 그래서 가고 싶지 않은 자리. 그런데도 꼭 가야만 하는 자리가 바로 면접장이 아닐까 싶다. 면접은 우리가 사회생활을 하면서 피할 수 없는 자리다. 누군가에게 나를 알리는 자리기도 하고, 누군가를 알게 되는 자리기도 하다.

위기이면서도 기회인 면접은 내가 가진 장점을 잘 알려야 하는 자리이기도 하지만, 면접자인 상대방을 배려해야 하는 자리기도 하다. 상대방이 원하는 것이 무엇인지를 숙고하고, 상대방이 나에게서 원하는 것이 무엇인지를 제시하는 가운데 일어나는 교섭적인 행위로써 면접은 채용이나 고용, 낙찰이나 수락과 같은 공동의 이익을 위한 필수적인 사회적 의사소통이다.

면접의 기회를 얻는다는 것은 새로운 기회를 얻을 가능성이 커졌음을 뜻한다. 면접이 잘 이루어지면 어떻게 하는지를 우려하는 마음의 배경에는 그만큼 면접에 거는 기대가 큼을 말하는 것이기도 하다. 면접에 임하는 우리의 진지한 태도는 면접을 통해서 거두고자 하는 우리의 미래의 성과와도 큰 연관이 있다. 그러면, 어떤 자세와 준비를 통해서 면접에 임해야 하는지 다음 글을 보면서 알아보도록 하자.

1 면접이란 무엇인가

　면접은 특별한 목적을 가진 공식적인 대화로 일상적인 대화와는 다르다. 자연스러운 만남에서 일어나는 일상적 대화와는 달리 면접은 통제된 상황 속에서 두 대화 주체의 목적을 효과적으로 달성하기 위한 목적적인 대화다. 영어로는 Interview로 쓰는 면접의 경우 그 말뜻처럼 서로의 목적을 위해 대면한 상황에서 질의응답을 통해 서로의 의중과 역량을 알아보는 사회적 의사소통이다. 이 과정에서 서로에 대한 정보를 주고받거나 피면접자에 대한 평가가 이루어진다.

　면접은 대화 방식에 따라 단독 면접과 개별 면접, 집단 면접, 프레젠테이션 면접 등으로 나뉘며, 목적에 따라서는 정보 수집을 위한 면접, 상담을 위한 면접, 설득을 위한 면접, 평가를 위한 면접으로 나눌 수 있다. 단독 면접은 일대일 상황에서 면접이 진행되며, 개별 면접의 경우 일대다의 상황에서 한 명의 피면접자를 두고 여러 명의 면접자가 질의를 이어간다. 한편, 집단 면접의 경우 여러 명의 피면접자를 대상으로 동시에 피면접자의 특성을 비교하여 평가하거나 하나의 사안에 대한 입체적인 정보를 얻기 위해 진행된다. 프레젠테이션 면접은 자료를 활용하여 여러 명의 면접자 앞에서 프로젝트에 대한 기획과 관리·운영에 대해 발표하고 질문하고 답하는 면접 방식으로 이루어진다.

　대학생의 면접은 학문 활동을 위해 정보 수집을 위한 면접이 많이 이루어지며, 대학 생활 중 심리 상담을 위해 이루어지는 면접도 빈번히 이뤄지게 된다. 한편, 취업과 진로 시점에서는 평가를 위한 면접을 준비하게 된다. 특히 평가를 위한 면접에서는 지필평가로는 판단할 수 없는 피면접자의 정의적 특성을 알아보고, 사고방식과 습관, 행동 양식이 면접자의 요구에 얼마나 부합하는지를 보완하기 위한 질의응답이 많이 행해진다. 이 글에서는 평가를 위한 면접을 중심으로 이야기를 전개하고자 한다.

2. 나는 어떤 면접자인가?

공식적인 대화에서의 말하기는 일상생활에서 자신이 갖고 있던 배경지식과 삶의 환경, 습관과 행동에 영향을 받는다. 이 때문에 면접은 준비할 수 있는 대화이기도 하지만 면접의 질문에 따라서는 준비할 수 없는 대화이기도 하다. 이러한 경험들은 대학생 대부분이 갖고 있다. 대학 입학 당시 학생생활기록부와 자기소개서를 바탕으로 준비를 열심히 했지만, 막상 면접장에 가서 기초적인 질문들이나 심화된 교과 내용에 대해 답해야 했던 경험이 있었을 것이다. 전자의 경우 주어진 자료 속에서 그 답을 미리 준비할 수 있었겠지만, 후자의 경우 면접만을 위해서 따로 준비한 내용 속에서만 해결되지는 않았을 것이다. 특히 인·적성 면접을 본 학생들의 경우 상황판단에 관한 질문에서 자신이 평소 가져왔던 가치관이 그대로 노출되었던 경험이 있었을 것이다.

취업이나 진로를 위한 면접에서도 마찬가지다. 이러한 질문들은 최근 기업체들이 상황 맥락에서의 예상 행동에 대해 질의응답을 하는 데서 벗어나 피면접자의 과거와 자기 진술에 초점을 맞춘 질문을 활용하여 피면접자의 내적 역량을 알아보는 면접으로 변화하면서 더욱 두드러지고 있다. 가령 기존의 면접 질문에서 '어떤 사람이 부도덕한 일을 하라고 하면 어떻게 하겠습니까?'라고 물어보았다면, 최근 역량 중심 행동 면접 질문은 '자신이 부도덕하다고 생각한 일을 하도록 지시를 받았던 경우에 대해 말해보세요'와 같이 자신이 생각하는 이상적 상황이나 해결책을 제시하기보다 피면접자의 역사를 통해 자기 생각을 구술하도록 문항이 구체화되었다. 학습자들이 면접 현장에서 맞닥뜨리게 될 질문들 역시 이러한 방식으로 구조화된 문항으로 짜여 있으며, 일선 현장에서는 피면접자의 역사와 경험이라는 객관적 사실에 기반한 답변을 통해 면접 대상의 특성을 알아보고 있으므로 더욱 타당성 있는 면접 방식으로 받아들여지고 있다.

면접은 면접자와 피면접자의 만남을 전제로 한다는 점에서 대화의 상호 교섭적 특징을 잘 반영하는 말하기로 알려져 있다. 일반적으로 면접자는 피면접자의 경험과 인구 통계적 특성, 인지 능력, 성격을 면접 과정에서 관찰하게 된다. 면접자는 피면접자의 이러한 특성에 대해 자신이 미리 지니고 있던 '이상적인 인재상'을 떠올리며, 피면접자의 말과 행동을 만들어 내는 원인을 분석하게 된다. 면접자는 피면접자와 공유하고 있는 면접의 상황 맥락 속에서 질문을 통해 피면접자가 가진 내적 특성을 파악하려고 애쓰며, 피면접자는 자신이 어떤 사람이며, 어떤 장점이 면접자의 요구수준에 부합하는지를 드러내려고 한다. 이러한 상호 교섭 속에서 면접자와 피면접자는 서로의 특성과 요구를 확인하는 과정을 거치게 된다.

면접자는 면접 과정에서 피면접자의 특성을 최대한 끌어내는 질문을 통해 평가 상황에서의 오류를 최소화하고, 타당한 평가가 이뤄질 수 있도록 노력한다. 피면접자의 경우 평가자가 원하는 정보를 최대한 드러내면서도 해당 학업이나 직무에 대한 자신의 잠재력이나 진정성을 전달하는 자리기도 하다. 정해진 시간이라는 규약 속에서 이뤄지는 이 대화는 구조화된 질의응답

속에서 면접자와 피면접자가 자신이 생각하는 조직에 대한 이해와 직무에 관한 관심도, 인생관과 삶의 가치를 교환되는 자리기도 하다. 이를 위해서는 피면접자는 해당 학업이나 직무에 자신을 맞추는 일보다 자신이 진정 원하는 것이 무엇인지, 어떤 사람이 되고자 하는지, 조직 내에서 실현하고 싶은 자신의 가치관이 무엇인지를 먼저 고려해 봐야 한다. 이제 대학생이라면 누구나 자신이 원하는 삶이 무엇인지, 면접을 통해 얻게 될 진로가 자기가 생각하는 삶의 가치관과 얼마나 부합하는지에 대하여 깊이 있게 생각해 보게 될 것이다. 하지만 돌이켜 보면 전공 학습과 부지런한 스펙 쌓기에 파묻혀 자기 자신에 대해 깊이 있게 성찰해 볼 수 있던 기회가 적었던 것도 사실이다. 학교든 회사든 정부든 누군가가 나를 평가하고자 한다면, 나의 능력을 확인하기 위해 면접을 수행하는 것이기도 하지만, 본질적으로 내가 어떤 사람인지 알기 위해 면접을 진행하는 경우가 대부분이다. 자신을 가장 사랑하는 이에게는 세상을 맡길 수 있어도, 세상을 자기보다 더 사랑하는 이에게는 세상을 맡길 수 없다는 어느 철학자의 말은 평소에 자신에 대한 이해와 관심이 면접 준비의 핵심이 될 수 있음을 말해준다.

연습 문제

1. 면접자로서 자신이 어떤 특성을 지닌 사람인지 다음 문장을 완성하며 생각해보자.

   ① 나는 _____ 을/를 좋아한다.
   ② 나는 참다운 친구란 _____ (이)라고 생각한다.
   ③ 나는 _____ 을/를 할 때 행복하다.
   ④ 내가 생각하는 성공한 인생이란 _____ 것이다.
   ⑤ 행운이 나를 외면한다면 _____ 것이다.
   ⑥ 내가 평생 가장 하고 싶은 일은 _____ 이다.
   ⑦ 내가 여태껏 살면서 가장 잘한 일은 _____ 이다.
   ⑧ 내가 가장 좋아하는 사람은 _____ 이다.
   ⑨ 내 자신감의 원천은 _____ 이다.
   ⑩ 내가 가장 듣기 싫은 말은 _____ 이다.

2. 서로에 대한 인상을 나누어 보자.

(1) 옆에 앉은 학습자의 첫인상을 동물이나 식물, 사물로 표현해 보자.

(2) 왜 그렇게 생각하는지 이야기를 나누어 보자.

(3) 앞선 답변에 대하여 해당 학습자가 가졌을 것으로 생각되는 장단점과 흥미로운 점을 나누어 이야기해보자.

구분	내용
장점	
단점	
흥미로운 점	

(4) 다른 학생이 파악한 자신의 모습이 실제 자신의 모습과 부합하는지 말해보자.

3 면접에서 알아보고자 하는 것은 무엇인가?

우리가 잡지나 교과서에서 만나본 많은 면접은 그 질의 내용만 간략히 나와 있지만 현실 속의 면접은 그렇게 호락호락하지 않다. 면접을 받는 예절이나 면접의 예상 질문에 대한 내용을 미리 준비해 가야 한다는 것은 상식적인 이야기일 것이다. 그런데 어떤 질문을 어떻게 준비해 가야 할지는 선뜻 답하기 어렵다. 하지만 면접자가 질문을 구성하는 원리에 대해 생각해 봄으로써 이에 대한 해답을 엿볼 수 있을 것이다.

1) 인성

면접자들은 피면접자의 성격에 대해 관심이 많다. 특히 조직 사회에서의 '인성'은 동료들과의 협업 능력으로 정의되기도 하는 만큼 피면접자가 가지고 있는 특성 중 면접자들이 눈여겨보는 항목이기도 하다. 면접에서 알아보고자 하는 인성은 '직무에 맞는' 개인의 특성을 의미한다. 대체로 구조화되지 않은 질문을 통해 파악하게 되는 면접자의 성격은 우리가 '그 사람은 어떤 사람이다.'라고 말할 때 그 '어떤'에 해당하는 특질을 지니고 있다. 면접 상황에서 '좋은' 성격으로 받아들여지는 것은 그 사람이 얼마나 신뢰할 수 있는 사람인가, 그 사람이 얼마나 조직에 대해 관심이 많은가와 같은 보편적인 질문에서 긍정적 응답이나 그 사람의 강점은 무엇인가, 그 사람의 약점은 무엇인가와 같이 해당 분야의 학업과 직무에 필요한 특성과 관련이 있는 경우가 많다.

면접에서 흔히 평가하는 성격 특질

목표지향적	성실한	헌신적인	단호한
집중하는	의욕적인	창조적인	세심한
활력적인	윤리적인	협력적인	책임감 있는
믿을만한	조직화된	주도적인	리더십	융통성 있는

– 황규대, 고용면접의 구조와 과정 중에서

2) 경험과 내적 역량

경험은 크게 직무에 관련된 경험과 교육 경험으로 나뉜다. 직무 경험은 해당 분야에 대해 얼마만큼 오랜 기간 집요하게 시간과 노력을 기울여 왔는지에 대한 태도와 관심을 드러낸다. 또, 이러한 노력을 통해 갖추게 된 일종의 기능과 잠재력을 내적 역량이라고 할 수 있다. 학생의 경우 가장 큰 경험은 교육 경험일 것이다. 면접자들은 얼마나 기초적인 학문 지식이 튼튼한지, 세상에 적용할 수 있는 힘이 있는지, 얼마나 성장할 수 있으며 사회에 어떤 이바지를 할 수 있을 것인지를 학교 교육의 수학 경험을 통해 확인하려고 한다. 따라서 경험과 이를 통해서 갖추게 된 내적 역량은 분리되어 진술될 수 없다. 가령 '교사가 되기 위해 어떤 준비를 해왔습니까?'라는 질문을 받는다면, 교사가 되기 위해 거쳐온 교육적 경험과 그를 통해 얻게 된 내적 역량을 같이 진술하게 된다. 한편, '엔지니어로서 특정한 프로젝트를 수행하게 된다면 어떤 점을 먼저 고려해야합니까?'와 같은 질문 역시 피면접자의 직무 준비 단계에서의 교육 경험과 실습 경험을 바탕으로 그 결론을 이야기할 수밖에 없다. 특히 구조화된 질문의 경우 하나의 질문에 다양한 영역의 평가 요소들이 고려되는데, 이때 전공의 특성과 이를 통해 구비하게 된 면접자의 능력은 부각되어야 할 요소들이다.

3) 사회성

사회성은 인성과 비슷한 면모를 지니지만 개인과 환경의 상호작용을 뜻한다는 점에서 인성과는 차이점이 있다. 인성은 그 사람이 이미 가지고 있는 어떤 '특질'을 의미하지만, 사회성은 그 사람이 주변과 상호작용하는 '관계'에 초점이 맞춰져 있다. 집단 내에 다른 사람들과의 소통과 타인들에 공감할 수 있는 능력, 공동의 목표를 수행하면서 환경을 조절하는 능력이나 타인의 의견을 받아들일 수 있는 관대함 등을 뜻한다. 공동의 협업을 위해서는 협업을 이끌어 나가는 역량과 협업에 동참하는 능력이 필요하며, 조직 내에서 어떤 자리에 있든지 타인과의 관계를 조율하는 능력이 필요하다. 특히 사회 조직에서는 공동의 과업을 수행하기 위한 과정에서 타인과 원만한 관계를 맺고, 지속적으로 과업을 추구할 수 있는 능력이 중요하다.

사회성은 조직 문화의 형성이나 조직 문화 속에서의 동화와 관련이 깊다. 피면접자는 대부분 새로운 조직이 형성되어 가는 과정에 동참하기보다는 이미 형성되어 있는 기성 조직 내에 흡수되어 가는 과정을 겪는다. 이 과정에서 개인이 가지고 있는 개별적 성향이 조직 내에서 긍정적인 영향을 끼칠 수 있도록 일종의 자리잡기 과정을 거치게 된다. 이 과정에서 조직 사회 내에서의 관계 맺기가 중요해진다. 이 관계 맺기는 개인의 성격이 내향적인지 외향적인지 혹은 적극적인지 소극적인지와는 크게 관련이 없으며, 자신이 일을 잘할 수 있는 환경 속에 자신을 위치시키는 일과 관련이 있다. 이 과정에서 조직 문화의 영향이 강하게 작용하며, 때에 따라서는 조직 문화의 변화가 발생하기도 한다. 따라서 면접자들은 피면접자들이 지닌 사회성이 조직 문화의 발전에 기여할 수 있을 것인지를 면밀히 고민한다.

안정된 성과를 내고 있는 조직과 고도화된 혁신이나 창의력을 원하는 조직은 각기 조직원들에게 요구되는 사회성이 다를 수밖에 없으며, 피면접자가 조직 사회의 과업과 조직 문화의 형성에 어떤 영향을 끼칠지 고려하게 된다. 이러한 사회성을 판단하는 질문들은 전통적인 면접 질문에서는 구체적인 상황 속에서 어떤 행동을 할 것인지를 진술하도록 구성되었으며, 역량 중심의 면접 질문에서는 피면접자의 내적 특성이 조직 내에서 어떻게 활용되었는지 사례를 중심으로 진술하도록 요구한다.

연습 문제

목표로 하는 진로에 대해, 나를 대상으로 SWOT 분석을 해보자.

SWOT 분석은 자신의 강점(Strength), 약점(Weakness), 기회(Opportunity), 위협(Threat) 요인을 분석하여 목표에 대한 자신의 현재 상태를 분석하고, 이에 대응하기 위한 계획의 틀을 만드는 일이다. 강점과 약점은 목표(진로)에 대해 자신이 가진 강점과 약점이 무엇인지에 대한 것이며, 기회와 위기는 해당 분야가 가진 외적 환경의 밝은 측면과 어두운 전망을 각기 말한다. 예를 들어 교직 진로를 설계하는 경우 기회 요인으로서 '삶의 질 향상에 따른 평생 교육적 요구 증대'가 고려될 수 있으며, 위기 요인으로는 '출생인구 감소에 따른 제도권 교육 수요의 위축'이 고려될 수 있다.

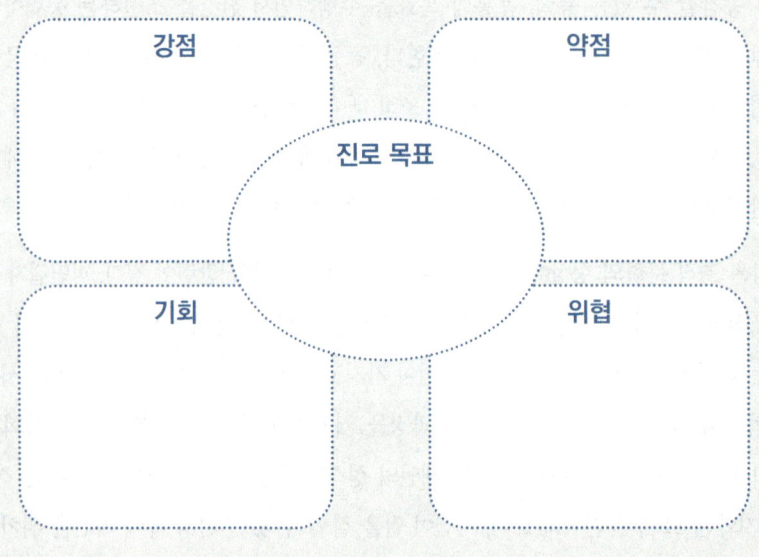

4 면접은 어떤 과정을 통해 이뤄지는가

면접은 면접을 위한 준비와 실제로 면접을 하는 과정으로 이뤄진다. 평가를 위한 면접은 피면접자가 자신의 정보를 일방적으로 드러내 보이는 자리가 아니다. 면접자에 대한 정보는 이미 피면접자에게 공개되어 있으며, 면접자가 원하는 이상적인 지원자의 모습은 질문의 과정에서 파악할 수 있다. 때로는 답이 있는 면접도 있고, 답이 없는 면접도 있다. 하지만 많은 면접이 서류 전형이 끝난 다음에 이루어진다는 것을 고려해 보면, 면접자가 알아보고자 하는 피면접자의 특성은 수량으로 제시될 수 있는 것이 아니라 피면접자의 태도나 가치관과 같이 눈에 보이지 않는 것들이라는 점을 알 수 있다. 피면접자는 사전 준비 과정을 통해서 면접자가 피면접자에게 알아내고 싶어 하는 정보들에 초점을 맞추어 정보를 수집하고 면접에 대비하여야 한다. 또 실제 면접 과정에서는 면접자의 질문의 요지를 잘 파악하고 적절히 대답해야 한다.

1) 사전 준비

사전 준비 과정에서는 면접에 대한 구체적인 평가 목적을 파악하여야 한다. 지원하는 조직이 가지고 있는 특성을 역사적 관점과 사회적 관점에서 나누어 생각해 볼 필요가 있다. 해당 조직의 목표와 방향이 어떤 사회적 기여를 염두에 두고 있는지, 그동안 어떤 방향으로 사회에 기여해 왔는지를 분석해야 한다. 많은 피면접자는 면접의 대화적 관계를 무시하는 경우가 많다. 많은 학생들은 면접의 목적이 '나의 취업' 혹은 '나의 진학'으로만 생각하지만, 면접이 지니는 대화적 관계를 생각해 본다면 상대방의 요구와 목적 역시 면접 상황에서 중요하다는 것을 깨달을 수 있다. 이 때문에 개인적인 목적이 피면접자의 진학이나 취업이라고 할지라도 면접 상황에서만큼은 성공적인 대화를 위한 소통과 관계 맺기가 중요하다고 할 수 있다.

이러한 태도를 두고 어떤 학생들은 위선적이라고 말할 수도 있다. 하지만 면접 상황은 이미 면접자나 피면접자에게 모두 목적적 의사소통을 위한 특수한 맥락이라는 전제가 있으므로 대화 맥락 자체를 지나치게 '나의 합격'에 집중할 필요는 없다. 오히려 내가 지원하고자 하는 학교나 회사 혹은 집단이 어떤 조직인지를 구체적으로 알고, 상대방 측의 요구 조건에 대해 사전에 파악하는 일이 중요하다. 그리고 그것이 내가 가진 가치관과 전문성에 부합하는가를 고려해야 한다. 면접장은 이러한 고민에 대한 피면접자의 응답으로 채워져야 한다.

예상되는 질문을 최대한 많이 만들어 보고 연습해 봐야 하는 이유도 면접이 지닌 대화적 성격 때문이다. 미리 면접자가 문항을 공개하지 않는다면, 피면접자가 준비한 문항을 면접자가 면접장에서 그대로 물어보는 일은 흔치 않을 것이다. 사전 연습에서 피면접자가 예상 문제를 만들어 보고 연습하는 이유는 면접자의 질문을 중심으로 평소 자신이 가지고 있던 생각이 어떤 것들이 있었는지, 또 어떻게 그것들을 풀어낼지를 생각해 보는 경험이 필요하다. 예행연습을 많이 하는 것이 유리한 이유는 면접장에서 어떤 질문이 오더라도 해당 질문에 답하는 과정에서 자신이 가지고 있는 소신이나 동기, 장점과 관심을 노출할 가능성이 커지기 때문이다.

또 실제로 면접 상황을 떠올리면서 면접 연습을 하는 이유 역시 피면접자로서 갖춰야 할 올바른 예의를 갖추고 상황에 맞는 말하기를 떠올리기 위함이다. 면접 연습에서 잘하는 방법과 잘 못하는 방법은 없다. 하지만 면접 예행연습이 반복될수록 피면접자들은 대체로 면접에서의 자기효능감이 높아지게 되며 수집해야 할 정보의 양이 점차 늘어가는 경험을 하게 된다. 이는 우리가 일상 대화에서 대화가 길어지는 것과 유사한 원리이다. 상대에 대해 더 알면 알아갈수록 알고 싶은 것이 생기며, 나와 같은 점과 다른 점을 비교하게 되고, 상대방과 올바른 관계 맺음이 어떤 모습으로 구성되는 것인지에 대한 일종의 감이 생기기 때문이다. 이를 다른 말로 면접의 자신감이라고 할 수 있을 것이다.

2) 면접하기

면접장에서는 간단한 인사와 자기소개 이후에 면접자의 질의에 적절히 응답하면서 면접이 진행된다. 면접의 목적에 따라 다소간의 차이는 있지만 대체로 면접은 서류 확인을 위한 질문이나 지원 동기로부터 시작하여 질문과 응답, 초점화된 질문과 그에 대한 응답, 그리고 이행된 질문이라고 불리는 지원자의 추가 발언으로 이루어진다. 면접 과정에서 말하기 자체에 대한 부담은 적게 가질수록 유리하다. 고부담 면접이라고 할지라도 면접은 얼굴을 맞대고 피면접자가 어떤 사람인지에 대한 총체적 평가가 일단 이뤄질 수밖에 없기 때문에 사소한 실수에 연연하기보다는 자신이 어떤 사람인지를 질문에 대응하면서 녹여내는 기술이 필요하다.

면접자 역시 피면접자가 자신의 역량을 발휘할 수 있도록 면접자와의 친밀한 분위기를 형성할 수 있는 간단한 질문으로 면접을 시작하며, 서류에서 확인할 수 있는 사항(면접장에 있는 누구라도 알고 있는 질문)부터 질문을 시작한다. 이 과정까지 면접자는 피면접자의 대체적인 인상을 파악하며, 이후 본격적인 질문이 시작되게 된다.

질문은 그 종류에 따라서 전통적 질문, 상황 질문, 난해한 질문, 역량 중심 행동 질문으로 나뉠 수 있다.(후버마이어, 2007:31-73 참조) 전통적 질문의 경우 '자신의 장점은 무엇인가?', '10년 후 자신의 미래는 어떤가?', '대학에서 가장 의미 있었던 강의를 말해보라.'와 같이 준비한 피면접자의 경우 즉답이 가능한 질문들로 이루어져 있다. 대체로 잘 알려져 있고 누구나 쉽게 예상할 수 있는 이러한 질문들은 짧은 면접 시간을 활용하는 데는 유리하지만, 피면접자가 자신을 표현할 기회를 충분히 제공하지 못하는 문제가 있다.

상황 질문의 경우 특정한 조건을 주고 이에 대한 피면접자의 대처 방안을 묻는 문항으로 구성이 되어 있다. 가령, '상사가 위법한 일을 지시하였다면 이에 따를 것인가?', '민원인의 요구가 불합리하다고 여겨진다면 어떻게 응대할 것인가?', '퇴근 후 가정에서 긴급한 사무 전화가 걸려와 출근을 요구한다면 어떻게 할 것인가?'와 같은 전통적 질문보다 상황이 더욱 구체적으로 제시된다. 상황 질문은 지원자의 특성을 사례에 녹여낼 수 있는 기회를 제공하지만, 면접자 측에서 미리 예상 답안을 정할 수 있다는 점에서 지원자의 성향을 입체적으로 평가할 수 있는 여지가 줄어든다는 단점이 있다.

난해한 질문의 경우 세계적인 IT 기업들의 입사 면접 질문으로 잘 알려져 있다. 가령 '스쿨버스에는 탁구공이 몇 개나 들어갈까?'나 '맨홀 뚜껑이 둥근 이유는 무엇인가'와 같은 질문들이 그것이다. 이 질문들은 실무 경험이 적은 분야에서 문제 해결 능력을 알아보려는 의도로 유용하지만, 직무가 분업화되어 있는 경우 해당 분야의 직능을 올바로 판단할 수 있는지에 대한 정보를 면접자에게 충분히 제공하지 못하는 문제가 있다. 즉 이 문항들이 얼마만큼 타당성을 가지는지에 대해서는 설명력이 부족하며, 면접자의 사고력과 인지능력 이외에 다른 정보들에 대한 설명력이 부족하다는 단점이 있다.

역량 중심 행동 질문에서는 앞선 질문들의 상황 맥락을 구체화하여 제시하고, 문항의 설계 단계에서 문항을 통해 측정할 수 있는 목표 역량을 사전에 설정함으로써 면접자에게 평가의 객관성을 확보하고자 한다. 특히 상황 질문이 도래하지 않은 미래의 행위에 대해 진술하게 하는 경우가 많고, 전통적 질문의 경우 자기 관찰의 결과를 말하도록 하는 경우가 많은데, 역량 중심 행동 질문의 경우 과거의 사례로부터 현재의 자신의 능력과 판단을 구체화하도록 한다. 가령 전통적 질문인 '자신의 장점이 무엇인가'는 상황 질문으로 바꾸면, '특정한 난관에 봉착한다면, 이를 해결하기 위해 어떤 노력을 할 것인가'로 재구성할 수 있다. 이를 역량 중심 행동 질문으로 치환한다면 '자신의 장점을 바탕으로 역경을 극복한 사례를 말해보세요.'로 질문의 내용이 바뀌고, '자기 문제 해결력', '상황판단 능력' 등과 같은 상위 역량을 평가 요소로 고려할 수 있다.

초점화된 질문은 각 질문에 대해 면접자들의 관심을 사항에 따른 추가적인 확인 사항이나 답변에 대한 확장된 질문으로 이루어진다. 흔히 꼬리에 꼬리를 무는 질문으로 불리는 이 질문은 지원자의 적합도를 최종적으로 판단하기 위한 질문으로 쓰이는 경우가 많다. 많은 경우 학생들은 초점화된 질문에 대해 심리적인 압박을 느끼지만, 대체로 면접자가 피면접자에게 높은 관심을 보일 때 많이 쓰이므로, 긍정적인 자세로 최선을 다해 자신의 견해를 진솔하게 밝혀야 한다.

많은 면접에서 피면접자에게 면접장을 떠나기 전에 묻고 싶거나 추가적인 진술을 하도록 한다. 면접의 서두에서 지원 동기를 물어보지 않은 경우 지원 동기를 바탕으로 자신의 계획이나 직무에 대한 잠재력을 말하는 경우가 많다. 혹은 면접자에게 강렬한 인상을 남기고 싶어 하는 경우 발언을 준비해가는 경우도 있다. 이를 빌어 자신의 장점과 전문성이 지원하는 분야와 정합하며, 조직과 자신이 같이 성장해 나갈 수 있다는 기대와 보람을 같이 말하기도 한다.

연습 문제

1. 면접 문항 카드를 만들어 보자

항목	내용
1. 면접 질문	
2. 질문을 통해 파악할 수 있는 피면접자의 특성	
3. 어떤 경우 '매우 잘함'으로 판단할 수 있는가?	
4. 어떤 경우 '못함'으로 판단할 수 있는가?	

2. 문항 카드로 모둠원들과 면접을 진행해보고, 다음 평가표를 작성해보자.

항목	내용
1. 면접 질문	
2. 평가	A B C D E
3. 잘한 점	
4. 보완해야 할 점	

3. 평가표를 바탕으로 모둠원과 이야기를 나누어 보자.

5 어떻게 말해야 좋을까

1) 명료하게 말해야 한다

면접 과정에서는 피면접자의 의도가 잘 전달될 수 있도록 명료하게 말해야 한다. 이는 발음 수준의 문제이기도 하며, 내용의 조직이나 언어적 표현과 비언어적 표현의 문제이기도 하다. 피면접자는 면접자를 향하여 또박또박 정확하게 말하려고 노력해야 하며, 말끝을 흐리거나 자신의 입말을 지나치게 많이 사용하는 일을 삼가야 한다. 한편, 내용의 조직에 있어서도 가장 중요한 내용을 먼저 말하고, 필요한 경우 첫째, 둘째, 셋째와 같이 단계적 구성으로 말하거나 인과가 뚜렷한 경우 인과 관계를 밝혀 말해야 한다. 면접은 피면접자의 사고 과정을 언어를 통해 확인하는 자리이니만큼 합리적인 의사결정과 논리적인 사고의 결과가 말속에 포함되면 좋다. 또, 적절히 비언어적 표현을 활용하여 언어적 표현이 가진 한계를 극복하고, 자신의 의도를 더욱 분명히 전달해야 한다. 우리 사회는 과도한 몸짓이나 표정은 삼가는 문화를 가진 만큼만큼 적당한 수준에서 비언어적 표현을 활용하여야 하나, 면접의 맥락에 따라 그 수준을 달리하여 적절히 사용할 필요가 있다.

2) 긍정적인 인상을 심어주어야 한다

상대방에게 긍정적인 인상을 면접 과정에서 심어줄 필요가 있다. 굳이 불합격하는 상황을 가정하여 이야기한다든가, 부정적인 경험을 지나치게 돋보이게 말할 필요는 없다. 면접자의 질문에 대하여 눈 마주치기나 고개 끄덕이기 같은 소극적 들어주기 방법을 사용한다든지, 질문 내용에 대해 적극적으로 공감을 표하는 행위를 통해 면접 이외에 일상의 대화 상황에서 피면접자가 면접자에 대해 경청해줄 수 있는 사람이라는 인상을 심어주어야 한다. 이는 평소의 언어생활 습관을 바르게 들여야 가능한 일이다. 한편, 타인에게 긍정적인 인상을 심어주기 위해 가장 쉬운 방법은 공통점을 찾는 것이다. 사전 준비 단계에서 조사하였던 지원 대상에 대한 정보를 충분히 활용하여 자신의 관심을 드러낼 필요가 있다.

3) 면접자를 편안하게 만들어 주어야 한다

면접장에서 면접자는 피면접자만큼이나 긴장한다. 좋은 인재를 선발해야 한다는 부담감이 면접자에게는 있다. 계속해서 조직에 몸담아 왔고 새로운 사람들과 관계를 지속해야 할 부담은 피면접자의 면접 부담만큼 크다고 할 수 있다. 면접자는 피면접자와의 대화 속에서 상식적인 면접 예절이 지켜질 때 편안함을 느낀다. 지나치게 흐트러진 모습을 보이는 피면접자와의 대화는 부담스러우며, 유쾌하지 않다. 피면접자는 지나친 긴장을 할 필요는 없지만, 피면접자로서의 예의바른 마음가짐을 갖추고 대화에 임해야 한다.

또, 면접에서의 시간을 잘 지켜야 한다. 상식적인 일이기는 하지만 면접 장소에 늦게 도착한다든지 면접이 예정된 시간보다 지나치게 늦게 끝나는 일은 없어야 한다. 면접 과정에서 질문의 개수가 정해진 경우 적절히 시간 안배를 해야 하며, 질문이 이어지는 경우 맥락에 따라 답변의 양이나 밀도를 조절할 수 있으면 해야 한다. 면접장에 늦게 도착하게 될 경우 사전에 연락하여야 하지만 선처를 요청하는 것 이외에는 피면접자가 할 수 있는 일이 없다.

당연한 이야기지만 면접자의 말에 경청해야 한다. 질문의 요지를 정확히 파악하여 답변하여야 하며, 필요한 경우 다시 질문을 요청해도 되지만 두 번 세 번 질문을 다시 요청한다든지 질문에서 크게 벗어난 이야기를 하는 경우 역시 면접자를 불편하게 하는 요인이 된다. 또 '네/아니오' 식의 짧은 답변 역시 피해야 한다. 면접자는 피면접자에게 일정한 양을 답변을 요구하는 질문을 한다. 사실 확인 질문이 아닌 경우 피면접자가 지나치게 짧게 답변하는 경우 면접자가 계속해서 질문을 만들어서 해야 하는 일이 있다. 이런 경우 면접자에게 좋은 평가를 기대하기는 어려울 것이다.

면접관이 가장 우려하는 열 가지

1. 일할 능력이 부족할까 봐.
2. 지원서에 기재한 사항이 아닐까 봐
3. 근태가 좋지 않을까 봐
4. 채용하자마자 금방 이직할까 봐
5. 동료들과 원만하게 지내지 못할까 봐
6. 열심히 일하지 않거나 최소한의 일만 할까 봐
7. 주도적으로 일하지 못하고 수동적일까 봐
8. 부적합한 인재를 뽑아서 면접관으로서 곤란해질까 봐
9. 부적합한 인재를 뽑아서 회사에 큰 손실을 끼칠까 봐
10. 건강이 안 좋아서 장기간 결근할까 봐

– 서형준, 면접의 정석 중에서

연습 문제

1. 위에 제시된 면접의 전략 이외에 자신만의 면접 전략이 있다면 이야기해 보자.

2. 취업 면접을 마치기 전 1분 동안 자유발언 기회가 주어진다면, 어떤 말을 할지 이야기해 보자.

협상

둘 이상의 주체가 만나 서로의 목적을 달성하기 위하여 의논하는 일을 우리는 협상이라 한다. 흔히 협상하면 서로가 가진 정보와 자원을 활용하여 각자의 목표를 달성하기 위하여 의사소통하는 장면을 머릿속에 떠올릴 것이다. 특히 언론에 자주 등장하는 국가 간 협상이나 노사 간 협상, 여야 간의 정치적 협상과 같이 큰 규모로 이루어지는 협상들도 있지만 생활 주변에서 협상은 늘 이루어지고 있다.

생각해 보면 좋든 싫든 우리는 협상의 굴레 속에서 평생을 살아간다. 사회적으로 이뤄지는 협상의 결과는 직간접적으로 우리의 삶을 구속하며, 우리 삶을 지배하는 각종 법령과 규율, 사회적인 협약과 개인적인 약속, 계약 등은 대부분 협상을 통해 이루어진 것이라고 보아도 과언이 아니다. 사회생활을 하면서 이루어지는 의사소통은 따지고 보면 협상 과정의 일부와 일치한다. 때로는 타인과 경쟁을 하기도 하고 협동을 하기도 하면서 개인과 집단의 이익을 지키고 목적을 실현하기 위한 협상을 어떻게 준비하면 좋을지 다음 글을 통해 알아보도록 하자.

1 협상이란 무엇일까?

1) 협상을 이해하기 위하여

한때 인터넷에서 '4딸라'라고 하는 밈이 인기를 끌었다. 원래 내용은 2003년 SBS에서 방영된 <야인시대>라는 드라마에서 극 중 김두한(김영철 분)이 미8군 기지 한국인 노동자들의 임금협상 과정에서 노동자 측을 대변하는 과정이 극화된 부분이다. 햄버거 광고에도 나왔을 만큼 우리에게 잘 알려진 이 장면은 협상이 진행되는 과정과 어려움에 대해 잘 보여준다. 협상은 개인이나 조직의 갈등 관계로부터 시작된다. 협상의 상대가 자신이 원하는 것을 갖고 있을 때 거래관계에 있어서 서로의 이익을 최대화하기 위해 진행되는 협상은 갈등 관계를 해소하고 양측의 만족을 끌어내면서 진행된다.

따라서 갈등 관계를 내가 어떻게 바라보고 있는지, 상대가 어떻게 인식하고 있는지는 중요하며, 상대방에게 얻어낼 수 있는 최선의 결과가 무엇인지를 통해 내가 제시할 수 있는 최적의 조건이 무엇인지, 어떤 설득전략을 통해 협상에 임해야 할지가 고려되어야 한다. <야인시대>에 그려진 미군과 노동자 사이의 협상은 다소 압축적으로 그려진 바가 있지만, 협상의 특성과 과정을 잘 담아내고 있다.

극 중 김두한은 1달러였던 당시 노동자들의 임금을 무려 400%나 인상한 4달러로 높이고 있다. 이를 위해 즉흥적인 의견이 아닌 고용자 측과 피고용자 측의 필요를 철저히 파악하고, 환경적인 맥락을 활용했던 고도의 협상전략이 사용했다. 김두한의 협상을 위한 철저한 준비는 다음과 같은 미군 준장의 말을 통해 짐작할 수 있다.

"하지만 더 이상 인상은 없소. 군수기지사령관인 내 재량은 이제 바닥났소. 이걸로 끝이오, 김두한 씨... 시급하오. 빨리 일 좀 하게 해주시오."

처음에 제시된 150% 인상안에 대하여 사용자 측이 훨씬 높은 수준의 임금을 지불할 능력이 있고, 그 마지노선이 400%였다는 사실을 노동자 측에서는 미리 알고 있었을 것이다. 한편, 노동자들은 쟁의행위를 통해 자신들의 요구를 끊임없이 관철하려고 노력해 왔으며, 400% 인상안을 받아들일 수 있을 만큼 사용자 측의 필요가 높아 있었던 점이 소위 '사딸라' 협상의 성공 요인이었을 것이다.

만약 이 협상에서 4.1달러를 노동자 측에서 요구했다면 어떻게 되었을까? 협상에 임하는 한편의 요구가 지나치게 높다고 느낀다면 협상 테이블에서 사용자 측이 물러나 앉았을 가능성이 있다. 한편, 극적으로 4.1달러로 타결이 되었다손 치더라도, 사용자 측은 박탈감을 느끼고 이후의 협상 행위에 대해 적극적으로 나서지 않았을 가능성이 크다. 이렇듯 협상은 갈등 상황 속에서 각자가 원하는 최대한의 이익을 모색하면서, 공동의 문제를 해결해 나가는 과정이라고 할 수 있다.

2) 협상에 대한 다양한 시선들

협상은 특정한 목적을 달성하기 위한 상호 교섭적 행위다. 협상은 문제가 되는 상황과 이를 해결하고자 하는 상호 교섭적 의사소통으로 이루어져 있다. 따라서 협상의 목적이나 특성, 과정 중 어떤 것에 초점을 맞추느냐에 따라 협상에 대한 다양한 정의가 가능하다. 우선, 모두가 만족할만한 최적의 대안을 검토하고 이를 시행할 수 있도록 결정하는 의사결정 과정으로 협상을 보는 관점이 있다. 협상은 선택 가능한 대안 중 양측이 수용 가능한 최적의 대안을 고르는 과정이다. 서로가 만족할만한 최적의 선택지를 만들어 두고 이를 고르기 위한 의사소통 과정이 협상 과정에서 이뤄진다.

협상은 최종적으로는 의사결정을 위한 행위이지만, 이를 위한 의사소통의 과정이기도 하다. 협상 과정에서는 갈등 관계에 대한 양측의 의견과 이상적인 해결 방안이 제시된다. 이때 상대방의 이익을 보전하면서 우리 측의 이익을 최대화하여야 하므로 타협이 필요하다. 타협의 과정에서 문제의 원인이 더욱 분명해지고, 이를 해결할 수 있는 대안들이 협상의 준비와 진행 과정에서 제시된다.

협상은 문제 원인이 되는 갈등 해결을 목표로 한다는 점에서 문제 해결 과정의 성격을 지니기도 한다. 서로의 이해가 충돌되는 지점 속에서 공동의 문제 원인을 모색하고, 그에 대한 해법을 찾는 과정이기도 하다. 문제 해결 과정으로서 협상은 협상 주체들이 안고 있는 문제 상황을 명확히 하고, 문제가 발생한 원인과 그에 대한 해법을 찾는 과정이 이루어진다. 사안을 해결하기 위한 공동의 노력이 협상의 결과로 나타나기도 하고, 각자의 문제 상황에 대해 상대방이 가진 자원을 통해 해결하는 상황이 나타나기도 한다.

> **협상의 다양한 정의들**
>
> - 협상이란 자신이 원하는 것을 다른 사람으로부터 얻어내기 위한 기본적인 수단이다.(Fisher)
> - 현명한 합의(agreement)란 가능한 한 양측의 합법적인 이해관계(interests)를 최대한 충족시켜주며, 상충되는 이해관계는 공정하게 해결해주고, 오랫동안 지속되며, 공동체의 이해관계도 고려하는 것이다(Fisher)
> - 협상이란 자신의 이해관계 일부는 인정을 받고, 일부는 반대에 직면할 때 상대방의 동의를 목표로 서로 의견을 교환하는 과정이다(Ury, 1993:4).
> - 협상이란 거래를 통해 각각이 원하는 것들을 교환하는 것에 합의하고자 하는 양 타사 자들로 구성된다(Hindle)
> - 협상이란 당신이 호의적이며 원하는 무엇인가를 상대방으로부터 얻어내는 과정이다(Cohen)
>
> — 원창희, 협상 조정의 이해 중에서

3) 협상의 구성요소

협상은 협상자와 협상 행위로 구성이 된다. 협상자를 구성하는 하부 요인으로는 이해관계, 협상력, 협상 자원이 있으며, 협상 행위를 아우르는 요인으로는 협상자 내부 협상과 협상 과정, 협상 결과가 있다. 협상자는 서로에게 협상을 이루려는 의지와 협상에 임하려는 태도의 동기가 되거나 원인이 되는 이해관계를 가진 개인이나 집단이다. 협력적 협상의 경우 협상자들은 개별의 이익을 최대화하려 하거나 공동의 목표를 성취하려는 목적으로 협상을 진행한다. 이때 협상자들은 서로에게 행동의 변화, 태도나 의지의 변화를 요구하며, 또한 각 측에서 원하는 결과가 서로의 이익에 득이 되어야 한다.

경쟁적 협상에서의 이해관계는 협력적 협상보다 타결의 가능성은 작지만, 경쟁 과정에서 발생할 것으로 예상되는 손실을 예방하려는 목적이 구체화되면서 성립된다. 적대 행위로 발생하게 되는 추가적인 손실이 상대에 대한 적대 행위를 지속함으로써 얻게 되는 손실보다 크거나, 서로에 대한 투쟁 행위를 일시적으로 중단함으로써 얻게 되는 이익이 이를 지속할 때 얻는 이익보다 클 때, 서로에 대한 이해관계가 발생한다. 이해관계는 협상자들이 서로를 협상대상자로 인정함으로써 협상 행위를 성립할 수 있게 만들어주는 전제가 되며, 협상에 임하도록 만드는 협상 의지의 바탕이 되기도 한다.

협상력은 상대의 태도나 행위를 변화시킬 수 있는 협상자의 능력을 말한다. 협상력은 협상 자원과 이를 활용할 수 있는 능력으로 구성된다. 협상 자원에 대한 협상대상자의 관심 수준이 높을수록 협상 자원을 보유한 측의 협상력은 높아지며, 협상 과정에서 우월한 지위를 얻을 수 있다. 만약 특정 협상 자원에 대한 우리 측의 관심 수준이 상대방의 요구 수준과 상이한 경우 이를 조절하는 과정이 잇따른다. 협상 과정에서 우리 측의 협상 자원에 대한 상대방 측의 관심 수준을 높이거나 낮추는 능력이 전략적으로 필요한 것은 협상력이 협상 자원과 밀접한 관련이 있음을 방증해주는 것이다.

협상 자원은 협상력의 중요한 토대가 된다. 협상 자원은 재화, 법적 권리, 지위 등 희소성과 교환성을 지닌 유무형의 것들을 포괄한다. 협상 자원은 협상 국면에서 협상력을 구성하는 도구적 성격을 지니기도 하지만, 협상 자원 그 자체가 협상의 목적이 되기도 한다. 협상 자원이 목적인 협상의 경우 가장 이상적인 해결책은 협상 자원을 늘리는 전략이 최선의 해결책이나, 많은 경우 협상 과정을 통해 자원을 적절히 분배하는 과정을 거치며 해결되기도 한다. 한편, 협상 자원 소유자의 경우 협상 자원을 분배하는 양을 적절히 조절함으로써 협상력을 높이는 전략으로 사용하기도 한다.

협상력은 협상 자원과 이를 활용할 수 있는 능력인 의사소통 능력의 함수 관계로 이뤄진다. 협상의 맥락을 구성하는 대외적 여건이나 역사적 배경들 역시 협상력의 크기에 영향을 미치게 된다. 협상 맥락은 협상을 준비하거나 협상에 임하는 과정에서의 구성원의 요구나 시대·사회적 여건으로 구성이 되는데, 협상의 결과에 큰 영향을 미치는 사건, 협상 당사자들의 태도, 협상 시점과 장소, 협상 의제를 둘러싼 여론으로 구성된다. 특히 협상 맥락은 협상의 결과가 미칠 영향을 고려해 임의로 협상 당사자들에 의해 조절되기도 한다. 역사적인 예로 한국전쟁 휴전협정이 진행되던 1951년 6월 UN군 사령관 매슈 리지웨이는 원산항에 정박 중이던 덴마크 병원선에서 협상을 진행하자고 공산군 측에 제안하였으나 거부당한 일이 있다. 이는 몇 해 전 일본의 항복 조인이 미국 미주리호 함상에서 이루어졌던 이미지가 해당 협상의 결과에 영향을 미칠 것을 염려했기 때문이다. 이후 공산군 측과의 조정으로 판문점이 회담장으로 되면서, UN군의 주요 북진 거점이던 개성이 협상 과정에서 북한 측 영토로 남게 되었다.

이러한 점을 종합하여 협상력과 협상 자원, 의사소통 능력과 협상 맥락의 관계를 수식으로 나타내면 다음과 같이 표현할 수 있다.

$$협상력 = 협상자원 \times 의사소통능력 + 협상맥락$$

연습 문제

다음 협상 사례에 드러난 을지문덕의 협상력을 협상 자원과 의사소통 능력, 협상 맥락의 관점에서 평가하시오.

> 589년 수나라의 1차 침공 이후 611년 수나라 양제는 110만 대군을 이끌고 고구려를 다시 침공하였다. 이는 고구려에 대한 주종관계를 공고히 하는 한편, 고구려의 영향력 확대를 저지하기 위함이었다. 수나라는 우문술과 우중문을 통해 육로로 침공하는 한편, 내호아에게 수군을 이끌게 하여 고구려와의 전면전을 시도하였다. 을지문덕은 전쟁을 수행하는 과정에서 내호아와 우중문과 협상을 시도하였으며, 이는 구체적인 협상으로 진행되었다. 을지문덕은 항복 조건의 내용에 대해 수나라와 협상을 진행하였으나, 협상 결과에 대한 영양왕의 재가를 얻기 위해 협상장을 이탈하였다. 수나라는 항복 협상이 실제로는 첩보 활동의 일환이었음을 이내 알게 되어 을지문덕을 추격하였으나 끝내 사로잡지는 못하였다. 이후 잘 알려진 대로 을지문덕은 우중문에게 시를 보내어 은근히 수나라 군을 도발하였고, 우중문은 살수대첩에서 패배하고 만다.

2 나는 어떤 협상자인가

1) 갈등 해결을 위한 방법

협상 당사자는 갈등의 해결을 목적으로 한다. 이 때문에 협상 당사자의 특성은 갈등 관계를 해결하는 당사자의 태도에 따라 분류되기도 한다. 협상자의 특성은 협상 과정과 협상 결과를 좌우하는 중요한 변수다. 일반적으로 갈등 해결을 위한 방법은 지배형, 수용형, 협동형, 회피형, 타협형의 다섯 가지 유형으로 나뉜다. 이는 협상 당사자가 보이는 상대에 대한 관심과 자신에 대한 관심 수준에 따라 분류될 수 있다. 이를 도식화하면 다음과 같이 나타낼 수 있다. (백종섭, 2015:41쪽 참조)

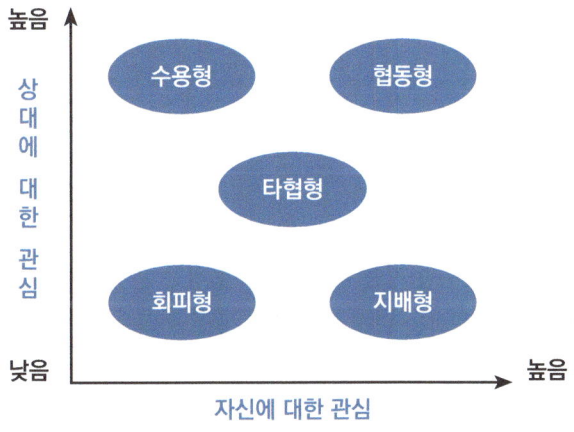

지배형의 경우 상대에 대한 관심이 낮지만, 자신에 대한 관심은 높게 고려된다. 상대의 요구와 이익에는 소홀하지만, 자신의 이익을 최대화하려는 욕구가 강한 경우다. 지배형의 경우 의사 결정 과정에서 경쟁적인 양상을 띠게 되므로, 협상 과정에 있어서 원만한 합의에 이르지 못할 경우의 수가 많다. 이와는 반대로 수용형의 경우 자신의 처지보다 타인의 이익과 요구에 대한 관심이 많으며, 일방적인 양보 관계에 의한 갈등 해결 양상을 보인다. 이후 더 큰 이익을 위한 일시적으로 선택될 수 있는 협상전략으로 볼 수도 있지만, 협상의 결과에 영향을 미치는 당사자 그룹 안의 내적 이익을 외면했다는 비판을 면하기 어렵다. 지배형과 수용형은 협상 과정에서 협상력의 크기에 따라 협상의 성패가 크게 달라지며, 승자 독식(winner takes all)의 협상 결과를 가져온다는 점에서 궁극적인 해결에 이르지 못한다는 점에서 한계가 있다. 이는 협상 당사자들의 상호 이익을 위한 적절한 협상 준비나 의사소통이 이루어지지 않았을 때 보이는 협상 태도이기도 하다.

회피형의 경우 협상 당사자들이 적극적인 협상 태도를 보이지 않는 경우를 말한다. 자신의 관심과 상대에 대한 관심을 모두 낮은 수준으로 고려함으로써 협상의 대상으로 상정하지 않는 경우 회피형 갈등 해결이라고 말할 수 있다. 이 경우 역시 수용형과 마찬가지로 일시적인 문제 해결 방안의 하나다. 회피형 갈등 해결 방법은 갈등 자체를 피하는 것이 오히려 장기적으로 보았을 때 이득이라고 생각되는 경우 선택된다. 하지만 동일한 갈등 상황이 반복될 가능성이 있으면 갈등으로 인한 불편익을 지속적으로 누가시킨다는 점에서 한계가 있다.

협동형 갈등 해결의 경우 상대방의 관심과 이익을 자신의 관심과 이익처럼 모두 중요하게 생각하는 경우다. 양측의 상호 이익을 극대화하기 위한 협력적인 의사소통 과정을 통해 갈등을 해결하려는 방법이다. 다만, 의사소통 과정에서 걸리는 시간과 비용이 다른 갈등 해결 방법보다 높다. 장기적인 면모에서 원만한 갈등 해결에 이를 수 있다는 점에서 장점을 보이나, 상호 간의 신뢰 관계를 유지하기 위한 노력이 필수적이다. 이러한 점에서 이익 관계를 중심으로 한 갈등 관계에서 현실적으로 통용되기 어려운 방법이기도 하다.

마지막으로 타협형은 협동형에 이르지는 못하지만, 상대에 대한 관심과 자신의 관심 사이에서 서로 얻고 잃는 부분에 주목하는 교섭적 행위를 중심으로 문제를 해결하고자 하는 갈등 해결 방법이라고 할 수 있다. 조정과 협상, 표결의 방법으로 실현된다는 점에서 민주적인 의사결정의 하나이며, 현실적인 갈등 해결전략이기도 하다. 타협형 갈등 해결 방법에서는 손익을 미리 계산하고, 이에 대한 상대방의 수용가능성을 타진해야 하는 과정이 필수적이다. 다만, 공동의 이익의 총량을 늘리려는 협동형과는 달리 자원의 분배에 초점이 맞춰져 있으므로, 창의적인 문제 해결 방법이 모색되기는 어려운 한계가 있다.

갈등은 늘 나쁜 것일까

협상에서의 갈등은 전통적인 견해와 그 성격이 다소 다르다. 전통적인 견해에 의하면 갈등이란 나쁘고, 피해야 하며, 바람직하지 못한 사람들의 행위의 결과라는 본질적으로 부정적인 생각과 감정, 행위로 보고 있다. 하지만 최근의 견해에 의하면 갈등은 조직이나 집단의 구조 요인으로 말미암아 필연적으로 발생하는 것이며, 보통 예견될 수 있으며, 변화의 과정에 필수적이라는 관점을 택한다. 따라서 어느 정도의 갈등은 조직이나 집단의 발전에 도움을 줄 뿐만 아니라, 창조적이고 열성적인 사람들을 자극하는 데 필수적이라고 본다.

- 이창덕, 삶과 화법 중에서

2) 갈등 해결 방법 유형 진단

갈등 해결을 위한 방법은 문제와 상황에 따라 달리 선택될 수 있다. 자신이 어떤 갈등 처리 유형에 속하는지를 미리 앎으로써, 갈등 상황에 따라 적절히 대처할 수 있을 것이다. 상대방과의 교섭 행위에서 자신의 태도에 맞는 협상전략을 선택할 수 있으며, 문제 상황에 따라 강점을 보이는 경우와 부족한 의사소통 전략을 보완하는 바탕이 될 수 있다. 이 때문에 개인이 어떤 갈등 해결 방법을 선호하는지를 판단할 수 있는 다양한 갈등 처리 유형 진단을 위한 도구가 개발되어 있다. 여기서는 간단히 활용할 수 있는 검사 도구를 제시한다.

번호	갈등 상황에서 나는 이런 선택을 한다	가	나	다	라	마
1	A. 상대가 문제 해결의 책임을 지도록 부탁한다. B. 의견 불일치에 대해 직접 절충하기보다는 일치점이 있음을 지적한다.				B	A
2	A. 상대방이 양보한 만큼 양보한다. B. 될 수 있으면 자신의 희망 사항을 모두 얘기하려고 노력한다.	B		A		
3	A. 대체로 나의 목표 달성을 위해 적극적으로 밀어붙인다. B. 앞으로의 관계를 위하여 상대의 의견에 전적으로 동조한다.		A		B	
4	A. 상대방이 양보한 만큼 양보한다. B. 상대의 요청을 받아들여 내 입장을 포기하는 경우가 많다.			A	B	
5	A. 갈등 해결을 위한 대안을 상대에게 부탁한다. B. 스트레스나 긴장을 피하려고 노력한다.	A				B
6	A. 불쾌한 상황에 이르지 않으려고 노력한다. B. 자신의 실익을 따진다.		B			A
7	A. 내 생각이 정리될 때까지 미팅을 연기한다. B. 상대가 중요한 사항을 몇 가지 포기하면 나도 그만큼 포기한다.				B	A
8	A. 대체로 나의 목표 달성을 위해 적극적으로 밀어붙인다. B. 가능한 한 문제가 명확해질 수 있도록 노력한다.	B	A			
9	A. 차이점이 별로 중요하지 않다고 치부한다. B. 내 입장이 관철될 수 있도록 노력한다.		B			A
10	A. 대부분 나의 목표 달성을 위해 적극적으로 밀어붙인다. B. 중요한 사안들을 상대방이 양보한 만큼 양보한다.		A	B		
11	A. 가능한 한 빨리 갈등의 원인을 명확히 하려고 노력한다. B. 향후 관계를 고려하여 상대의 입장에 적극적으로 동조한다.	A			B	
12	A. 대체로 갈등을 일으킬 상황을 만들지 않는다. B. 상대가 몇 가지 점에서 동의해 오면 나도 그만큼 동의해 준다.				B	A
13	A. 쌍방 입장의 중간점을 제안한다. B. 나의 입장을 상대가 인정할 수 있도록 이해시킨다.		B	A		
14	A. 내 생각을 설명하고 상대방의 생각을 듣는다. B. 나의 의견이 낫다는 것을 상대에게 이해시키려고 노력한다.	A	B			
15	A. 사태를 원활하게 하여, 좋은 관계를 유지하려고 노력한다. B. 스트레스나 긴장 상황을 아예 만들지 않는다.				A	B
16	A. 상대의 감정을 상하지 않으려고 한다. B. 나의 의견이 낫다는 것을 상대에게 설득시키려고 노력한다.		B		A	

번호	갈등 상황에서 나는 이런 선택을 한다	가	나	다	라	마
17	A. 대부분의 갈등 상황에서 내 생각을 관철하려고 노력한다. B. 스트레스나 긴장 상황을 이에 만들지 않는다.		A			B
18	A. 상대가 좋아하면 상대의 입장을 따른다. B. 상대가 제안하면 그가 동의해 준 만큼 나도 동의해 준다.			B	A	
19	A. 가능한 한 빨리 갈등의 원안을 명확히 하려고 노력한다. B. 서로의 차이를 객관적으로 보려고 노력한다.	A				B
20	A. 갈등의 본질보다는 원인을 빨리 제거하려고 노력한다. B. 서로의 차이를 객관적으로 보려고 노력한다.	B		A		
21	A. 갈등의 본질보다는 원인을 빨리 제거하려고 노력한다. B. 서로의 차이를 객관적으로 보려고 노력한다.		B		A	
22	A. 상대방의 입장과 나의 입장의 중간에서 해결책을 모색한다. B. 먼저 나의 입장을 주장한다.		B	A		
23	A. 서로가 원하는 것을 충족시키는 데 관심을 둔다. B. 갈등 해결을 위해 상대에게 책임을 전가한다.	A				B
24	A. 상대방의 입장이 매우 중요하다고 생각되면, 상대의 희망에 동조하려고 노력한다. B. 상대를 타협으로 이끌려고 노력한다.			B	A	
25	A. 나의 의견이 낫다는 것을 상대에게 설득시키려고 노력한다. B. 상대의 희망을 특히 고려한다.		A		B	
26	A. 쌍방 입장의 중간 점을 제안한다. B. 서로의 필요를 모두 충족시키는 데 관심을 둔다.		B	A		
27	A. 갈등을 일으킬 상황을 아예 만들지 않는다. B. 상대가 좋아하면 상대의 희망을 따른다.				B	A
28	A. 내 입장이 관철될 수 있도록 노력한다. B. 갈등 상황 타개를 위해 상대에게 제안을 요청한다.		B	A		
29	A. 양자 입장의 중간 점을 제안한다. B. 차이점이 별로 중요하지 않다고 치부한다.				A	B
30	A. 상대의 감정을 건드리지 않으려고 노력한다. B. 갈등에 대한 내 생각을 상대에게 전달하려고 노력한다.	B			A	

항목	가	나	다	라	마
응답 개수					
갈등관리 유형	협력	지배	지배	수용	회피

(원창희, 협상 조정의 이해)

지배형 갈등 해결 특성은 긴급하거나 신속한 상황의 결정이 필요한 순간 유리하다. 또, 나를 이용하려는 타인들로부터 자신을 보호해야 하거나 나의 결정에 확신이 있을 때도 유리하다. 회피형의 경우 쟁점이 사소하거나 협상력이 적을 때 사용될 수 있으며, 일시적으로라도 긴장 관계를 완화하여야 할 필요성이 있을 때 선택된다. 수용형의 경우 쟁점보다 상대와의 관계를 고려하여 유화적인 태도를 돋보여야 하거나 경쟁적 관계보다 화합이 중요한 경우, 차후 쟁점을 위한 신뢰 관계 형성을 위해 선택되곤 한다.

협력형의 경우 양측의 통합적인 해결이 필요할 때 선택되며, 합의를 통해 타인을 이해하려 하거나 이행 약속이 필수적일 때 사용된다. 타협형의 경우 상호배타적인 목표가 있으며, 정해진 시간 속에서 복잡한 쟁점을 해결해야 하는 경우 선택된다. 갈등 해결 방법은 협상에 임하는 협상 당사자들의 기본적인 토대를 형성하는 한편, 협상 과정에서 의사소통을 전개해 나가는 전략의 바탕이 된다.

3 협상은 어떤 과정을 통해 진행되는가

1) 사전 준비

사전 준비는 협상 테이블에 임하기 전 각 당사자 측의 내부 협상을 통해 목표와 자원을 점검하고 전략을 수립하는 과정이 먼저 이루어진다. 협상을 통해 각자의 이익을 추구할 수 있다는 공감대 속에서 협상 자체가 성립할 수 있으며, 이를 구체화하는 과정에서 갈등의 원인과 양측의 이해관계를 점검하게 된다.

각 측 내부에서는 갈등의 쟁점을 구체화하고 이상적인 해결 방안이 무엇인지를 점검하게 되는데, 이때 반드시 고려되어야 할 사항은 최대양보수준이다. 최대양보수준은 협상을 통해 기대하는 최소한으로 요구 수준이라고 할 수 있다. 최대양보수준을 정하는 과정에서 협상 당사자 내부의 다양한 목소리를 통해 협상 쟁점에 대한 구성원들의 이해관계와 해결을 위한 전략을 구성할 수 있다. 최대양보수준과 같이 이야기되는 중요한 개념으로 협상 결렬시 최선의 대안(BATNA, Best Alternative To a Negotiated Agreement)이 있다. BATNA는 협상이 결렬되었을 때 차선으로 선택될 수 있는 행동을 말하는데, BATNA는 최대양보수준이 확보되지 못하였을 때의 수준을 획정하고, 이후 전개를 예상할 수 있게 한다.

최대양보수준과 BATNA를 정했다면 양측에서 협상이 전개되는 맥락이 정해져야 한다. 이 과정을 사전협상이라고 한다. 사전협상을 통해 협상의 당사자들은 협상의 절차와 방법은 어떻게 구성할 것인지, 어디에서 누가 만날 것인지를 정한다. 본 협상에 앞선 일종의 예비협상으로서 사전협상은 협상의 규칙을 정하는 한편, 서로의 이해관계와 상대방 측의 준비 상황을 엿보는 자리기도 하다. 예비협상은 많은 경우 회담이나 협상에 앞서 전날 만찬 자리와 같이 비교적 비형식적인 논의를 통해 만들어지게 된다.

사전 준비 단계에서는 문제와 사안을 철저히 조사해야 한다. 협상 쟁점에 대한 조사와 협상 상대방 측에 대한 정보를 파악하는 일이 필요하다. 또, BATNA와 최대양보수준을 정하는 과정에서 우리 측의 입장을 지지해줄 만한 객관적인 근거를 확보해야 한다. 이를 통해 우리 측의 논의를 탄탄하게 만들고, 합리적인 의사결정이 이뤄질 수 있도록 협상전략이 대략적으로나마 구상이 되어야 한다. 또, 협상 결과가 다른 이들로부터 인정받을 수 있도록 주장의 신뢰성을 갖추게 된다. 만약 사전 준비 단계에서 이러한 일들이 이뤄지지 않는다면, 불명확한 협상 목표를 갖게 되며, 협상의 과정이 어떻게 진행될지에 대한 복안을 갖기 어렵게 된다.

2) 본 협상

본 협상은 최선의 이익을 실현하기 위한 본격적인 의사소통 과정이다. 본 협상에서는 쟁점에 대한 논의가 진행되게 된다. 협상은 크게 제의와 대응으로 이루어지는데, 제의는 우리 측의 이해 수준을 상대에게 전달하고, 이를 이행하기 위한 양측의 행동을 규율하는 조건이 제시되는 순서로 이루어진다. 제의를 받은 측에서는 요구와 조건을 다시 제의하게 되며, 이와 같은 대응의 연속을 통해 협상이 진행되게 된다. 앞서 인용한 김두한의 '4딸라' 협상은 이러한 과정을 잘 보여준다. 마치 흥정과 비슷하게 보이기도 하는 이 과정은 제의 이후에 진행되는 지속적인 대응 상황을 보여주고 있으며, 상호 간의 의사소통 과정에서 상대방의 대응을 살핌으로써 상대방 측의 최소양보수준과 BATNA를 가늠하는 과정이 계속해서 일어나는 협상의 맥락을 잘 보여준다.

그런데 이러한 제의가 늘 명시적으로 드러나는 것은 아니다. 협상장에서 언어를 통해 양측의 입장이 꾸준히 교환되는 과정에서 요구 조건을 묵시적으로 드러내기도 한다. 협상장 바깥에서 동시적으로 특정한 행위가 일어나거나 사전 협의에서 상대측에 살짝 내비쳤던 BATNA를 일부 이행하는 경우가 이에 해당한다고 할 수 있다. 영화 『대부』(1972)의 명대사인 '거절할 수 없는 제안'이 바로 이에 해당한다고 할 수 있다. 『대부』의 주인공인 비토 콜레오네는 "말만 하는 것보다 말과 총을 함께 사용하면 더 많은 것을 얻을 수 있다."라고 한다. 협상 자체가 협상 당사자 모두의 이익을 실현하기 위한 자리라면, 협상 결렬에 대한 위협이나 시간에 대한 압박을 강조하는 등의 행위는 상대측이 상황에 대해 불리한 선택을 할 수밖에 없도록 만드는 묵시적인 제의로 작용할 수 있다. 하지만 협상에서 모든 행위가 허용되는 것은 아니다. 협상은 타협을 위한 자리이므로 상호의 신뢰성을 깨뜨릴만하거나 상대측의 이해관계를 일방적으로 무시하는 행위는 금지된다. 의사소통 과정에서 명확한 거짓말을 하거나, 모욕적인 언사, 노골적인 위협 등이 바로 이러한 행위에 포함된다.

『대부』(프란시스 코폴라, 1972)의 한 장면

경쟁적 협상은 시의적인 의사소통이라는 점에서 시간적인 한계가 정해져 있기는 하지만, 제의와 대응이 잇달아 일어나는 과정이라는 점에서 양측의 상당한 인내를 필요로 한다. 협상을 끝내야 하는 시점 이전에 인내력이 소진되어 버리면 불리한 협상 결과를 맺게 되거나, 협상 자체가 종결될 위험이 있다. 어찌 보면 협상 자원 중에서 가장 중요한 것은 시간이다. 문제 해결의 시급성은 최소양보수준을 낮추는 최대 요인이며, 불리한 협상 결과를 받아들일 수밖에 없는 변수가 된다. 한편, BATNA에 대해서도 꾸준히 고민하고 있어야 한다. 협상이 늘 성사되는 것은 아니며, 협상이 결렬될 경우 차선의 행위를 해야 하므로 BATNA를 실현할 수 있는 구체적인 계획이 협상 과정에서 동시적으로 진행되어야 한다. BATNA에 대한 실천력 자체가 협상력을 보완할 수 있는 요소가 되기도 한다는 점에서 더욱 그러하다.

제의와 대응이라는 관점에서 협상은 상호 간 거절의 연속이며, 이 과정에서 적절한 수준의 양보는 필수적이다. 이 때문에 상대가 진정 원하는 것이 무엇인지를 아는 것이 중요하다. 상대가 협상을 통해서 얻으려고 하는 눈에 보이는 것과 보이지 않는 것을 구분하여 파악하여야 하며, 쟁점에 대해 어떤 시각을 가졌는지, 거시적으로 어떤 목표를 가졌는지를 알아차리는 것 역시 중요하다.

3) 협상 결과

본 협상을 통해 서로의 타협점을 찾게 되는 경우 이를 협상 결과라고 한다. 최종 승인자에 의해 협상 결과가 확정되고, 당사자들이 이에 합의함으로써 협상을 끝을 맺게 된다. 협상 결과는 문서로 만들어져 합의문이나 각서 등의 형태로 만들어진다. 문서로 만들어진 협상 결과는 서로의 이행 조건이 구체적으로 제시된다. 만약 합의문이 모호하게 기술하면 협상 결과를 서로 다르게 받아들이거나, 모호한 내용을 빌미로 기대했던 행위를 이행하지 않을 가능성이 있다. 따라서 합의문에는 적절한 수준에서 서로의 행위를 규범할 수 있는 이행 조건이 필수적으로 적시되어야 하며, 쟁점에 대한 명확한 이해와 이를 실천하는 방안이 제시되어야 한다. 국가 간의 합의에서도 이러한 원칙이 지켜지지 않는 경우가 종종 있다. 이때는 합의의 진정성이 의심받게 된다. 가령 2020년 미얀마 군부 쿠데타 사태 이후 2021년 4월 동남아국가연합(ASEAN)이 채택한 합의문에서는 주요 쟁점이었던 정치범 석방이나 이행 기간과 제재가 포함되지 않았다. 그 때문에 중요한 분쟁에 대해 주변국의 외교적 합의가 이루어졌음에도 실효성 있는 결과가 도출되지 못했다고 평가받는다.

4) 협력적 협상 과정

앞서 갈등 해결을 위한 다섯 가지 유형 중 경쟁형과 회피형, 수용형과 타협형은 이해관계에 있어 상호 간의 손익의 불균형이나 이에 대한 조정을 바탕으로 의사소통을 진행한다는 점에서 경쟁적 협상 과정의 결과와 부합하는 면이 있다. 경쟁형과 회피형, 수용형의 경우 손익의 불균형을 전제로 한 갈등 해결 방식이라는 점에서 승자와 패자를 나누는 협상 결과와 일치한다. 타협형 갈등 해결 방식 역시 승자와 패자의 뚜렷한 구분은 없지만, 경쟁적 의사소통을 통해 손익을 조정한다는 점에서 경쟁적 협상 과정의 결과를 반영한다고 볼 수 있다. 하지만 모든 협상이 반드시 경쟁적인 협상만 있는 것은 아니다. 서로에 대한 뚜렷한 신뢰가 있는 경우 승-패 구조의 협상이 아니라 공동의 이익 실현을 위한 문제 해결 방안이 협상을 통해 모색되기도 하며, 제의와 대응에 대한 상호 평가 과정이 서로에게 공유되면서 서로의 최소양보수준보다 더 높은 상태로 합의에 이르기도 한다. 다만 협력적 협상의 경우 대안적 결과와 공동 결정이라는 새로운 차원의 합의점을 모색해야 하는 만큼 시간적으로 오래 걸리며, 특별한 신뢰 관계가 전제되어야 한다.

연습 문제

다음에 제시된 갈등 상황을 바탕으로 협상을 해보자.

(사례 1) ○○ 자동차 회사는 그 성능에 비해 품질 관리에 대한 평이 좋지 않다. A 씨는 ○○ 자동차 회사의 유명 모델인 ◇◇◇ 차량을 인수하였지만, 당일 차량의 품질에 대한 심각한 하자를 발견하고, 환불이나 제품 교환을 요구하고 있다. 자동차 회사 측은 이와 같은 A 씨의 요구가 수리를 통해 해결할 수 있다고 하면서 요구를 거부하였다.

> (사례 2) ○○ 회사에 다니는 B 씨는 연봉협상 과정에서 사측과 마찰을 겪고 있다. B 씨는 자신의 성과와 직무를 고려하였을 때 연봉 인상을 요구하고 있으나, 사측에서는 이를 받아들이지 않고 있다. B 씨는 해당 직무에 대한 자신의 전문성과 동일 직무에 대한 타사의 대우를 고려해 보았을 때 현재 임금으로는 계약할 수 없음을 고지하였으며, 이직을 염두하고 있음 역시 말하고 있다. 사측에서는 사내 다른 직원들과의 형평을 고려해 볼 때 연봉 인상이 어려우며, B 씨의 주장이 과장되었음을 주장하고 있다. 그러는 한편, 사측에서는 비공식적인 경로를 통해 B 씨의 퇴직을 만류하고 있다.

4 어떻게 협상에 임해야 할까

협상은 의사소통을 통해 이뤄진다는 점에서 효과적인 의사소통 전략을 사용한다. 협상의 준비와 진행에서 자신의 이익을 극대화하고 상대방 측과의 원만한 관계를 유지하기 위하여 다양한 방법과 전략이 고려된다.

1) 냉정하게 목표에 집중해야 한다

협상이 오가는 와중에 협상 준비 과정에서 논의되었던 협상 목표가 흔들리는 일이 있다. 이러한 협상 목표는 주로 상대에 대한 정의적 태도의 변화나 상황에 대한 인식의 변화에 따른 경우가 많다. 인간관계나 상대에 대한 정서적 동요 등은 뒤로하고 이성적이고 합리적인 문제 해결을 위한 의사소통에 집중하여야 한다. 문제를 해결하기 위해 준비했던 기존의 논의들과 이상적인 목표에 집중할 필요가 있다. 얻고자 하는 것을 얻기 위해서는 협상 테이블 위에서 오가는 수많은 부차적인 요소들을 걷어 내고 협상의 쟁점과 이를 통해 구현해 내고자 하는 우리 측의 목표와 이를 달성하기 위한 전략 수립에 집중해야 한다.

2) 상대에 대해 관심을 가져야 한다

협상은 공동의 이익을 두고 다투는 일이니만큼 상대가 무엇을 원하는지, 어떤 사람인지에 대해 관심을 가져야 한다. 상대방이 처지가 무엇인지, 추구하는 가치관이나 협상의 동기가 무엇인지는 협상 초기부터 바로 드러나지 않는다. 협상 과정에서 상대에 대해 끊임없이 파악하고 관심 가져야 한다. 상대가 가진 문화적 차이나 성향의 차이는 협상 결과를 좌우하는 중요한 변이기도 하다. 협상 테이블에 임한 상대방이 어떤 협상을 해왔는지, 어떤 성향이 있고 협상에 임해 왔는지를 정확하고 빠르게 파악하여야만 한다.

3) 신뢰할 수 있는 의사소통이 이루어져야 한다

협상 과정에서 전략적으로 사실이나 현상을 축소하거나 과장을 하는 일도 있지만 큰 관점에서 협상의 결과에 영향을 미칠만한 거짓말은 삼가야 한다. 일단 상대가 협상에 응했다는 것은 신뢰에 기반한 의사소통을 기대하고 있다는 것이며, 합의한 협상 결과가 제대로 이행될 것이라는 믿음이 있다는 것을 의미한다. 특히 관계가 미래에도 지속되는 상대방이라면 신뢰성 없는 다른 사안에 대한 협상이 지속되기 어렵다. 상황에 대한 인식이나 요구 조건 역시 명확하게 밝힐 수 있다면 밝히는 편이 장기적으로는 협상에 도움이 된다.

4) 한 번에 되는 일은 없다

협상의 목표를 이루기 위해서는 큰 틀에서는 합의하더라도 세부적인 사항에 대한 요구 조건이 많을 수밖에 없다. 하지만 한 번에 많은 제의를 하는 경우 본질적인 협상의 목표가 흐리게 되거나 상대방 측의 협상 의지를 상실시킬 가능성이 있다. 특히 상대방 측이 가진 협상 자원에 대한 요구 수준이 높거나 희귀한 것일수록 점진적으로 접근해야 하며, 신뢰를 확보해 나가며 협상을 진행해야 한다. 이를 위해 상대방의 제의에 꾸준히 경청해야 하며, 대화의 격률을 잘 지켜나가며 협상에 응해야 한다.

협상장에서 언제 우리는 감정적으로 될까?

감정을 절제함으로써 성공적인 협상을 이끌어 낼 수 있다. 협상 시 상대방이 다음과 같은 행동을 할 때 보통 감정적으로 변하기 쉽다.

- 거짓말을 하거나 모함할 때
- 약속을 깨거나 거부할 때
- 권위나 신뢰성에 의문을 제기하면서 공격적으로 나올 때
- 이기적인 태도로 과도한 요구를 하거나 일방적인 혜택만 누리려 할 때
- 원칙 없이 굴면서 자제력을 잃을 때
- 기대에 어긋난 모습을 보일 때

– 스튜어트 다이아몬드, 어떻게 원하는 것을 얻는가 중에서

연습 문제

1. 어떤 사람이 자신에게 '까다로운 협상자'인지에 관해 이야기를 나눠보자.

2. 위에 제시된 네 가지 협상전략 외에 어떤 협상전략이 제시될 수 있을지 이야기해보자.

* 참고 문헌

강치원(2013), 토론의 힘, 느낌이 있는 책.
공주대학교 국어교육과 교재편찬위원회(2007), 의사소통기술, 공주대학교 출판부.
구현정 외(2005), 의사소통의 기법, 박이정.
구현정 외(2007), 화법의 이론과 실제, 박이정.
김기홍(2017), 전략적 협상, 法文社.
김복순(2007), 토론의 방법, 국학자료원.
김상희 외(2013), 문제 해결과 의사소통-발표와 토론, 가톨릭대학교 출판부.
김연철(2016), 협상의 전략, Humanist.
김종택 외(2005), 생활 속의 화법, 정림사.
민영욱(2003), 성공하는 사람들의 토론의 법칙, 가림출판사.
박경현(1980), 듣기 교육에 관한 이론적 고찰, 한국 국어 교육 연구회 논문집.
박재현(2018), 국어교육을 위한 의사소통 이론, 사회평론.
백종섭(2015), 갈등관리와 협상전략, 창민사.
서형준(2008), 면접의 정석, 부키.
성환갑 외(2001), 함께하는 국어 화법, 동인.
송재일 외(2017), 대학생을 위한 발표와 토론, 박이정.
신종각 외(2016), 2016 대졸자직업이동경로조사 기초분석 보고서, 한국고용정보원.
왕문용(2008), 국어와 의사소통, 한국문화사.
원창희(2016), 협상 조정의 이해, 한국문화사.
유동걸(2012), 토론의 전사1, 2, 해냄에듀.
이정옥(2008), 토론 의 전략, 문학과지성사.
이창덕 외(2009), 삶과 화법, 박이정.
이창덕 외(2017), 화법교육론, 역락.
이창덕(2004), 삶과 화법, 박이정.
임칠성 외(2013), 공공화법, 태학사.
임칠성(2011), 토론의 본질과 토론 지도, 화법연구18, 한국화법학회.
장경원 외(2018), 토의와 토론으로 수업하기, 학지사.
전재강 외(2013), 신세대를 위한 발표와 토론, 도서출판 박이정.
정문성(2017), 토의·토론수업방법84, 교육과학사.
지상철(2011), 특별하지 않은 너를 위해, 바보새.
천대윤(2004), 토의 토론 회의 방법론, 선학사.
최복자(2005), 토론 능력과 토론 교육, 화법연구8, 한국화법학회.
최영인(2007), 토의 능력 신장을 위한 교육 내용 연구, 서울대학교 석사학위논문.
한양대학교 교양국어교육위원회(2017), 말이 힘이다, 한양대학교 출판부.
현혜진(2010), 효과적인 토론수업 방안 연구, 성신여대 석사논문.
황규대(2010), 고용면접의 구조와 과정, 오래.
황순자(2007), 신문을 활용한 토론학습 방법 연구, 부산교대 석사논문.

황지원(2013), 대학 토론 교육의 의미와 구체적 적용 – 토론 관련 교양 교과목의 실제 활용을 중심으로, 교양교육연구 제7권 제3호, 한국교양교육학회.

빅토리아 A. 후버마이어(2007), 심층면접, 피에스아이컨설팅.

스티브 E. 툴민, 고현범·임건태 역(2006), 논변의 사용, 고려대학교출판부.

스튜어트 다이아몬드, 김태훈 역(2017), 어떻게 원하는 것을 얻는가, 8.0.

아이레스, J 외(1993), 전은주 역(2008), 말하기 불안 어떻게 극복하는가, 한국문화사.

오스틴 J. 프릴리·데이비드 L 스타인버그, 민병곤 외 옮김(2018), 논증과 토론, 사회평론아카데미.

존 M 에릭슨 외, 서종기 역(2013), 디베이트 가이드, 길벗.

후아니타 브라운 외, 최소영 역(2007), 월드 카페: 7가지 미래형 카페식 대화법, 북플래너.

Brown, J. & Issacs, D.(2005), The World cafe: Shaping our futures through conversations that matter.

Kelly, T. & Littman, J.(2001), Art of Innovation, Bantam Books.

Mehrabian, A.(1972), Nonverbal Communication, Transaction Publishers.

대학생을 위한 참여와 소통의 말하기

1쇄 발행 2021년 10월 30일
3쇄 발행 2024년 08월 29일

지은이 가은아, 권대광, 길호현, 송홍규, 유리, 정형근
펴낸이 박찬익

펴낸곳 ㈜박이정
주소 경기도 하남시 조정대로45 미사센텀비즈 8층 F827호
전화 031-792-1195
팩스 02-928-4683
홈페이지 www.pijbook.com
이메일 pijbook@naver.com
등록 2014년 8월 22일 제2020-000029호
ISBN 979-11-5848-654-9 03710

자료협조 한국차일드아카데미

*책값은 뒤표지에 있습니다.